ईश्वर
का
संक्षिप्त इतिहास

notionpress
.com

ईश्वर
का
संक्षिप्त इतिहास

लव कुश सिंह "विश्वमानव"

सत्यकाशी पीठ
पांचवां और अन्तिम शंकराचार्य पीठ

Notion Press

Old No. 38, New No. 6
McNichols Road, Chetpet
Chennai - 600 031

First Published by Notion Press 2020

ISBN 978-1-64899-155-4

समर्पण

यह पुस्तक समर्पित है -

उन सभी खोजी आत्माओं को,

जो सत्य की ज्योति को अपने भीतर

और संसार के हर कोने में जलाना चाहते हैं।

भारतीय संविधान के धारा-51 (ए)

नागरिक का मौलिक कर्तव्य के अनुसार

01. संविधान के प्रति प्रतिबद्धता, इसके आदर्शों, धाराओं, राष्ट्रीय ध्वज व राष्ट्रीय गान का आदर करना।
02. स्वतंत्रता के लिए संघर्ष हेतु प्रेरित करने वाले सुआदर्शों का अनुकरण करना व उन्हें चिरस्थायी बनाना।
03. भारत की सर्वोच्चता, एकता और अखण्डता की रक्षा करना तथा समर्थन करना।
04. जब भी आवश्यकता पड़े देश की रक्षा करना व राष्ट्रीय सेवाओं हेतु समर्पित होना।
05. समाज में भाई-चारें की भावना का विस्तार करना, मातृत्व भाव, धार्मिक, भाषायिक, क्षेत्रीय विभिन्नताओं में एकता कायम करना तथा नारी सम्मान आदि का ध्यान देना।
06. अपने मिश्रित संस्कृति का मूल्यांकन करना उसको स्थायित्व देना और इसकी परम्परा को कायम रखना।
07. प्राकृतिक सम्पदा की रक्षा करना जिसमें जलवायु, जंगल, झील, नदियां, जंगली जीवों व समस्त जीवों के प्रति दया का भाव सम्मिलित है।
08. वैज्ञानिक भावना को प्रोत्साहित करना, मानवीय भावनाओं के स्वरूप की परख करते रहना।
09. जन सम्पत्ति की सुरक्षा करना और हिंसा आदि का परित्याग करना।
10. व्यक्तिगत, सामूहिक गतिविधियों के प्रत्येक क्षेत्र में सर्वोच्चता हासिल करना, जिससे राष्ट्र शतत उत्थान, प्रयत्न व प्राप्ति की ओर अग्रसर होता रहे।
11. जो कि माता-पिता या अभिभावक हो, वे अपने 6 साल से 14 साल के बच्चों को शिक्षा या अन्य ऐसे सुअवसरों का लाभ उन्हें मुहैया करावें।

मूल जीवन मंत्र

"हे प्रभु, तेरे प्यार में बस दो ही बातें है। एक तो अपना कल्याण करूँ, दूसरा तुझ जैसा बन सबका कल्याण करूँ"

विषय- सूची

भाग-1: ईश्वर, अवतार और पुनर्जन्म

भाग-2: सत्यीकरण का आधार

भाग-3: परिवर्तन

सीधी समझ
नये भारत में, नये मनुष्य के उदय के लिए
व्यवस्था के परिवर्तन या सत्यीकरण का पहला प्रारूप और उसकी कार्य विधि
वे शब्द जिसके बिना युग परिवर्तन सम्भव नहीं

भाग-4: केन्द्र या मध्य (भारत) में पांचवां और अन्तिम सत्यकाशी पीठ

सत्यकाशी पीठ: स्थान
सत्यकाशी पीठ: इतिहास और उद्देश्य
पाँचवाँ और अंतिम शंकराचार्य पीठ: इसकी विशेषता

भाग-5: सत्यकाशी पीठ के कार्य

धारा-उद्धार: धर्म की पुनर्स्थापना
मनुष्य चेतना का रूपांतरण
साधना, दीक्षा और आध्यात्मिक अनुष्ठान
वैश्विक कार्य: मानवता के लिए संदेश
शिव-तत्व और कल्कि-तत्व का मिलन
"सार्वभौम सत्य-सिद्धान्त" पर आधारित "युग परिवर्तन श्रृंखला" के नवयुग के शास्त्र-साहित्य

मुख पृष्ठ की व्याख्या

यह पुस्तक-आवरण "ईश्वर का संक्षिप्त इतिहास" की उस गहन और विशाल दृष्टि को दृश्य-रूप में प्रस्तुत करता है, जिसमें मानवता की संपूर्ण आध्यात्मिक यात्रा-प्राचीन सभ्यताओं से आधुनिक विश्व तक-एक ही ब्रह्म-सूत्र में पिरोई हुई दिखाई देती है। कवर का केंद्रीय चित्र एक विशाल, प्राचीन ग्रंथ है, जो आकाश में प्रकाशमान होकर खुल रहा है-मानो स्वयं सत्य अपनी कथा कहने के लिए प्रकट हो रहा हो। इस उड़ते हुए दिव्य ग्रंथ के पन्नों पर उत्कीर्ण लिपियाँ यह संकेत देती हैं कि ईश्वर की खोज किसी एक धर्म, किसी एक भाषा, या किसी एक काल की देन नहीं, बल्कि सम्पूर्ण मानवजाति का चिरस्थायी प्रयास है।

ग्रंथ के पीछे खड़ा प्रकाश-देह वाला सार्वभौमिक पुरुष "विश्वात्मा" का प्रतीक है-एक ऐसा अस्तित्व, जिसमें सभी परंपराएँ, सभी आस्थाएँ और सभी आध्यात्मिक खोजें अन्ततः जाकर एक होती हैं। उसके विस्तृत हाथों से झरता आकाशीय प्रकाश यह दर्शाता है कि ईश्वर का इतिहास मानवता की मानसिक, आत्मिक और ब्रह्मांडीय यात्रा के साथ-साथ विकसित होता आया है। पृष्ठभूमि में फैले गैलेक्सी, तारामंडल और ब्रह्मांडीय ऊर्जा यह अहसास कराते हैं कि ईश्वर केवल पृथ्वी का विषय नहीं, बल्कि ब्रह्मांड का भी केन्द्रीय सिद्धान्त है।

आवरण के निचले भाग में दो भव्य सभ्यताओं-एक ओर मिस्र, यूनान और वैदिक युग के प्राचीन मंदिर और दूसरी ओर आधुनिक गगनचुंबी इमारतें-साथ-साथ दिखाई देती हैं। यह दृश्य यह संदेश देता है कि ईश्वर का इतिहास समय, स्थान और सभ्यता की सीमाओं से भी परे है; हर युग ने उसे अपनी भाषा में समझने का प्रयास किया है। इसी बीच फैले "ॐ", क्रॉस, स्टार, चक्र, त्रिशूल और अन्य सार्वभौमिक प्रतीक इस बात को रेखांकित करते हैं कि यह पुस्तक संप्रदायों की व्याख्या नहीं, बल्कि **धर्मों के साझा मूल-सत्य** को उजागर करने का प्रयास है।

आवरण के एक कोने में दो ऋषि-सदृश व्यक्तित्व संवाद करते दिखाई देते हैं-मानो मानवता के ज्ञान-परंपरा का शाश्वत संवाद अभी भी जारी है। यह संकेत है कि ईश्वर की खोज एक विज्ञान है, एक अनुभव है, एक विचार है-और साथ ही एक सतत वार्तालाप भी।

आवरण के निचले भाग में अंकित "सत्यकाशी पीठ : पाँचवां और अंतिम शंकराचार्य पीठ" इस ग्रंथ की आध्यात्मिक प्रामाणिकता और परंपरागत गंभीरता को स्थापित करता है। इससे यह स्पष्ट हो जाता है कि पुस्तक केवल ऐतिहासिक विवरण नहीं, बल्कि ईश्वर और मानव-चेतना के सम्बन्ध का एक **मौलिक, प्रमाणित और दार्शनिक अध्ययन** है।

समग्र रूप से यह आवरण ब्रह्मांड, धर्म, इतिहास, दर्शन और चेतना-इन सबको एक ही दिव्य प्रकाश में दिखाकर पाठक को यह अनुभव कराता है कि *"ईश्वर का इतिहास वास्तव में मानवता का स्वयं का इतिहास है।"*

भूमिका

मनुष्य के इतिहास में ईश्वर की अवधारणा केवल श्रद्धा या पूजा का विषय नहीं रही, बल्कि चेतना, विकास और युग-परिवर्तन के विज्ञान का मूल आधार रही है। "ईश्वर का संक्षिप्त इतिहास" ग्रंथ इसी व्यापक दृष्टि को एकस्थान करती है-जहाँ विश्वात्मा और विश्वमन के विखण्डन-संलयन से लेकर सांख्य दर्शन, धर्म-विज्ञान, अवतारवाद, कालचक्र और युगबोध तक की जटिल आध्यात्मिक प्रक्रिया सुव्यवस्थित रूप से प्रकट होती है। यह पुस्तक बताती है कि मानव की आन्तरिक चेतना, उसके रज, तम और सत्त्व मन के स्तरों से होती हुई, अवतारी मन की उन्नत अवस्था तक पहुँचती है-जहाँ मनुष्य और ईश्वर का संबंध किसी चमत्कार या अंधविश्वास का परिणाम नहीं, बल्कि एक ब्रह्मांडीय विकास-यात्रा का स्वाभाविक क्रम है। इसी क्रम में कालचक्र का सिद्धान्त, विष्णु के चौबीस अवतारों की परंपरा, कल्कि महाअवतार की अनिवार्यता, और 'विश्वमानव' की संकल्पना इस बात को स्पष्ट करती है कि मानवता का विकास केवल सामाजिक या राजनीतिक धाराओं से संचालित नहीं होता-वह एक दैविक योजना, एक सार्वभौम सत्य-सिद्धान्त के अनुसार उभरता है। यह ग्रंथ प्रश्न उठाता है कि क्या अवतार केवल मिथक हैं, या वे ब्रह्मांडीय चेतना की आवृत्तियाँ हैं जो समय-समय पर मानवता के विकास हेतु अवतरित होती हैं? और क्या मनुष्य स्वयं उसी चेतना का विस्तार नहीं है, जिसे वह ईश्वर नाम से पुकारता है? इन प्रश्नों के उत्तर पुस्तक के विविध अध्यायों में क्रमबद्ध रूप से उभरते हैं-विशेषतः वहाँ जहाँ काल, युग, धर्म, अवतार और मानव की शक्ति-सीमा का गहन विश्लेषण प्रस्तुत है। पुस्तक इस बात पर जोर देती है कि शास्त्रार्थ व्यक्ति से नहीं, शास्त्र से होता है; सत्य किसी मत या पंथ की सीमा में बंधा नहीं रहता-वह व्यापक, सार्वभौमिक और समयातीत होता है। इस दृष्टि से यह ग्रंथ केवल ईश्वर का इतिहास नहीं, बल्कि मनुष्य के अपने ही उत्थान का इतिहास है-एक ऐसा इतिहास जो बताता है कि जब मानव अपने भीतर की आध्यात्मिक क्षमता को पहचान लेता है, तब वह न केवल ईश्वर को समझता है बल्कि स्वयं को भी उसी दिव्यता का प्रतिबिंब देख पाता है। इसलिए यह पुस्तक उन सभी के लिए अत्यंत महत्वपूर्ण है जो धर्म, दर्शन, अध्यात्म और ब्रह्मांडीय विकास-चेतना को केवल मान्यता के रूप में नहीं, अपितु वैज्ञानिक, दार्शनिक और आध्यात्मिक गहराई के साथ समझना चाहते हैं।

मानव सभ्यता का सबसे प्राचीन और सबसे गहन प्रश्न-"ईश्वर कौन है?"-कभी केवल एक धार्मिक जिज्ञासा नहीं रहा; यह मनुष्य की चेतना का मूल कम्पन, उसके अस्तित्व की धड़कन और उसके विकास का अनिवार्य आधार रहा है। सभ्यताओं के उत्थान और पतन, धर्मों के जन्म, साम्राज्यों की उभरती-सिमटती सीमाएँ, ऋषियों, पैग़म्बरों, अवतारों और संतों का अवतरित होना-इन सबमें एक ऐसी छिपी हुई धारा निरंतर बहती है, जो संकेत देती है कि ब्रह्मांड किसी अराजक संयोग का परिणाम नहीं, बल्कि एक सुविचारित, वैदिक भाषा में कहें तो "ऋत"-एक दिव्य नियम पर आधारित है। "ईश्वर का संक्षिप्त इतिहास" यह समझाने का प्रयास करता है कि यह इतिहास वस्तुतः ईश्वर का नहीं, बल्कि **ईश्वर की चेतना के मानव के भीतर जागरण का इतिहास** है-एक ऐसा क्रम जो सृष्टि-चक्र के प्रारंभ से लेकर आज के आधुनिक युग तक निरंतर विकसित होता आया है।

मनुष्य ने ईश्वर को विभिन्न रूपों, नामों और प्रतीकों में देखा-कहीं वह निर्गुण निराकार ब्रह्म के रूप में उभरा, कहीं साकार देवता के रूप में, कहीं प्रकाश की शक्ति, कहीं सत्य की ध्वनि, कहीं करुणा की मूर्ति, कहीं धारण-शक्ति, कहीं विनाशक ऊर्जा। परंतु इन विविध रूपों के पीछे यदि कोई एक अद्वितीय तत्व है, तो वह है **चेतना**-वह चेतना जो स्वयं को प्रकृति के माध्यम से, धर्मों के रूप में, और अवतारों की परंपरा के ज़रिए मनुष्य को चरणबद्ध ढंग से प्रकट करती है। यही कारण है कि यह ग्रंथ ईश्वर को केवल पूजा का विषय नहीं मानता, बल्कि उसे "विश्वात्मा" और "विश्वमन" के रूप में देखता है-अर्थात ब्रह्मांड का आधार और ब्रह्मांडीय मन का केंद्रीय स्रोत।

दस्तावेज़ स्पष्ट करता है कि विश्वात्मा विभाजन नहीं करता; मन का विभाजन होता है-रज, तम और सत्त्व की क्रमिक संरचना में। रजोगुणी मन संघर्ष, इच्छा और असंतुलन की जड़ है; तमोगुणी मन जड़ता, अज्ञान और पतन का आधार; और सत्त्व मन के माध्यम से चेतना ऊपर उठती है, जहाँ मनुष्य ईश्वर के विचार को समझना प्रारंभ करता है। इसीलिए यह ग्रंथ मन को एक ऊर्जा-स्तर के रूप में प्रस्तुत करता है, और बताता है कि मन के ये तीन विभाग केवल मनोवैज्ञानिक अवधारणाएँ नहीं, बल्कि वही ब्रह्मांडीय नियम हैं जिनका उपयोग विष्णु के अवतारों से लेकर आधुनिक धर्मशास्त्र तक हर परंपरा में निहित है।

इसी क्रम में पुस्तक सांख्य-दर्शन को एक मूलभूत आधार के रूप में स्थापित करती है-जहाँ प्रकृति (गुणात्मक ऊर्जा) और पुरुष (चेतना) का द्वैत ब्रह्मांड की पूरी संरचना को संचालित करता है। सांख्य-दर्शन यह समझाता है कि महत् से लेकर अहंकार, तन्मात्राएँ, इंद्रियाँ और स्थूल-भूतों तक की पूरी यात्रा केवल बाहरी जगत की रचना नहीं है; यह मनुष्य के भीतर और बाहर दोनों की एक समान विज्ञान-व्यवस्था है। इसलिए यह ग्रंथ ईश्वर को खोजने से पहले मनुष्य को अपने भीतर उतरने का आह्वान करता है-क्योंकि बाहरी संसार प्रकृति है, परंतु चेतना का उद्गम भीतर है। यह विचार केवल भारतीय दर्शन में ही नहीं, बल्कि ग्रीक, मिस्री, यहूदी, तिब्बती, ईसाई और इस्लामी आध्यात्मिक परंपराओं में भी गूँजता रहा है।

ग्रंथ का अद्वितीय पक्ष यह है कि यह धर्मों की तुलना नहीं करता, बल्कि यह बताता है कि धर्म-हिंदू, बौद्ध, जैन, सिख, ईसाई, इस्लाम, यहूदी, ज़ोरोएस्ट्रियन-सभी एक ही दिव्य इरादे के अलग-अलग प्रयास हैं:

"मनुष्य को उसकी दिव्यता की ओर ले जाना।"

परंतु मनुष्यों ने धर्मों को स्थापनाओं में बदल दिया, और सत्य की जगह परंपराओं को केंद्रीय बना दिया। समय-चक्र ने फिर इन धर्मों के भीतर से सत्य को ढूँढने के लिए अवतारों, पैग़म्बरों और महापुरुषों को जन्म दिया। ईसा, कृष्ण, बुद्ध, मोहम्मद, महावीर, गुरु नानक, लाओ त्सु-ये सब अलग-अलग नहीं थे; यह पुस्तक दिखाती है कि ये सभी **एक ही दिव्य चेतना के विभिन्न समयों में, विभिन्न उद्देश्यों के साथ अवतरण** थे।

इसी पृष्ठभूमि में ग्रंथ ईश्वर के "इतिहास" को समझाता है-जहाँ इतिहास का अर्थ घटनाएँ नहीं, बल्कि चेतना की परतें, युगों की संरचना, और मनुष्य के विकास के अध्याय हैं। यह बताता है कि हम चक्र के उस अंतिम बिंदु पर पहुँच चुके हैं जहाँ सृष्टि का क्रम पुनर्समायोजित होता है। इसलिए अवतारवाद की अंतिम कड़ी-कल्कि-को यह ग्रंथ केवल एक योद्धा नहीं, बल्कि सत्य-स्थापनाकर्ता चेतना के रूप में देखता है। यह समझाता है कि कलियुग का अंधकार कोई दंड नहीं, बल्कि आवश्यक संक्रमण है, जिससे मानवता अपने अगले चरण-मानव से **पूर्ण-मानव**, और पूर्ण-मानव से **विश्वमानव**-की ओर बढ़ती है।

इस पुस्तक की सबसे महत्वपूर्ण देन यह है कि यह ईश्वर को उपलब्धि नहीं, बल्कि एक यात्रा के रूप में स्थापित करती है। मनुष्य जितना अधिक अपने भीतर की ऊर्जा-परतों को समझता है, उतना ही वह ईश्वर के समीप पहुँचता है। यह ग्रंथ बताता है कि ईश्वर कभी "ऊपर" नहीं रहा; वह हमेशा भीतर था-और यह भीतर की खोज ही इतिहास है। मनुष्य ने परमात्मा को आकाश में ढूँढ़ा, परंतु उसे पाया अपने हृदय की गहराई में-ध्यान, उपासना, ब्रह्मज्ञान, प्रेम, सेवा और सामंजस्य के माध्यम से।

इस पुस्तक के अंतिम अध्याय ईश्वर को धर्मों की सीमा से मुक्त कर देते हैं। वे बताते हैं कि ईश्वर का इतिहास उतना ही वैज्ञानिक है जितना आध्यात्मिक-क्योंकि चेतना का विकास किसी मत का विषय नहीं, बल्कि ब्रह्मांड के नियमों का अनुसरण करता है। इस दृष्टि से, यह ग्रंथ आधुनिक मानव के लिए अत्यंत आवश्यक है-क्योंकि

आज विज्ञान और धर्म दोनों अधूरे हैं। विज्ञान पदार्थ को समझता है, धर्म चेतना को; परंतु दोनों का मिलन तभी पूर्ण ज्ञान देता है। यही मिलन "ईश्वर का संक्षिप्त इतिहास" प्रस्तुत करता है-एक ऐसी भाषा में जो आधुनिक भी है, प्राचीन भी; वैज्ञानिक भी है, दार्शनिक भी; और गहन भी, किंतु पूर्णतः सुसंगत भी।

अंततः, यह पुस्तक एक आमंत्रण है-उन सभी के लिए जो अपनी आत्मा के इतिहास को जानना चाहते हैं। यह केवल ईश्वर के बारे में नहीं, बल्कि **उस मनुष्य के बारे में है जो ईश्वर की ओर बढ़ रहा है।** यह केवल परंपराओं का संकलन नहीं, बल्कि ब्रह्मांड की चेतना और मानव के विकास का अद्वितीय संगम है। समय, युग, धर्म, प्रकृति, अवतार, ऊर्जा और चेतना-इन सभी का एकीकृत विज्ञान इस ग्रंथ में प्रत्यक्ष होता है।

और इसलिए, "ईश्वर का संक्षिप्त इतिहास" वास्तव में ईश्वर का नहीं-**ईश्वर की ओर लौटते मनुष्य का इतिहास** है। एक ऐसा इतिहास जिसे समझने के बाद मनुष्य यह जान लेता है कि-

ईश्वर कहीं बाहर नहीं, वह स्वयं उसके भीतर ही प्रकट होने की प्रतीक्षा कर रहा है।

✍ ***लव कुश सिंह "विश्वमानव"***

एक शोधक, चिंतक और मार्गदर्शक, जिन्होंने अपना जीवन *मानवता, आत्मा और नव-सृष्टि* के अध्ययन एवं लेखन को समर्पित किया है।

- प्रमुख ग्रंथ: *विश्वशास्त्र*
- दृष्टि: *नव-मनुष्य और नव-संसार का निर्माण*

प्रारम्भ के पहले दिव्य-दृष्टि

मेरे इस जीवन की एक अलग यात्रा में "दिव्य" शब्द का जो दर्शन हुआ वह इस प्रकार है। "दिव्य" शब्द का प्रयोग वेदों के समय से ही हो रहा है और वह दूसरे शब्दों के साथ मिलकर "दिव्य दृष्टि", "दिव्य रूप", "दिव्य दिन", "दिव्य वर्ष", "दिव्य युग" इत्यादि के रूप में हमारे सामने है। अनेक विद्वान व तत्वद्रष्टाओं ने इस दिव्य शब्द का अनेक-अनेक प्रकार से अर्थ बतायें हैं। यहाँ दिव्य शब्द के प्रयोग व उसके अर्थ को नीचे दिया जा रहा है जिससे हम सभी को उसके अर्थ के प्रति समझ बन सकें।

01. "महाभारत" का युद्ध और "गीता" ज्ञान का प्रारम्भ जिस दृश्य से होता है, वह है-"संजय" और "धृतराष्ट्र" के बीच वार्तालाप। जिसमें महर्षि व्यास द्वारा युद्ध को देखने व धृतराष्ट्र को उसका "जैसा हो रहा है वैसा ही हाल" सुनाने के लिए संजय को एक दृष्टि दी जाती है जिसे हम सभी "दिव्य दृष्टि" के नाम से जानते हैं।

02. "अखिल विश्व गायत्री परिवार" के संस्थापक, "युग निर्माण योजना" के संचालक व 3000 से भी अधिक पुस्तक-पुतिकाओं के लेखक पं0 श्रीराम शर्मा आचार्य (जन्म-20 सितम्बर, 1911, मृत्यु-2 जून, 1990), जिनके कई लाख समर्थक-सदस्य हैं, के अनुसार "दिव्य का अर्थ देवता नहीं हो सकता। ऋग्वेद (2,164.46) में कहा गया है-अग्नि रूपी सूर्य को इन्द्र मित्र वरूण कहते हैं। वही दिव्य सुपर गुरूत्मान है। निरूक्त दैवत काण्ड (7,18) में कहा गया है-जो दिवि में प्रकट होता है उसे दिव्य कहते हैं। दिवि, द्य को कहते हैं। नैघण्टुक काण्ड में दिन के 12 नाम लिखे हैं उनमें द्यु शब्द भी दिन का वाचक है। अब दिव्य का अर्थ हुआ कि-जो दिन में प्रकट होता है। और यह प्रत्यक्ष है कि दिन में सूर्य ही प्रकट होता है। अतः दिव्य सूर्य का नाम है। ऋग्वेद (1,16:3,10) के मन्त्र में कहा गया है कि-आग का घोड़ा (सूर्य) है। इसमें भी सूर्य का ही वर्णन है। वेद में दिव्य नाम सूर्य का है, देवता को दिव्य कदापि नहीं कहते। व्याकरण से भी दिव्य शब्द का अर्थ देवता नहीं बनता। दिव् धातु में स्वार्थेयत प्रत्यय लगाने से दिव्य शब्द बनता है। इसकी व्युत्पत्ति यह हुई-दिव भवं दिव्यन अर्थात जो दिवि में प्रकट होता है। अतः दिव्य केवल सूर्य ही को कहते हैं। दिवि, द्यु को कहते हैं और द्यु दिन का नाम है। देवता शब्द दूसरें देवातल आदि सूत्रों से बनता है। इस कारण भी दिव्य और देवता शब्दों का आपस में कोई सम्बन्ध नहीं है। "दिव्य" शब्द और "देवता" शब्द बनाने के रूप ही अलग-अलग हैं।"

03. "ज्ञान व संस्कृति" और "बाबा भोलेनाथ" की नगरी काशी (वाराणसी, उ0प्र0, भारत) के बनारसी संस्कृति में दिव्य शब्द का अन्य शब्द के साथ प्रयोग कर "दिव्य निपटान", "दिव्य स्नान", "दिव्य आनन्द" की परम्परा है। इस परम्परा का वाहक काशी (वाराणसी) का अस्सी मुहल्ला है जिस पर प्रो0 काशी नाथ सिंह द्वारा पुस्तक "काशी की अस्सी" भी लिखा गया है और फिल्म भी बना है। काशी ज्ञान की नगरी है। यहाँ के लोगों का जन्म ही ज्ञान में होता है और ज्ञान में ही जीवन जीते है, ज्ञान ही बोलते हैं तथा ज्ञान में ही शरीर त्याग करते हैं। इनकी जीवन शैली और भाषा में सारा शास्त्र समाहित होता है। इसके उदाहरण को केवल "दिव्य निपटान" के अर्थ से ही जाना जा सकता है।

सुबह हो या शाम, सामने गंगा बह रही हो, उपर खुला आकाश हो, भांग को गोला पेट में जा चुका हो, और जब किनारे पर निपटने (नित्य क्रिया) करने बैठते हैं तो बनारसी उसे "दिव्य निपटान" कहते हैं अर्थात उस प्रकार से क्रिया जिसमें कुछ भी बनावटी न हो अर्थात प्राकृतिक हो उसे "दिव्य" कहते हैं। इस प्रकार आधुनिक सुविधाओं से युक्त शौचालय में नित्य क्रिया करना बनारसी ज्ञान में किसी भी स्थिति में "दिव्य निपटान" नहीं हो सकती। इसी प्रकार कपड़े पहनकर नहाना "दिव्य स्नान" नहीं और आधुनिक सुख-सुविधाओं से आनन्द में होना "दिव्य आनन्द" नहीं।

सन् 1893 से सन् 1993 के 100 वर्षों के समय में विश्व के बौद्धिक शक्ति को जिन्होंने सबसे अधिक हलचल दी वे हैं-धर्म की ओर से स्वामी विवेकानन्द और धार्मिकता की ओर से आचार्य रजनीश"ओशो"। दृष्टि के सम्बन्ध में इनके निम्न विचार हैं। स्वामी विवेकानन्द के अनुसार-"अनात्मज्ञ पुरूषों की बुद्धि एकदेश-दर्शिनी होती है। आत्मज्ञ पुरूषों की बुद्धि सर्वग्रासिनी होती है। आत्मप्रकाश होने से, देखोगे कि दर्शन, विज्ञान सब तुम्हारे अधीन हो जायेंगे।" (राम कृष्ण मिशन, विवेकानन्दजी के संग में, पृष्ठ-118) आचार्य रजनीश "ओशो" के अनुसार-"श्रीराम कितने ही बड़े हों, लेकिन इस मुल्क के चित्त में वे पूर्ण अवतार की तरह नहीं हैं, अंश हैं उनका अवतार। उपनिषद् के ऋषि कितने ही बड़े ज्ञानी हों, लेकिन अवतार नहीं हैं। श्रीकृष्ण पूर्ण अवतार हैं। परमात्मा अगर पृथ्वी पर पूरा उतरे तो करीब-करीब श्रीकृष्ण जैसा होगा। इसलिए श्रीकृष्ण इस मुल्क के अधिकतम मन को छु पाये हैं; बहुत कारणों से। एक तो पूर्ण अवतार का अर्थ होता है, मल्टी-डाइमेंन्सनल; जो मनुष्य के समस्त व्यक्तित्व को स्पर्श करता हो। श्रीराम वन-डाइमेंन्सनल है। अब तक श्रीकृष्ण को पूरा प्रेम करने वाला आदमी नहीं हुआ। क्योंकि पूरे श्रीकृष्ण को प्रेम करना तभी सम्भव है, जब वह आदमी भी मल्टी-डाइमेंन्सनल हो। हम आम तौर पर एक आयामी होते हैं। एक हमारा ट्रैक होता है व्यक्तित्व का, एक रेल की पटरी होती है, उस पटरी पर हम चलते है। जो एक गुरू बोल रहा है, वह अनन्त सिद्धों की वाणी है। अभिव्यक्ति में भेद होगा, शब्द अलग होंगे, प्रतीक अलग होंगे मगर जो एक सिद्ध बोलता है, वह सभी सिद्धों की वाणी है। इनसे अन्यथा नहीं हो सकता है। इसलिए जिसने एक सिद्ध को पा लिया, उसने सारे सिद्धों की परम्परा को पा लिया। क्योंकि उनका सूत्र एक ही है। कुंजी तो एक ही है, जिससे ताला खुलता है अस्तित्व का।"

उपरोक्त विचारों से यह स्पष्ट होता है कि "दिव्य" का अर्थ सीधा सा प्राकृतिक रूप अर्थात "जैसा है ठीक वैसा ही" है तथा "दिव्य दृष्टि" का अर्थ सर्वग्रासिनी या बहुआयामी (मल्टी-डाइमेंन्सनल) दृष्टि होता है। इस प्रकार ब्रह्मा का "दिव्य रूप" चार सिर वाला, विष्णु का "दिव्य रूप" चार हाथ वाला और शिव-शंकर का "दिव्य रूप" पाँच सिर वाला पुराणों में प्रक्षेपित है। किसी भी वस्तु को एक दिशा से देखकर उसके वास्तविक रूप लम्बाई, चौड़ाई, ऊँचाई इत्यादि के साथ नहीं देख सकते। हम सभी अपनी आँखों से ही आँखों या पूरे शरीर को नहीं देख सकते। उसके लिए हमें दर्पण की आवश्यकता पड़ती है अर्थात स्वयं से बाहर आकर ही पूरे को देखना सम्भव हो पाता है। इसी प्रकार पृथ्वी को देखने के लिए हमें पृथ्वी से बाहर जाना पड़ता है और सारी पृथ्वी के विकास के चिन्तन के लिए मन को पृथ्वी से बाहर ले जाना पड़ता है। "विश्वशास्त्र" ऐसे ही मन की स्थिति का परिणाम है। वर्तमान और भविष्य के समय के लिए सबसे सत्य दृष्टि तो यही है-

"एक गुण से देखना दृष्टि है,
अनेक गुणों से एक साथ देखना दिव्य दृष्टि है,
सिर्फ विद्वता को देखना दृष्टि दोष है"
और

"जो मन कर्म में न बदले, वह मन नहीं और व्यक्ति का अपना स्वरूप नहीं।"

भाग-1
ईश्वर, पुनर्जन्म और अवतार

"श्रीमद्भागवत आदि ग्रन्थों में मत्स्य-कूर्मादि अनेक अवतारों पर चर्चा हुई है, लेकिन दशावतारवाद कब प्रचलित हुआ था, इसकी जानकारी नहीं मिलती। सम्भवतः जयदेव के काल - द्वादश शताब्दी में यह मतवाद सुपरिचित था। परशुराम आदि चारो महात्मा ऐतिहासिक व्यक्तित्व थे, इसमें सन्देह नहीं। हिन्दू समाज के उत्थान-पतन विषयक इतिहास का स्पष्ट संकेत इनके जीवन में मिलता है। उपन्यास पाठ करके साहित्य-रसिक पाठक जैसा आनन्द और उपदेश प्राप्त करते है, वैसे ही पौराणिक कहानियाँ भी भक्तजनों को आनन्द और शिक्षा प्रदान करती हैं। इन दोनों तरह के साहित्यों का आनन्द तथा शिक्षा उनकी ऐतिहासिकता पर निर्भर नहीं करती।"

01. ईश्वर, ईश्वर का संक्षिप्त इतिहास और ईश्वर के अवतार

02. पुनर्जन्म और अवतार

03. ब्रह्मा के अवतार

04. विष्णु के अवतार

05. शंकर के अवतार

01- ईश्वर, ईश्वर का संक्षिप्त इतिहास और ईश्वर के अवतार

विभिन्न मतों या विचारों का अन्त और मूल "एक का विचार" है। इस "एक का विचार" से हम सभी और ऊपर नहीं जा सकते। इस एक को वेदान्त में "अद्वैत" या "अव्यक्त एकेश्वर" कहा गया और उसी का प्रत्येक में प्रकाश अर्थात् "बहुरुप में प्रकाशित एक सत्ता" आत्मसात् किया गया, जो अदृश्य आध्यात्म विज्ञान ही नहीं वर्तमान के दृश्य पदार्थ विज्ञान के नवीनतम अविष्कार के फलस्वरुप सिद्ध हो चुका है। इसी एक अदृश्य सत्य को शिव या आत्मा या ईश्वर या ब्रह्म या भगवान कहा गया तथा उसके अदृश्य व्यक्तिगत प्रमाणित अदृश्य गुण और दृश्य सार्वजनिक प्रमाणित सिद्धान्त को दृश्य गुण कहा गया। जिस प्रकार सम्पूर्ण ब्रह्माण्ड की "बहुरुप में प्रकाशित एक सत्ता है।" उसी प्रकार सम्पूर्ण ब्रह्माण्ड में उसका अदृश्य और दृश्य गुण का एक ही सिद्धान्त व्याप्त है। सिद्ध अर्थात् प्रमाणित विषयों और नियमों का अन्त ही सिद्धान्त है। जब अदृश्य आध्यात्म विज्ञान की ओर से सिद्ध विषयों और नियमों को व्यक्त करते हुए एक की ओर जाते हैं, तब वह अदृश्य व्यक्तिगत प्रमाणित सिद्धान्त तथा जब दृश्य पदार्थ विज्ञान की ओर से सिद्ध विषयों और नियमों को व्यक्त करते हुये उस एक की ओर जाते हैं, तब वह दृश्य सार्वजनिक या ब्रह्माण्डीय प्रमाणित सिद्धान्त कहलाता है। आध्यात्म की ओर से उस एक तक पहुँचने के बाद सिर्फ ज्ञान और वाणी रुप ही व्यक्त हो पाता है। और वह "सभी एक ही हैं", "बहुरुप में प्रकाशित एक सत्ता", "समस्त विश्व एक परिवार है", "विश्व-बन्धुत्व", "बसुधैव-कुटुम्बकम्", "बहुजन हिताय बहुजन सुखाय", "एक आत्मा के ही तुम प्रकाश हो", "आपस में प्रेम से रहो", "एकात्म मानवतावाद" इत्यादि सत्य शब्द व्यक्त होते हैं, लेकिन यह व्यवहारिक नहीं हो पाते क्योंकि ये ज्ञान का एक फल है, ज्ञान का बीज नहीं जिससे प्रत्येक व्यक्ति इसके महत्व को समझ सके। परिणामस्वरुप ये व्यावहारिक नहीं बन पाते। इसे व्यावहारिकता में लाने के लिए ज्ञान का बीज अर्थात् दृश्य ज्ञान और कर्मज्ञान अर्थात् सार्वजनिक प्रमाणित एकात्म कर्म-सिद्धान्त की आवश्यकता पड़ती है। ये सार्वजनिक प्रमाणित सार्वभौम सत्य-सिद्धान्त ही ईश्वर है। सम्पूर्ण ब्रह्माण्ड में व्याप्त है। इसको आविष्कृत करने वाले ऋषि या अवतार हैं और इसके द्वारा सम्पूर्ण ब्रह्माण्ड को नियमित करने वाला ब्राह्मण है। इसी सार्वजनिक या ब्रह्माण्डीय प्रमाणित अदृश्य सिद्धान्त को दृश्य करने के लिए समय-समय पर उपयुक्त वातावरण मिलने पर यह सिद्धान्त, सिद्धान्तानुसार ही मानव शरीर धारण, जीवन, कर्म, ज्ञान, ध्यान और सिद्धान्त को व्यक्त करता है। जब तक की वह सिद्धान्त स्वयं को पूर्ण रुप में व्यक्त न कर ले। ऐसा क्यों है? ऐसा इसलिए है कि जिस प्रकार साधारण मानव अपनी इच्छा के लिए कर्म कर व्यक्त होता है उसी प्रकार सिद्धान्त स्वयं की इच्छा से स्वयं को व्यक्त करने के लिए कर्म कर व्यक्त होता है। वह शरीर जिसमें ईश्वर या सिद्धान्त का अवतरण होता है उसे ईश्वर का सगुण-साकार-दृश्य रुप कहा जाता है। परन्तु किसी भी स्थिति में शरीर ईश्वर नहीं होता है क्योंकि प्रत्येक मानव शरीर सिद्धान्तानुसार ही व्यक्त होता है जो सिद्धान्त के ज्ञान से युक्त हो जाते हैं वे आत्म प्रकाश में होकर सफल जीवन व्यतीत करते हैं जो अज्ञान में रहते हैं वे अपने संकीर्ण ज्ञान व विचार के कारण सीमित चक्र में उलझकर रह जाते हैं। यही ज्ञान, कर्म ज्ञान या सत्य-सिद्धान्त की उपयोगिता है।

शिव-आत्मा-ईश्वर-ब्रह्म के गुण सिद्धान्त के अदृश्य व्यक्तिगत प्रमाणित से दृश्य सार्वजनिक या ब्रह्माण्डीय प्रमाणित करने के क्रम में तीन गुणों के कर्मों से युक्त हो संक्रमणीय, संग्रहणीय, गुणात्मक रुप से गुजरना पड़ता है वे हैं- एकात्म कर्म, एकात्म ज्ञान और एकात्म ध्यान। चूँकि एकात्म कर्म के बिना एकात्म-ज्ञान का जन्म नहीं होता इसलिए अदृश्य सिद्धान्त से प्रथमतया एकात्म कर्म का अवतरण होता है। पुनः एकात्म कर्म से एकात्म ज्ञान का अवतरण होता है। चूँकि एकात्म-ज्ञान बिना एकात्म-कर्म के सार्वजनिक प्रमाणित नहीं होता। इसलिए एकात्म-ज्ञान और एकात्म कर्म का संयुक्त अवतरण होता है। चूँकि एकात्म-ज्ञान और एकात्म-कर्म सार्वजनिक रुप से प्रमाणित हैं। जो आगे समाज के विकसित हो जाने पर व्यक्तिगत प्रमाणित में ही परिवर्तित हो जाता है। इसलिए सार्वजनिक या ब्रह्माण्डीय रुप से प्रमाणित होने के लिये दृश्य सिद्धान्त संयुक्त रुप से- एकात्म-ज्ञान, एकात्म-कर्म और एकात्म-ध्यान से युक्त हो पूर्ण अवतरित हो जाता है। ब्रह्माण्डीय या सार्वजनिक प्रमाणित दृश्य सिद्धान्त के अवतरण के लिए

ब्रह्माण्डीय एकात्म-ज्ञान, एकात्म-कर्म और एकात्म-ध्यान की आवश्यकता होती है। इन अवतारों के बीच मूल गुणों के अंशावतार भी होते हैं।

उपरोक्त सम्पूर्ण दृश्य व्यक्त होने की क्रिया को ही व्यावहारिक रुप से समझने के लिए पुराणों में ब्रह्मा को एकात्म-ज्ञान से, विष्णु को एकात्म-ज्ञान सहित एकात्म-कर्म से तथा शिव-शंकर को एकात्म-ज्ञान, एकात्म-कर्म सहित एकात्म-ध्यान से प्रक्षेपित किया गया है। तथा सर्वप्रथम अदृश्य शिव-शंकर (एकात्म-ज्ञान, एकात्म-कर्म, एकात्म-ध्यान) से विष्णु (एकात्म-ज्ञान, एकात्म-कर्म), फिर विष्णु (एकात्म-ज्ञान, एकात्म-कर्म) से ब्रह्मा (एकात्म-ज्ञान) को बहिर्गत अर्थात् ब्रह्मा (एकात्म-ज्ञान) को विष्णु (एकात्म-कर्म, एकात्म-ज्ञान) में और विष्णु (एकात्म-ज्ञान, एकात्म-कर्म) को शिव-शंकर (एकात्म-कर्म, एकात्म-ज्ञान, एकात्म-ध्यान) में समाहित या समर्पित होते दिखाया गया है। यदि सिर्फ एकात्म-कर्म या एकात्म-ज्ञान में से एक से युक्त कोई अवतरित शरीर है तो उसे विष्णु का अंशावतार समझना चाहिए। यदि सिर्फ एकात्म-ज्ञान और एकात्म-ध्यान या एकात्म-कर्म और एकात्म-ध्यान में से एक से युक्त कोई अवतरित शरीर है तो उसे शिव-शंकर का अंशावतार समझना चाहिए। यदि कोई सिर्फ एकात्म-ध्यान से युक्त अवतरित शरीर है तो उसे शंकर का पूर्णावतार न कि शिव-शंकर का पूर्णावतार समझना चाहिए। चूँकि ब्रह्माण्डीय रुप से निराकार शिव एकात्म-ज्ञान, एकात्म-कर्म और एकात्म-ध्यान से ही प्रमाणित किये जा सकते हैं इसलिए एकात्म ध्यान के देवता शंकर को ही पुराणों में शिव-शंकर, महादेव, त्रिनेत्र आदि से सर्वोच्च सम्बोधन किया गया है। सिर्फ शिव-शंकर में ही ब्रह्मा और विष्णु समाहित और समर्पित हैं न कि शंकर में। अर्थात् जब विष्णु सक्रिय होते हैं तो ब्रह्मा निष्क्रिय हो जाते हैं और जब शिव-शंकर सक्रिय होते हैं तब विष्णु निष्क्रिय हो जाते हैं और जब शिव-शंकर निष्क्रिय हो जाते हैं तब समझना चाहिए कि विनाश नजदीक आ रहा है।

एकात्म का अर्थ कोई व्यक्ति व्यक्तिगत रुप से अपनी आत्मा के लिए न समझे, यह समझना एक समय सत्य हो सकता है जब उसमें मन या इच्छा का पूर्ण अभाव हो। इसका सही अर्थ सम्पूर्ण मानव जाति सहित ब्रह्माण्डीय रुप से स्वीकार्य सभी में व्याप्त उस आत्मा से है। इस प्रकार एकात्म ज्ञान सम्पूर्ण ब्रह्माण्ड में व्याप्त विवादमुक्त, एकीकृत, स्वीकृत, सामान्यीकृत ज्ञान से है। एकात्म कर्म का अर्थ एकात्म ज्ञान पर आधारित एकीकृत, स्वीकृत, सामान्याकृत विवादमुक्त रचनात्मक कर्म से है। इसी प्रकार एकात्म ध्यान का अर्थ उस काल चिन्तन से है जिसमें सम्पूर्ण ब्रह्माण्ड सहित मानव जाति समर्पित, स्वीकृत, एकीकृत, विवादमुक्त होने के लिए विवशता संकट बन जाये।

जब बहुरुप में प्रकाशित एक सत्ता है तब प्रत्येक ही व्यक्तिगत रुप से शिव-आत्मा-ईश्वर-ब्रह्म का अवतार है। अर्थात् प्रत्येक में व्यक्तिगत आत्मा रुप से ज्ञान, कर्म और ध्यान है। मूल गुणों में प्रथम प्रत्येक ही व्यक्तिगत रुप से ब्रह्मा अर्थात् एकात्म ज्ञान का अवतार है, इसलिए प्रत्येक को व्यक्तिगत रुप से "मैं ही ब्रह्म हूँ" कहने का सत्य अधिकार है परन्तु यह न तो सामाजिक और न ही सार्वजनिक या ब्रह्माण्डीय रुप से प्रमाणित है। क्योंकि इसके लिए सामाजिक या ब्रह्माण्डीय एकात्म ज्ञान चाहिए। द्वितीय- प्रत्येक ही व्यक्तिगत रुप से एकात्म-कर्म अर्थात् विष्णु का अवतार है। इसलिए प्रत्येक को व्यक्तिगत रुप से "मैं ही विष्णु हूँ" कहने का सत्य अधिकार है। परन्तु यह न तो सामाजिक और न ही सार्वजनिक या ब्रह्माण्डीय रुप से प्रमाणित है। क्योंकि इसके लिए सामाजिक या ब्रह्माण्डीय एकात्म-ज्ञान और एकात्म-कर्म चाहिए। तृतीय- प्रत्येक ही व्यक्तिगत रुप से एकात्म-ध्यान अर्थात् शंकर का अवतार है, इसलिए प्रत्येक को व्यक्तिगत रुप से "मैं शंकर हूँ" कहने का सत्य अधिकार है। परन्तु यह न तो सामाजिक और न ही सार्वजनिक या ब्रह्माण्डीय रुप से प्रमाणित है। क्योंकि इसके लिए सामाजिक या ब्रह्माण्डीय एकात्म-ध्यान अर्थात् काल चिन्तन चाहिए। इस प्रकार ब्रह्मा, विष्णु, शंकर के सभी अवतार शिव-ईश्वर-आत्मा-ब्रह्म के व्यक्तिगत रुप से अवतार हैं। इसलिए प्रत्येक को व्यक्तिगत रुप से "मैं ही शिव हूँ" या "मैं ही आत्मा हूँ" या "मैं ही ईश्वर हूँ" कहने का सत्य अधिकार है। परन्तु यह न तो सामाजिक और न ही सार्वजनिक या ब्रह्माण्डीय रुप से प्रमाणित है। क्योंकि इसके लिए संयुक्त रुप से ब्रह्माण्डीय या सार्वजनिक एकात्म-ज्ञान, एकात्म-कर्म और एकात्म ध्यान चाहिए। और दृश्य रुप को प्रमाणित करने के लिए ब्रह्माण्डीय या सार्वजनिक प्रमाणित सर्ववयापी दृश्य

सिद्धान्त चाहिए। उसके उपरान्त ही सम्पूर्ण ब्रह्माण्ड शिवमय हो "सभी शिव हैं", "सभी शंकर हैं", "सभी विष्णु हैं", "सभी ईश्वर हैं", "सभी आत्मा हैं" प्रमाणित हो जाता है।

ईश्वर के अवतार

सार्वभौम सत्य से सार्वभौम सत्य-सिद्धान्त तक का मार्ग अवतारों का मार्ग है। सार्वभौम सत्य-सिद्धान्त की अनुभूति ही अवतरण है। इसके अंश अनुभूति को अंश अवतार तथा पूर्ण अनुभूति को पूर्ण अवतार कहते हैं। अवतार मानव मात्र के लिए ही कर्म करते हैं न कि किसी विशेष मानव समूह या सम्प्रदाय के लिए। अवतार, धर्म, धर्मनिरपेक्ष व सर्वधर्मसमभाव से युक्त अर्थात् एकात्म से युक्त होते है। इस प्रकार अवतार से उत्पन्न शास्त्र मानव के लिए होते हैं, न कि किसी विशेष मानव समूह के लिए। उत्प्रेरक, शासक और मार्गदर्शक आत्मा सर्वव्यापी है। इसलिए एकात्म का अर्थ संयुक्त आत्मा या सार्वजनिक आत्मा है। जब एकात्म का अर्थ संयुक्त आत्मा समझा जाता है तब वह समाज कहलाता है। जब एकात्म का अर्थ व्यक्तिगत आत्मा समझा जाता है तब व्यक्ति कहलाता है। अवतार, संयुक्त आत्मा का साकार रुप होता है जबकि व्यक्ति, व्यक्तिगत आत्मा का साकार रुप होता है। शासन प्रणाली में समाज का समर्थक दैवी प्रवृत्ति तथा शासन व्यवस्था प्रजातन्त्र या लोकतन्त्र या स्वतन्त्र या मानवतन्त्र या समाजतन्त्र या जनतन्त्र या बहुतन्त्र या स्वराज कहलाता है और क्षेत्र गणराज्य कहलाता है। ऐसी व्यवस्था स्वराज-सुराज कहलाती है। शासन प्रणाली में व्यक्ति का समर्थक असुरी प्रवृत्ति तथा शासन व्यवस्था राज्यतन्त्र या राजतन्त्र या एकतन्त्र कहलाता है और क्षेत्र राज्य कहलाता है ऐसी व्यवस्था कुराज कहलाती है। सनातन से ही दैवी और असुरी प्रवृत्तियों अर्थात् दोनों तन्त्रों के बीच अपने-अपने अधिपत्य के लिए संघर्ष होता रहा है। जब-जब समाज में एकतन्त्रात्मक या राजतन्त्रात्मक अधिपत्य होता है तब-तब मानवता या समाज समर्थक अवतारों के द्वारा गणराज्य की स्थापना की जाती है। या यूँ कहें गणतन्त्र या गणराज्य की स्थापना ही अवतार का मूल उद्देश्य अर्थात् लक्ष्य होता है शेष सभी साधन अर्थात् मार्ग।

मानव जाति के विकास और समस्याओं सहित जनसंख्या में बढ़ोत्तरी के फलस्वरूप उत्पन्न हुई प्रतिस्पर्धा के कारण प्रारम्भ में उनमें दो विचारधारा अर्थात् मानसिकता अर्थात् नेतृत्व मन समाज की व्यवस्था के प्रति उत्पन्न हुई।

प्रथम - मानव जाति समुदाय द्वारा की जाने वाली स्वतः स्फूर्त व्यवस्था वाला वैचारिक समुदाय अर्थात् समाज या जनतन्त्र या जनराज्य या गणराज्य या गणतन्त्र। जिसे बनाये रखने वालों को भगवान, ईश्वर, ब्रह्मा, विष्णु, महेश, परमेश्वर, गणपति, प्रजापति, भगवती, इन्द्र, देवता, ऋषि, गुरू, मुनि, संत, महात्मा, ब्राह्मण जिनमें सांसारिक भाव का बिल्कुल अभाव तथा यथार्थ ज्ञान प्रचुर मात्रा में होता था, कहा गया और इनकी पूजा की गयी। यही समुदाय ईश्वरवादी था।

द्वितीय - व्यवस्था का अधिकार किसी एक को देने अर्थात् राजा को देने वाला वैचारिक समुदाय अर्थात् एकतन्त्र या राज्य या शासन तन्त्र। जिसे बनाये रखने वालों को दैत्य, दानव, राक्षस या असुर जिनमें सांसारिक भाव ही प्रचुर था इसके प्राप्ति का ज्ञान ही इनका ज्ञान था, कहा गया और इस विचार के विनाश का प्रयत्न होता रहा। यही समुदाय हमेशा अनीश्वर वादी रहा।

वर्तमान दृश्य काल में एकतन्त्रीय राज्य या राजा तो सम्पूर्ण विश्व से लगभग पूर्ण रूप से समाप्त हो चुका है। भारत में राजतन्त्र या एकतन्त्रीय राज्य समाप्त होकर लोकतन्त्र या जनतन्त्र या गणतन्त्र या गणराज्य व्यवस्था स्थापित होकर पूर्णता की ओर बढ़ रही है क्योंकि वर्तमान लोकतन्त्र या गणराज्य में सिर्फ तन्त्र या राज्य ही प्रभावी है, लोक या जन या स्व अब धीरे-धीरे दृश्य हो व्यक्त हो रहा है। उसका कारण मात्र जनता द्वारा नेतृत्वकर्ताओं का चुना जाना है जिससे वे समाज या जनता के लिए मजबूरन कुछ सोच रहे हैं परन्तु स्वतंत्र में स्व का तन्त्र अभी स्थापित नहीं हुआ है अवतारों का अवतरण इस व्यवस्था को स्वस्थता और पूर्णता प्रदान करना ही होता है क्योंकि यह आत्मा का तन्त्र अर्थात् उनके अदृश्य सार्वभौम सत्य-सिद्धान्त के दृश्य होने का साधन होता है अर्थात् यही समाज और जनता के यथार्थ नेतृत्वकर्ता, सेवक और शुभ चिन्तक होते हैं।

उपरोक्त में प्रथम समुदाय ही अन्तर्मुखी आध्यात्मिक है तथा द्वितीय समुदाय ही बहिर्मुखी भौतिकवादी है जिन्हें उन क्षेत्रों में प्राथमिकता से व्यक्त होने के कारण प्राच्य और पाश्चात्य संस्कृति कहते हैं जबकि भूमण्डलीकरण के प्रभावों से मिश्रित होकर यह पूर्णतया दिशा और देश अनुसार से हटकर व्यक्ति में स्थापित हो गया। परिणामस्वरूप पाश्चात्य देशों में दोनों संस्कृति के व्यक्ति मिल जाते हैं। मानव जाति के विकास के साथ ही दोनों विचार के समुदायों में आवश्यकता और सर्वोच्चता के लिए युद्ध होते रहते हैं। पहले अवतारी शरीर उसके नेतृत्वकर्ता राजा के शारीरिक वध से यह कार्य सम्पन्न करते थे अब जबकि ऐसा नहीं है तब मानसिक वध के द्वारा ही यह कार्य सम्पन्न हो सकेगा। समाज में आध्यात्म के अधिपत्य से भोग सहित समाज का विकास होते हुये समभाव प्रेम में बदल जाता है तथा भौतिकता के अधिपत्य से भोग सहित समाज विकास अवरूद्ध हो अत्याचार में बदल जाता है ठीक यही स्थिति व्यक्ति के साथ भी होती है।

02- पुनर्जन्म और अवतार
(स्थूल एवं सूक्ष्म अन्तिम सत्य दृष्टि)

भारतीय दर्शन का मूल आधार कपिल मुनि का क्रिया-कारण सिद्धान्त, जो आज तक ब्रह्माण्डीय या सार्वजनिक रूप से विवादमुक्त सार्वजनिक प्रमाणित रहा और वह कभी भी विवादग्रस्त हो भी सकता क्योंकि वर्तमान का दृश्य पदार्थ विज्ञान भी सम्पूर्ण ब्रह्माण्ड में झांककर यह देख चुका है कि कहीं भी कुछ भी स्थिर नहीं है। अर्थात् वह क्रिया के अधीन है और जो कारण है वह ही स्थिर है। भारतीय चिन्तन में इसी कारण को आत्मा-शिव-ईश्वर-ब्रह्म कहा गया है। जो क्रिया में भी है लेकिन ऐसा है कि नहीं है। जैसे सूर्यास्त के उपरान्त हम यह कह सकते हैं कि सूर्य नहीं है परन्तु वह है। इसके लिए वाह्य नेत्र नहीं, अन्तः नेत्र की आवश्यकता पड़ जाती है। भारतीय चिन्तकों ने इस क्रिया को भी दो रूपों में देखा था-अदृश्य रूप एवं दृश्य रूप। जो प्रत्येक विषय के साथ है और दोनों रूप देश-काल बद्ध सत्य है। जीव के लिए यह स्थूल शरीर और सूक्ष्म शरीर है। मानव जीव के लिए जो कारण यथार्थ आत्मा से युक्त अर्थात् मन से मुक्त अर्थात् इन्द्रिय इच्छाओं से मुक्त स्थूल एवं सूक्ष्म शरीर है। वह दैवी या शिव मानव स्थूल एवं सूक्ष्म शरीर है जिसे मानव जीवन में आध्यत्मिकता युक्त दैवी भौतिक शरीर कहते हैं। तथा जो कारण अर्थात् आत्मा से मुक्त अर्थात् मन से बद्ध अर्थात् इन्द्रिय इच्छाओं से बद्ध स्थूल एवं सूक्ष्म शरीर हैं, वह जीव मानव स्थूल एवं सूक्ष्म शरीर हैं। जिसे मानव जीवन में भौतिकता युक्त असुरी शरीर कहते हैं। प्रत्येक सूक्ष्म शरीर अपने स्थूल शरीर त्याग के बाद सूक्ष्म शरीर अवस्था में रहता है। पुनः प्रत्येक सूक्ष्म शरीर अपने उद्देश्य अर्थात् स्थूल शरीर त्याग के अन्तिम समय में मूल इच्छा की पूर्णता हेतू उचित वातावरण के मिलने पर स्थूल शरीर ग्रहण कर पुनः अपनी चेतना शक्ति से दैवी शरीर, जीव मानव या निम्न जीव शरीर की प्राप्ति के लिए कर्म करने के लिए स्वतन्त्र हो जाता है। एक ही उद्देश्य के अनेक सूक्ष्म शरीरों का एकीकरण और एक ही सूक्ष्म शरीर का अपने उद्देश्य के प्राप्ति हेतु अनेक स्थूल शरीरों का विभिन्न समयों में धारण भी होता है। अर्थात् प्रत्येक स्थूल शरीर ही पुनर्जन्म है चाहे वह शरीर उसे पहचाने या न पहचाने। यह बिल्कुल दृश्य पदार्थ विज्ञान की क्रिया परमाणु से अणु, अणु से यौगिक पदार्थ और पुनः यौगिक पदार्थ से अणु, अणु से परमाणु के एकीकरण और विखण्डन की क्रिया के अनुसार ही होता है। जो स्थूल शरीर आत्मतत्व को व्यक्त करने के लिए क्रमशः एकात्म ज्ञान, एकात्म ज्ञान सहित एकात्म कर्म, एकात्म ज्ञान और एकात्म कर्म सहित एकात्म ध्यान की श्रृंखला में व्यक्त होता है, वह अवतारी स्थूल शरीर कहलाता है। अवतारी शरीर भी अपने अवतारी श्रृंखला का पुनर्जन्म ही होता है। पुनर्जन्म और अवतार में बस अन्तर इतना होता है कि पुनर्जन्म शरीर अपने पूर्व जीवन को सार्वजनिक रूप से सिद्ध नहीं कर पाता है क्योंकि उसके जैसे उद्देश्यों को लेकर अन्य भी पुनर्जन्म में ही होते हैं। जबकि अवतारी शरीर व्यक्तिगत एवं सार्वजनिक रूप से आसानी से पुनर्जन्म सिद्ध कर देता है क्योंकि वह पूर्व के सर्वोच्च कार्य की श्रृंखला की अगली कड़ी होता है। जिसका उद्देश्य उस समय में व्यक्त अन्य पुनर्जन्म शरीरों में सिर्फ एक और अकेला होता है परिणामस्वरूप अवतारी शरीरों का सूक्ष्म शरीर भी स्पष्ट रूप से व्यक्त हो जाता है।

प्रत्येक अपूर्ण मन ही स्थूल शरीर त्याग के बाद सूक्ष्म शरीर कहलाता है। वही अपनी पूर्णता के लिए योग्य वातावरण में पुनः स्थूल शरीर धारण करता है। परन्तु ऐसा भी होता है कि अपनी पूर्णता के लिए स्थूल शरीर धारण किया हुआ सूक्ष्म शरीर परिस्थितिवश किसी दूसरे सूक्ष्म शरीर द्वारा धारण किये गये स्थूल शरीर के प्रभाव में आकर अपने उद्देश्य से अवनति या उन्नति की ओर बढ़ जाये और पुनः उसका मन नये उद्देश्य के लिए अपूर्ण रह जाये। यह नया उद्देश्य सर्वोच्चता और निम्नता अर्थात् उन्नति और अवनति अर्थात् दैवी और असुरी दोनों दिशाओं की ओर हो सकती है। यह उस प्रभावी स्थूल शरीरधारी सूक्ष्म शरीर की दिशा पर निर्भर करता है। कि उसकी पूर्णता किस ओर है। जिसके सम्बन्ध में स्वामी विवेकानन्द जी कहते हैं-"एक विशेष प्रवृति वाला जीवात्मा 'योग्य योग्येन युज्यते' इस नियमानुसार उसी शरीर में जन्म ग्रहण करता है जो प्रवृति के प्रकट करने के लिए सबसे उपयुक्त आधार है। यह पूर्णतया विज्ञान-संगत है, क्योंकि विज्ञान कहता है कि प्रवृति या स्वभाव अभ्यास से बनता है और

अभ्यास बारम्बार अनुष्ठान का फल है। इस प्रकार एक नवजात बालक की स्वाभाविक प्रवृतियों का कारण बताने के लिए पुनः-पुनः अनुष्ठित पूर्व कर्मों को मानना आवश्यक हो जाता है। और चूँकि वर्तमान जीवन में इस स्वभाव की प्राप्ति नहीं की गयी, इसलिए वह पूर्व जीवन से ही उसे प्राप्त हुआ है।" (हिन्दू धर्म, राम कृष्ण मिशन, पृष्ठ-6) और "फलानुमेयाः प्रारम्भा संस्काराः प्राक्तना इव" - फल को देखकर ही कार्य का विचार सम्भव है। जैसे कि फल को देखकर पूर्वसंस्कार का अनुमान किया जाता है। (पत्रावली - द्वितीय, राम कृष्ण मिशन, पृष्ठ-129) इसलिए प्रत्येक सूक्ष्म शरीरधारी स्थूल शरीर को अपने मन की प्रवृतियों और प्राप्त उपलब्ध संसाधन का अध्ययन कम उम्र में ही कर लेना चाहिए जिससे उसे, उसके वर्तमान जीवन का उद्देश्य ज्ञात हो जाये। परिणामस्वरूप अन्य सूक्ष्म शरीरधारी स्थूल शरीरों के प्रभाव में आने पर अपने उद्देश्य की प्राप्ति के लिए बद्ध और मुक्त होने पर नियन्त्रण वे स्वयं कर सके। चूंकि स्थूल शरीर मन का स्थायित्व और अस्तित्व लम्बी अवधि के लिए है। इसलिए ही भारतीय संस्कृति में प्रथमतया ब्रह्मचर्य आश्रम में ही ज्ञान से मन को पूर्ण कर दिया जाता था जिससे उस मानव का वर्तमान जीवन अर्थात् गृहस्थ आश्रम सहित अगला जीवन भी उत्तरोत्तर उन्नति की दिशा की ओर हो जाता था। जिस प्रकार दैवी सूक्ष्म शरीर अपने उद्देश्य के लिए उचित वातावरण में स्थूल शरीर धारण करती है उसी प्रकार असुरी सूक्ष्म शरीर भी अपने उद्देश्य के लिए उचित वातावरण में स्थूल शरीर धारण करती है। जब दैवी शरीर अपने प्रभाव में अन्य शरीरों को ले लेती है तब उन्नति अर्थात् धर्म का विकास होता है। जब असुरी शक्ति अपने प्रभाव से अन्य शरीरों को ले लेती है। तब अवनति अर्थात् धर्म की हानि होती है। असुरी शरीरों के नाश अर्थात् दैवी शरीरों में परिवर्तन का एक मात्र सरल रास्ता आध्यत्मिक वातावरण को बनाये रखना ही है। इसलिए ही भारतीय आचार्यों ने आध्यात्म का प्रचार-प्रसार और भारतीय संस्कृति में वानप्रस्थ आश्रम का प्रविधान दिया था। जो किसी भी असुरी सूक्ष्म शरीर के स्थूल शरीर धारण पर उसका परिवर्तन कर देता था। वर्तमान समय में भारत में असुरी प्रवृत्ति का प्रभाव इसलिए बढ़ा हुआ है कि पिछले दो सौ वर्षों से भारत को नष्ट-भ्रष्ट करने वाले स्थूल शरीरों का अपूर्ण मन-सूक्ष्म शरीर वर्तमान समय के योग्य वातावरण मिलने पर सबके सब सूक्ष्म शरीर, स्थूल शरीर ग्रहण कर अपने उद्देश्य को प्राप्त कर रहे हैं चाहे वह भले ही क्यों न भारत में ही स्थूल शरीर ग्रहण किये हुये हो। परिणामस्वरूप उनके असुरी प्रभाव से दैवी शरीर भी असुरी शरीरों में परिवर्तित होते जा रहे हैं और नये उद्देश्य अपूर्ण मन का निर्माण होता जा रहा है।

वर्तमान समय में मानव समाज की "भगवान या ईश्वर" के प्रति यह आम धारणा बन गयी है कि वे ईश्वर या भगवान को मूर्तियों या भविष्य और भूत तक ही सीमित रखना चाहते हैं न कि वर्तमान में। वर्तमान में ईश्वर का सगुण रूप अवतार को स्वयं अपने जैसा मानव शरीर में देखने पर उन्हें जैसे अपने ऊपर आघात का अनुभव होता है। यह मात्र अहंकार ही है। इसलिए सर्वप्रथम मानव और ईश्वर को समझने की आवयकता हैं। "भगवान" के सम्बन्ध में अनेक प्रकार के विचार प्रचलित है या फिर भी, आम आस्तिक धारणा के अनुसार, इस चराचर सृष्टि के नियन्ता को "भगवान" कहते है। एक शास्त्रीय अर्थ के अनुसार "जहाँ" से यह सम्पूर्ण चराचर सृष्टि प्रकट हुई ; जिसमें स्थित है तथा फिर "जहाँ" इसका लय होता है ; उसे भगवान कहते हैं। अर्थात् सृष्टि, स्थिति एवं लय ये तीनों चेष्टायें जिसमें क्रियाशील है उसे भगवान कहते हैं। इसलिए भगवान को सर्वशक्तिमान, सर्वव्यापक और सवसमर्थ होने से जगत् का लय अर्थात् संहार होता है। अधिकांश लोग भगवान के बारे में ऐसी धारणा रखते हैं कि वह एक व्यक्तित्व है जो कहीं अन्तरिक्ष में बैठकर, इस चराचर जगत् पर नियन्त्रण करता है जबकि भगवान का सर्वशक्तिमान, सर्वव्यापक और सर्वसमर्थ स्वरूप व्यक्तित्व वाचक न होकर, "सिद्धान्त" वाचक है। सिद्धान्त "नियम" को कहते हैं। नियम निराकार है। इसलिए, भगवान के भौतिक स्वरूप को निराकार कहा गया है। यह निराकार स्वरूप सिद्धान्त वाचक होने से ज्ञानमय एवं पूर्ण हैं। इस प्रकार भगवान व्यक्तित्व के प्रतीक न होकर "सिद्धान्त", ज्ञान या पूर्णता के प्रतीक हैं। असीम गुणों तथा पूर्ण सिद्धान्त के प्रतीक भगवान जब शरीर इस मृत्यु लोक में आते हैं तब उन्हें अवतार कहा जाता है। भारतीय मान्यता एवं चिन्तन के अनुसार "भगवान" के दो स्वरूप हैं। एक 'निर्गुण', दूसरा 'सगुण'। भगवान के निर्गुण स्वरूप के सम्बन्ध में विवाद कम हैं पर सगुण स्वरूप अर्थात् अवतार के सम्बनध में बहुत मतभेद है। भगवान अर्थात् सिद्धान्त का अवतार व्यक्तित्व प्रमाणित अदृश्य सिद्धान्त से सार्वजनिक प्रमाणित दृश्य सिद्धान्त को व्यक्त करने की इच्छा या उद्देश्य के लिए एकात्म ज्ञान (ब्रह्मा), एकात्म ज्ञान सहित एकात्म कर्म (विष्णु) तथा

एकात्म ज्ञान और एकात्म कर्म सहित एकात्म-ध्यान (शिव-शंकर) के क्रम में ब्रह्मा, विष्णु और शिव-शंकर के अंशावतार और पूर्णावतार के रूप में होता है। काल के दो रूपों में प्रथम-व्यक्तिगत प्रमाणित अदृश्य काल अर्थात् मन का अन्तः विषय पर केन्द्रित होने की स्थिति में मानव मन व्यक्तिगत प्रमाणित रूप से निम्न से सर्वोच्च और अन्तिम अर्थात् योग से योगेश्वर की ओर गति करता है तथा द्वितीय-सार्वजनिक प्रमाणित दृश्य काल अर्थात् मन का वाह्य विषय पर केन्द्रित होने की स्थिति में मानव मन सार्वजनिक प्रमाणित रूप से निम्न से सर्वोच्च और अन्तिम अर्थात् भोग से भोगेश्वर की ओर गति करता है। योगेश्वर में भोगेश्वर सूक्ष्म रूप से तथा भोगेश्वर में योगेश्वर सूक्ष्म रूप से समाहित होती है। योगेश्वर में व्यक्तिगत प्रमाणित अदृश्य सत्य चेतना सिद्धान्त तथा भोगेश्वर में सार्वजनिक प्रमाणित दृश्य सत्य चेतना सिद्धान्त की प्राथमिकता होती है। भगवान का व्यक्तिगत प्रमाणित अदृश्य पूर्णावतार योगेश्वर तथा सार्वजनिक प्रमाणित दृश्य पूर्णावतार भोगेश्वर होता है जिस प्रकार बिना साकार के निराकर का सार्वजनिक प्रमाणित होना असम्भव है उसी प्रकार बिना भोगेश्वर के योगेश्वर का सार्वजनिक प्रमाणित होना असम्भव है। पुनर्जन्म अपूर्ण इच्छा या उद्देश्य या मन की पूर्णता के लिए होता है। सामान्य मानव का पुनर्जन्म अपने आत्मा और अनात्म अपूर्ण मन की पूर्णता के लिए होता है जबकि अवतारों का पुनर्जन्म आत्मीय-सिद्धान्तों को पूर्ण व्यक्त करने के उद्देश्य से होता है। इस प्रकार पूर्ण आत्मा या सिद्धान्त या दृश्य सार्वजनिक सिद्धान्त का अन्तिम अवतरण एक तरफ अवतारों का पुनर्जन्म सिद्ध करता है तो दूसरी तरफ मानव का पुनर्जन्म भी सिद्ध कर देता है। परिणामस्वरूप प्रत्येक अनात्म और आत्म अपूर्ण मन उसी एक पूर्ण आत्मा में समाहित हो जाते हैं। अपूर्णता में जन्म लेकर साधना या कृपा से योग और भोग की ओर से व्यक्त योगेश्वर और भोगेश्वर अर्थात् नीचे से उपर की ओर गति कर पूर्णता प्राप्त किया हुआ व्यक्तित्व गुरू या आचार्य कहलाता है जबकि साधना और कृपा से मुक्त पूर्णता में शरीर धारण कर अव्यक्त योगेश्वर और भोगेश्वर की ओर से व्यक्त योग और भोग अर्थात् ऊपर से नीचे की ओर गति कर पूर्ण योगेश्वर और भोगेश्वर को प्रथमतया व्यक्त करने वाला व्यक्तित्व अवतार या भगवान कहलाता है।

सामान्यतः पुनर्जन्म को पहचानना कठिन है परन्तु स्वभाव और कार्य की प्रकृति द्वारा पूर्वजन्म में अर्जित प्रवृति को जाना जा सकता है। सार्वजनिक प्रमाणित रूप से वही पुनर्जन्म प्रमाणित हो पाता है जो अन्तिम अवतार के अवतरण के पूर्व अवतरण के प्रयोजन और उसके मार्ग को स्पष्ट रूप से व्यक्त कर अपनी इच्छा को व्यक्त करता है। अवतारों का पहचान, कार्य पूर्ण होने के बाद आसानी से हो जाती है। मूलतः वे अपने पूर्व के अवतारों के संग्रहणीय, सक्रमणीय, गुणात्मक पुर्नजन्म ही होते हैं। परन्तु अवतारों के साथ कुछ विशेषताएं होती है जो इस प्रकार है-

1. अवतार (सार्वभौम सत्य-सिद्धान्त), का जन्म नहीं होता वरन् वे प्रकट होते हैं क्योंकि जन्म उसी का होता है जिसकी मृत्यु हुई हो। प्रारब्ध कर्म के अनुसार हर सत्ता जन्म एवं मृत्यु को प्राप्त होते हैं। चूंकि भगवान (सार्वभौम सत्य-सिद्धान्त) किसी प्रारब्ध से बँधे नही हैं इसलिए वे जन्म एवं मृत्यु से परे हैं। अर्थात् अन्य जीवधारियों की तरह भगवान (सार्वभौम सत्य-सिद्धान्त) को भोग अर्थात् मैथुन का आश्रय ग्रहण कर शरीर नहीं धारण करना पड़ता वरन् वे अपनी इच्छा से शरीर धारण करते हैं। यहाँ ध्यान देने योग्य है कि भगवान अर्थात् सिद्धान्त या नियम का जन्म नहीं होता, न ही उसकी मृत्यु होती है। बस यह स्वयं को प्रकट करने के लिए एक मानव शरीर के माध्यम से प्रकट हो जाता है।
2. अवतार (सार्वभौम सत्य-सिद्धान्त), को जन्म, मृत्यु, जरा, व्याधि ये चारों दुःख स्पर्श नहीं करते अर्थात् सिद्धान्त से युक्त शरीर सिद्धान्तानुसार होने के कारण सिद्धान्त को ये दुःख स्पर्श नहीं करते।
3. अवतार (सार्वभौम सत्य-सिद्धान्त), सीमित शरीर में प्रकट होने पर भी आवश्यकता पड़ने पर अपने असीम अर्थात् स्वरूप को दिखलाने में समर्थ होते है। यह सामथ्र्य किसी गुरू-आचार्य, सन्त, महात्मा में नहीं होती। अर्थात् सिद्धान्त सीमित शरीर में प्रकट होने पर भी वह ब्रह्माण्ड के सभी विषयों के साथ स्वयं को जोड़कर प्रत्येक में अपने अंश को व्यक्त कर अपनी विराटता व्यक्त कर सकता है। गुरू, सन्त, आचार्य, महात्मा ऐसा इसलिए नहीं कर पाते क्योंकि वे पूर्ण व्यक्त सिद्धान्तों का मात्र साक्षात्कार करते हैं न कि नया अविष्कार करते हैं।

4. अवतार (सार्वभौम सत्य-सिद्धान्त), अज्ञानतापूर्ण व्यवहार करते हुये भी सर्वज्ञ होने का अर्थ, अन्तर्यामी होना। भगवान के अवतार को छोड़कर कोई अन्य अन्तर्यामी अर्थात् सब कुछ जान लेना नहीं हो सकता। अर्थात् अज्ञानतापूर्ण व्यवहार उनकी आवश्यकता होती है क्योंकि प्रकट होने के पूर्व तक वे साधारण मानव ही बनकर अपने प्रकट होने के उचित समय की प्रतिक्षा करते हैं। अन्तर्यामी इसलिए होते हैं कि सिद्धान्त द्वारा भूत, वर्तमान और भविष्य के सभी मानसिकता चक्र का ज्ञान होने से उसके फल का ज्ञान, ज्ञात रहता है।
5. अवतार (सार्वभौम सत्य-सिद्धान्त), का जन्म एवं कर्म दोनों दिव्य होता है। जो मलिन नहीं होता, कभी मुरझाता नहीं, नित-नूतन बना रहता है, उसे दिव्य कहते हैं। जन्म का सम्बन्ध शरीर से है। अर्थात् अवतार का शरीर कभी मुरझाता नहीं। सामान्य जीवधारियों का शरीर, आहार, निद्रा, भय एवं मैथुन के अधीन रहता है। जबकि अवतार भले ही खाते, सोते तथा अन्य व्यवहारिक कार्य करते दिखायी देते हो, परन्तु उनके लिए न खाना जरूरी हैं और न ही सोना।
6. भारतीय आध्यात्मिक प्रतीकों कमल एवं हंस को ज्ञान का प्रतीक कहा गया हैं। चूंकि अवतार, ज्ञान या पूर्णता के साकार स्वरूप होते हैं इसलिए उनके शरीर का प्रत्येक अंग जैसे-आँख, चेहरा, हाथ, पाँव इत्यादि कमल की पंखुड़ियों की भाँति होता है। सारे संसार में कमल ही एक ऐसा पुष्प है जो सूर्य के प्रकाश में खिलता है और सूर्यास्त के साथ मुरझा जाता है। सूर्य ज्ञान का प्रतीक है किसी भी जीवधारी के न तो सभी अंग कमलवत् होते हैं और न हो सकते हैं।
7. अवतार (सार्वभौम सत्य-सिद्धान्त), का स्वभाव हंस जैसा होता है। हंस गुण को ग्रहण करता है और दोष को छोड़ देता है। इसी प्रकार अवतार भी दूसरों का गुण ही देखते और ग्रहण करते हैं, दोष की ओर तो उनका ध्यान ही नहीं जाता। सामान्यतया मनुष्य दूसरों में दोष तथा स्वयं में गुण देखते हैं। अवतारों का यह गुण ही उन्हें दोषों से भरे संसार में भी "चन्दन विष व्यापत नहीं लिपटे रहत भुजंग" की भाँति रहने तथा दोषों को भी उपयोग में ले लेने की क्षमता प्रदान करता है।
8. अवतार (सार्वभौम सत्य-सिद्धान्त), के द्वारा अनुष्ठित कर्म भी जन्म के समान दिव्य होते हैं। सामान्य जीवों का कर्म राग एवं द्वेष से प्रेरित रहता है इसलिए प्रारब्ध का निर्माण करता है। इसके विपरीत अवतार के कर्म राग-द्वेष से रहित, विवेक ज्ञान अर्थात् चेतना या काल ज्ञान से प्रेरित होते हैं। इसलिए अवतार के कर्म प्रारब्ध का निर्माण नहीं करते परिणामस्वरूप अवतार द्वारा किये गये वे कर्म जो जनसामान्य को ये लगता है कि यह बुरा है जिसका फल भुगतना पड़ेगा, ऐसा अवतारों के साथ सम्भव नहीं हो पाता। प्रारब्ध का निर्माण न होने से, अवतार के कर्म नित-नूतन बने रहते हैं। नित-नूतन कर्म को लीला कहते हैं। यही कारण है कि अवतार के दिव्य कर्मों, लीलाओं को आज भी दोहराया जाता है। भारत की श्रीरामलीला एवं श्रीकृष्णलीला विश्व प्रसिद्ध हैं। यहाँ यह भी ध्यातव्य है कि किसी ऋषि, मुनी, आचार्य या सन्त के कर्मों को किसी प्रकार दोहराया नहीं जाता। इसलिए अवतार के अतिरिक्त किसी अन्य के कर्म को लीला नहीं कहा जा सकता।

उपरोक्त सार्वजनिक प्रमाणित दृश्य विशेषताएं अवतारों के साथ निश्चित रूप से अवश्य होती हैं इससे युक्त होने पर ही उन्हें अवतार कहा जा सकता है। वर्तमान में, सनातन परम्परा के सभी गुरू, आचार्यों तथा विद्वानों तथा सनातन जनता का यह कर्तव्य है कि अवतार के नाम पर देश में चल रहे पाखण्ड को तोड़ने के लिए संगठित होकर आगे आयें।

यहाँ यह विचारणीय है कि पुनर्जन्म और अवतार क्यों होता है। पुनर्जन्म और अवतार दोनों अपूर्ण मन या अपूर्ण उद्देश्य या अपूर्ण इच्छा के पूर्णता के लिए होता है। सामान्य जीवधारियों का पुनर्जन्म उनके आत्म और अनात्म अपूर्ण इच्छा के पूर्णता के लिए होता है। परन्तु भगवान के अवतीर्ण होने की व्यक्तिगत एवं सार्वजनिक दो कारण हैं। व्यक्तिगत कारण में भक्त के उल्लास एवं प्रसन्नता के चरम बिन्दु पर तथा दुःख एवं संकट के चरम बिन्दु पर अवतरण होता है। जबकि सार्वजनिक कारण में धर्म की ग्लानि अर्थात् एकात्म का सामाजिक अभाव होता है। मनुष्य एवं यह चराचर सृष्टि, धर्म से उत्पन्न हुयी है। धर्म, भगवान का स्वाभाव है। मनुष्य पर सबसे बड़ा दायित्व धर्म की रक्षा का है। मनुष्य जब इस दायित्व से विमुख होकर अधर्म का आश्रय ग्रहण कर लेता है तब उसे नियन्त्रित

करना असम्भव हो जाता है। तब भगवान को धर्म की रक्षा के लिए इस धराधाम पर अवतीर्ण होकर अपनी लीलाओं से कालानुसार विधि द्वारा अधर्मियों का नाश एवं सज्जनों का परित्राण करते हैं। उनके आगमन का मूल प्रयोजन दुष्टों का संहार होने पर भी, साथ-साथ बच्चों की तरह जन्म लेकर बाल लीलाओं से भक्तों को आनन्द प्रदान करते हैं।

यहाँ यह विचारणीय है। कि पुनर्जन्म और अवतार कब होता है। पुनर्जन्म के लिए वातावरण तो हमेशा तैयार मिलता रहता है। इसलिए पुनर्जन्म एक सतत होने वाली प्रक्रिया है परन्तु अवतार के लिए वातावरण एक लम्बी समय अवधि बाद धर्म की गुलामी अर्थात् समाज में एकात्म भाव का पूर्ण अभाव होने पर ही बनता है। सनातन काल दर्शन के अनुसार कुल दस अवतार हैं जिसमें से कुल नौ हो चुके हैं। इस कलियुग में एक मात्र शेष दसवां और अन्तिम निष्कलंक श्री कल्कि अवतार होगा। यह अवतार भी हो चुका है। शास्त्रों में कलियुग के अन्त में अवतार की बात आयी है। शास्त्र में वर्णित गणित के आधार पर कुछ लोगों का मत है कि कलियुग का अन्त अभी दूर है जबकि एक अन्य मतानुसार सूर्य, चन्द्र को लगने वाले ग्रहण तथा नारी-पुरूष द्वारा किये जाने वाले अनेक पापों से युग की आयु का क्षय होता है, इसलिए कलियुग की आयु अब क्षीण हो गयी है। और अवतार का समय आ गया है। वर्तमान समय में धर्म की ग्लानि अर्थात् समाज एकात्म भाव को पूर्णतया खोकर समाप्त हो चुका है तथा सूर्य-ग्रहण भी कई बार लगातार हो रहा है, जो स्पष्टतः कलियुग की आयु क्षीण होने और अवतार के आगमन की आवश्यकता का स्पष्ट प्रमाण है। श्री कल्कि अवतार के हो जाने से अनेक स्वघोषित विशेषता रहित अवतार तथा श्रीकल्कि पुराण और श्रीमद्भागवत आदि ग्रन्थों के अनुसार श्री कल्कि अवतार का प्राकट्य श्रीविष्णुयश नामक ब्राह्मण, ग्राम-सम्भल जि-मुरादाबाद के यहाँ होने वाली बात भी उपरोक्त कारणों द्वारा कलियुग की आयु क्षीण होने से असत्य हो चुकी हैं।

यहाँ यह विचारणीय है कि पुनर्जन्म और अवतार कहाँ होता है। पुनर्जन्म के लिए तो सम्पूर्ण विश्व ही योग्य भूमि है परन्तु अवतार के लिए सिर्फ तपोभूमि भारत ही योग्य भूमि है। क्योंकि प्रथमतया पूर्ण मानसिकता विकास चक्र वहीं से प्रारम्भ हुआ जिसके फलस्वरूप दो शाखायें अर्थात् दो प्रकार के मन विकसित हुये। प्रथम भक्ति-भाव युक्त मन जिसके कारण भारत में ही ऐसे भक्त हुये जिन्होंने भगवान को मानव रूप में देखने की अभिलाषा व्यक्त किये। अन्यत्र कहीं भक्तों ने भगवान के सम्मुख ऐसी अभिलाषा रखी हो इसका उल्लेख नहीं मिलता। दूसरा - भगवान (सार्वभौम सत्य-सिद्धान्त) को व्यक्त करने की इच्छा से युक्त मन। जिसके कारण पूर्ण अदृश्य व्यक्तिगत प्रमाणित सार्वभौम सत्य-सिद्धान्त से पूर्ण दृश्य सार्वजनिक प्रमाणित सार्वभौम सत्य-सिद्धान्त को व्यक्त करने के लिए अवतरण प्रारम्भ हुआ क्योंकि उसके योग्य भूमि और वातावरण भी प्राचीन समय से यहीं पर निर्मित होने लगा था। अवतारों की स्वयं के प्रकाट्य के लिए उपयुक्त साधनों की आवश्यकता पड़ती है, पूर्व द्वारा निर्मित साधन सिर्फ भारत भूमि पर ही मिलते हैं इसलिए भगवान (सार्वभौम सत्य-सिद्धान्त) का अवतरण भारत में ही होता है।

यहाँ यह विचारणीय है कि पुनर्जन्म और अवतार कैसे होता है? पुनर्जन्म, किसी भी जीवधारियों में होने वाली समान्य प्राकृतिक क्रिया द्वारा ही सम्भव होता है परन्तु भगवान (सार्वभौम सत्य-सिद्धान्त) स्वइच्छा से ही सिद्धान्तानुसार शरीर धारण करते है। माँ के गर्भ में जीव के पिण्ड का निर्माण शुक्र एवं रज के योग से पंचतत्वों द्वारा होता है। चूंकि परमात्मा (सार्वभौम सत्य-सिद्धान्त) इन सबसे परे हैं और इन सबको जन्म देने वाले हैं। इसलिए उन्हें साकार रूप ग्रहण करने के लिए न तो शुक्र एवं रज की आवश्यकता पड़ती है और न पंचतत्वों से उनके शरीर का निर्माण होता है। क्योंकि वे परमात्मा सिद्धान्त हैं। इसलिए उनका शरीर, सिद्धान्त से निर्मित होता है। साकार में यह लग सकता है कि परमात्मा श्रीराम, श्रीकृष्ण माता के गर्भ से जन्म लिये पर भक्त व्यक्तिगत प्रमाणित अदृश्य रूप से यह जानते हैं कि यह उनकी लीला है। भगवान के अवतरित होने पर की जाने वाली हर चेष्टा को लीला कहते हैं। परमात्मा सब ओर से पूर्ण रहते हुये भी अपूर्ण जैसा व्यवहार करते हैं। पूर्ण द्वारा अपूर्ण जैसा व्यवहार लीला है। इसके विपरीत जीव-मानव अपूर्ण होते हुये भी पूर्ण जैसा व्यवहार करता है। यह उसके अहंकार एवं अज्ञान का द्योतक है। जीव कर्म बन्धन के कारण नाना योनियों में जन्म लेने को विवश है। जबकि परमात्मा न तो कर्म बन्धन से विवश होकर जन्म लेते हैं और न तो उनके द्वारा किये गये कर्म उन्हें बाँधते हैं। इसलिए शरीर धारण

करने में वे सर्वथा स्वतन्त्र है। उनका शरीर उनकी इच्छा से निर्मित होता है और लीला समाप्त होने पर उनकी इच्छा से विलीन हो जाता है।

यहाँ यह विचारणीय है कि पुनर्जन्म और अवतार किससे होता है? पुनर्जन्म किसी भी जाति, धर्म के माता-पिता के द्वारा होता है जो उसके सूक्ष्म शरीर अर्थात् अपूर्ण मन या अपूर्ण इच्छा को व्यक्त करने के लिए योग्य वातावरण हो या मिल सके। भगवान (सार्वभौम सत्य-सिद्धान्त) का अवतरण उसी सनातन मूल मानव जाति के माता-पिता द्वारा ही होता है। क्योंकि अवतारों को व्यक्त होने के लिए सत्व और रज दो गुणों की विशेष आवश्यकता पड़ती है जो सर्वाधिक रूप से मूल मानव जाति में ही संग्रहित हैं। सत्व तथा रज गुण, प्रधान वर्ग विभाग में ब्राह्मण और क्षत्रित्व जाति में विभाजित है। चूंकि मात्र सत्व गुण अर्थात् एकात्म ज्ञान पूर्ण अवतार को प्रमाणिकता सिद्ध नहीं कर सकता इसलिए सत्व गुण से युक्त रज गुण प्रधान क्षत्रिय जाति के ही माता-पिता के द्वारा होता है।

सार्वजनिक प्रमाणित पुनर्जन्म और दसवां अन्तिम कल्कि अवतार कौन होगा? सभी अवतारों ने समाज या गणराज्य बनाने का ही कार्य किया है। वर्तमान में विश्व का सबसे बड़ा लोकतन्त्र भारत में स्थापित है जो गणराज्य ही है। परन्तु अभी अपूर्ण है जिसमें राज्य या तन्त्र तो है परन्तु गण या लोक गायब है। इसकी पूर्णता करने वाला तथा उपरोक्त अवतारी विशेषताओं से युक्त अवतार ही अन्तिम अवतार होगा। स्वामी विवेकानन्द ने इस कार्य के लिए अन्तिम विचार दिये थे। इसलिए यह अन्तिम अवतार उनका सार्वजनिक प्रमाणित पुनर्जन्म भी होगा। जिसके श्री लव कुश सिंह "विश्वमानव" ज्वलत, जीवन्त, सार्वजनिक प्रमाणित प्रत्यक्ष उदाहरण हैं।

03-भगवान ब्रह्मा के अवतार: एक परिचय

सम्पूर्ण आध्यात्मिक सूक्ष्म एवं स्थूल सिद्धान्तों को व्यक्त करने का माध्यम मात्र मानव शरीर और कर्मक्षेत्र मात्र मानव समाज ही है साथ ही उसका मूल्यांकनकर्ता मानव का अपना मन स्तर ही है। इसलिए अवतार सम्पूर्ण सिद्धान्तों का कालानुसार व्यक्त सगुण रूप मानव शरीर ही होता है। मूल रूप से अवतार शिव-आत्मा-ईश्वर-ब्रह्म अर्थात् सार्वभौम सत्य-सिद्धान्त के अवतार के रूप में जाने जाते हैं। क्योंकि एक मात्र कर्म ही मानव समाज में सार्वजनिक प्रमाणित होता है। इस एकात्म कर्म का कारण एकात्म प्रेम तथा एकात्म प्रेम का कारण एकात्म कर्म होता है।

ब्रह्मा अर्थात् एकात्म ज्ञान का व्यक्त रूप एकात्म वाणी अर्थात् सरस्वती हैं। एकात्म ज्ञान का कारण एकात्म वाणी तथा एकात्म वाणी का कारण एकात्म ज्ञान होता है। वह वाणी जो आत्मा के लिए हो और वह ज्ञान जो आत्मा के लिए हो अर्थात् समभाव वाणी और ज्ञानयुक्त मानव शरीर ही ब्रह्मा का अवतार है। बिना कर्म के ज्ञान प्रमाणित नहीं होता अर्थात् ज्ञान वही है जो व्यावहारिक हो। इस ज्ञान की खोज में भारत के ऋषि-मुनि, क्षत्रिय राजाओं ने लम्बे समय में चिन्तन और कर्म करके एकात्म ज्ञान के शास्त्र-साहित्यों का भण्डार बना दिये हैं। उनमें से कुछ एकात्म ज्ञान की ओर ले जाते हैं। तो कुछ संस्कारित मानव समाज के लिए व्यक्तिगत प्रमाणित अदृश्य कर्म ज्ञान उपलब्ध कराते हैं। इस प्रकार वे सभी ऋषि-मुनि, और क्षत्रिय राजा एकात्म ज्ञान अर्थात् ब्रह्मा के ही अंशावतार है।

कर्म करते-करते एकात्म कर्म की ओर बढ़े मानव जाति के फलस्वरूप प्राप्त ज्ञान-कर्म ज्ञान सूत्रों का संकलन संहिता कहलाया। इस संहिता से विभिन्न दिशाओं से आत्मा के ज्ञान की ओर ले जाने वाले चार वेदों का वर्गीकरण हुआ। प्रथम-ऋग्वेद: ज्ञान द्वारा आत्मा का ज्ञान, द्वितीय-सामवेद: गायन द्वारा आत्मा का ज्ञान, तृतीय: यजुर्वेद: अदृश्य व्यक्तिगत प्रमाणित कर्म-यज्ञों द्वारा आत्मा का ज्ञान, चतुर्थ-अथर्ववेद: औषधि द्वारा आत्मा का ज्ञान। इन वेदों के रचयिता - गृत्समद भार्गव परिवार, विश्वामित्र, कौशिक परिवार, वामदेव अंगिरस परिवार, भारद्वाज अंगिरस, कण्व परिवार, वशिष्ठ, घोर, जमदग्नि, तीन राजा-त्रसदस्यु, अजमीढ़ और पुरमीढ़ हैं। चूँकि बाद में आत्म तत्व और उसके सिद्धान्त के सम्बन्ध में ही देश-काल मुक्त ज्ञान होते हैं और ये ज्ञान और सिद्धान्त पूर्ण रूप से मानवीय प्रवृत्तियों से मुक्त अवस्था में होकर ही प्राप्त कर व्यक्त होता है। इसलिए इन्हें मानव शरीर द्वारा व्यक्त होते हुये भी ईश्वरकृत कहा जाता है। इन वेदों के उपरान्त ब्राह्मण ग्रन्थ - एतरेय, शतपथ, साम, गोपथ, वेदांग- शिक्षा, कल्प, व्याकरण, निघटु, निरूक्त, छन्द, ज्योतिष, उपांग-मीमांसा, न्याय, सांख्य, योग, वैशेषिक, वेदान्त, उपवेद- यजुर्वेद, धनुर्वेद, गान्धर्वेद, अथर्ववेद, कल्पसूत्र -श्रोतसूत्र (यज्ञों से सम्बन्धित), शुल्वसूत्र (यज्ञ स्थल, अग्नि वेदी निर्माण तथा माप से सम्बन्धित), गृह्य सूत्र (मानव जीवन से सम्बन्धित), धर्मसूत्र (धर्मिक तथा अन्य प्रकार के नियम), अरण्यक (एतरेय, कौशितकि, जैमिनीय, छन्दोग्य, तैत्तिरीय, वृहदारण्यक, शतपथ), उपनिषद् (एतरेय, कौशितकि, केन या तलवकार, छन्दोग्य, मैत्रीयणी, कठ, श्रोताक्षर, तैत्तिरीय, वृहदारण्यक, ईश, मुण्डक, प्रश्न, माण्डूक्य), पुराण (मत्स्य, मार्कण्डेय, भागवत, भविष्य, ब्रह्माण्ड, ब्रह्मवैवर्त, वायु, विष्णु, वाराह, वामन, अग्नि, नारदीय, पद्म, लिंग, गरूण, कर्म, स्कन्द), महाकाव्य (वाल्मीकि रचित रामायण और व्यास रचित महाभारत) इत्यादि का सम्बन्ध मानव जीवन से है। इसलिए ये ऋषि-मुनि कृत कहा जाता है जो पूर्णतः वेदों पर ही आधारित है। उपनिषद् श्रृंखला में वर्तमान समय में उपनिषदों की संख्या एक सौ से उपर हो गयी है।

ज्ञान तो सभी के साथ है परन्तु एकात्म ज्ञान ही ईश्वरीय ज्ञान है। ज्ञान की दिशा ही एकात्म निर्धारित करता है। कर्म द्वारा ज्ञान प्रमाणित होता है। ध्यान द्वारा ज्ञान और कर्म दोनों प्रमाणित होते हैं। ज्ञान तो सभी में है इसलिए सभी ब्रह्मा के अंशावतार ही है परन्तु ब्रह्मा का सार्वोच्च और अन्तिम पूर्णावतार वही हैं जो एकात्मज्ञान और एकात्मवाणी से युक्त हो और कर्मक्षेत्र सम्पूर्ण ब्रह्माण्ड हो।

ज्ञान, वाणी और आदर्श चरित्र से युक्त हो ब्रह्मा के पूर्णावतार तथा विष्णु के अंशावतार श्रीराम का त्रेता युग में अवतरण हुआ था। उसके उपरान्त द्वापर में राम समाहित कृष्ण अर्थात् ब्रह्मा समाहित विष्णु के व्यक्तिगत प्रमाणित अदृश्य पूर्णावतार के रूप में श्रीकृष्ण का अवतरण हुआ जिन्होंने उपनिषदों के सार को गीतोपनिषद् के रूप में प्रस्तुत कर सम्पूर्ण उपनिषदों का एकीकरण कर एकात्मज्ञान के साहित्यों की श्रृंखला का अन्त कर दिये।

उपरोक्त सभी कार्य व्यक्तिगत प्रमाणित अदृश्य काल में सम्पन्न हुये। वर्तमान के सार्वजनिक प्रमाणित दृश्य काल में कृष्ण समाहित लव कुश सिंह "विश्वमानव" अर्थात् विष्णु समाहित शिव-शंकर के सार्वजनिक या ब्रह्माण्डीय प्रमाणित पूर्ण दृश्य पूर्णावतार ने गीतोपनिषद् के पूर्ण एकात्मज्ञान सहित एकात्म कर्मज्ञान को समभाव और उसके दृश्य सार्वभौम सत्य-सिद्धान्त को कर्मवेद : प्रथम, अन्तिम तथा पंचमवेद, कर्मोपनिषद्: समष्टि एवं व्यष्टि, कर्मसूत्र साहित्य व्यक्त कर वेद, उपनिषद् और धर्मसूत्र साहित्यों की श्रृंखला का पूर्ण अन्त कर दिये।

04-भगवान विष्णु के अवतार

सम्पूर्ण आध्यात्मिक सूक्ष्म एवं स्थूल सिद्धान्तों को व्यक्त करने का माध्यम मात्र मानव शरीर और कर्म क्षेत्र मात्र मानव समाज ही है। साथ ही उसका मूल्यांकनकर्ता मानव का अपना मन स्तर ही है। इसलिए अवतार सम्पूर्ण सिद्धान्तों को कालानुसार व्यक्त सगुण रूप मानव शरीर ही होता है। मूलरूप से अवतार शिव-आत्मा-ईश्वर-ब्रह्म अर्थात् सार्वभौम सत्य-सिद्धान्त के अवतार होते हैं परन्तु एकात्म ज्ञान अर्थात् ब्रह्मा और एकात्म ध्यान अर्थात् शंकर सार्वजनिक प्रमाणित दृश्य न हो सकने के कारण एकात्म कर्म-विष्णु के ही अवतार के रूप में जाना जाता है। क्योंकि एक मात्र कर्म ही मानव समाज में सार्वजनिक प्रमाणित होता है। इस एकात्म कर्म का कारण एकात्म प्रेम और एकात्म प्रेम का कारण मात्र एकात्म कर्म होता है।

विष्णु अर्थात् एकात्मकर्म का अव्यक्त रूप एकात्म प्रेम अर्थात् लक्ष्मी हैं। एकात्म कर्म का कारण एकात्म प्रेम तथा एकात्म प्रेम का कारण एकात्म कर्म होता है। वह कर्म जो आत्मा के लिए हो और वह प्रेम जो आत्मा के लिए हो अर्थात् समभाव और कर्म युक्त मानव शरीर ही विष्णु का अवतार है।

भगवान विष्णु के 24 अवतार (1. श्री सनकादि, 2. वाराह अवतार, 3. नारद मुनि, 4. नर-नारायण, 5. कपिल, 6. दत्तात्रेय, 7. यज्ञ, 8. ऋषभदेव, 9. पृथु, 10. मत्स्यावतार, 11. कूर्म अवतार, 12. धन्वन्तरि, 13. मोहिनी, 14. हयग्रीव, 15. नृसिंह, 16. वामन, 17. गजेन्द्रोधारावतार, 18. परशुराम, 19. वेदव्यास, 20. हन्सावतार, 21. राम, 22. कृष्ण, 23. बुद्ध, 24. कल्कि) का वर्णन श्री विष्णु पुराण एवं श्री भविष्य पुराण में स्पष्ट उल्लेख है। जिनमें मुख्य 10 अवतार (1. मत्स्य, 2. कूर्म, 3. वाराह, 4. नृसिंह, 5. वामन, 6. परशुराम, 7. राम, 8. कृष्ण, 9. बुद्ध, 10. कल्कि) ही माने जाते हैं।

ग्रन्थों में अवतारों की कई कोटि बतायी गई है जैसे अंशाशावतार, अंशावतार, आवेशावतार, कलावतार, नित्यावतार, युगावतार इत्यादि, जो भी सार्वभौम सत्य-सिद्धान्त को व्यक्त करता है वे सभी अवतार कहलाते हैं। व्यक्ति से लेकर समाज के सर्वोच्च स्तर तक सार्वभौम सत्य-सिद्धान्त को व्यक्त करने के क्रम में ही विभिन्न कोटि के अवतार स्तरबद्ध होते हैं। अन्तिम सार्वभौम सत्य-सिद्धान्त को व्यक्त करने वाला ही अन्तिम अवतार के रूप में व्यक्त होगा। अब तक हुये अवतार, पैगम्बर, ईशदूत इत्यादि को हम सभी उनके होने के बाद, उनके जीवन काल की अवधि में या उनके शरीर त्याग के बाद से ही जानते हैं। परन्तु भविष्य अर्थात् "आने वाले कल" के लिए कल्पित एक मात्र महाविष्णु के अवतार-कल्कि के आने से पूर्व ही जानने लगे हैं।

अदृश्य सत्य-सिद्धान्त से सार्वजनिक या ब्रह्माण्डीय प्रमाणित दृश्य सत्य-सिद्धान्त तक के व्यक्त होने की क्रिया में प्रयुक्त मानव शरीर ही अवतारों का शरीर है। इस क्रम में प्रत्येक अगला अवतार अपने पिछले अवतार का अगला चरण अर्थात् सामाजिक आवश्यकताओं की कालानुसार पूर्तिकर्ता सहित उसका पुनर्जन्म होता है। क्योंकि सत्य-सिद्धान्त को व्यक्त करने की इच्छा तब तक अवतारों में रहती है जब तक सत्य-सिद्धान्त पूर्णरूप से दृश्य सार्वजनिक या ब्रह्माण्डीय प्रमाणित रूप नहीं ले लेता। कोई भी मानव शरीर अवतारी ज्ञान, कर्म और ध्यान को रखते हुये भी यदि सम्पूर्ण सामाजिक या ब्रह्माण्डीय आवश्यकताओं का कालानुसार हल नहीं प्रस्तुत करता तो वह गुणों को रखते हुये भी अवतारी शरीर नहीं हो सकता। इस प्रकार प्रत्येक अगला अवतार अपने पिछले अवतार का संग्रहणीय, संक्रमणीय, गुणात्मक रूप का प्रतीक होता है। अवतारों का स्थूल शरीर किसी भी स्थूल अटलनीय, अपरिवर्तनीय, प्राकृतिक नियम-परिवर्तन या आदान-प्रदान से मुक्त नहीं होता सिर्फ उनका सूक्ष्म शरीर और व्यक्त सत्य-सिद्धान्त ही उससे मुक्त और अप्रभावी होता है जिसे दुःख-सुख, जन्म-मृत्यु इत्यादि से मुक्त कहते हैं।

अवतारों के प्रत्यक्ष और प्रेरक दो कार्य विधि हैं। प्रत्यक्ष अवतार वे होते हैं जो स्वयं अपनी शक्ति का प्रत्यक्ष प्रयोग कर समाज का सत्यीकरण करते हैं। यह कार्य विधि समाज में उस समय प्रयोग होता है जब अधर्म का नेतृत्व एक या कुछ मानवों पर केन्द्रित होता है। प्रेरक अवतार वे होते हैं जो स्वयं अपनी शक्ति का अप्रत्यक्ष प्रयोग

कर समाज का सत्यीकरण जनता एवं नेतृत्वकर्ता के माध्यम से करते हैं। यह कार्य विधि समाज में उस समय प्रयोग होता है जब समाज में अधर्म का नेतृत्व अनेक मानवों और नेतृत्वकर्ताओं पर केन्द्रित होता है।

इन विधियों में से कुल मुख्य दस अवतारों में से प्रथम सात (मत्स्य, कूर्म, वाराह, नृसिंह, वामन, परशुराम, राम) अवतारों ने समाज का सत्यीकरण प्रत्यक्ष विधि के प्रयोग द्वारा किया था। आठवें अवतार (श्रीकृष्ण) ने दोनों विधियों प्रत्यक्ष ओर प्रेरक का प्रयोग किया था। नवें (भगवान बुद्ध) और अन्तिम दसवें अवतार की कार्य विधि प्रेरक ही है।

जल-प्लावन (जहाँ जल है वहाँ थल और जहाँ थल है वहाँ जल) के समय मछली से मार्ग दर्शन (मछली के गतीशीलता से सिद्धान्त प्राप्त कर) पाकर मानव की रक्षा करने वाला ईश्वर (सार्वभौम सत्य-सिद्धान्त) का पहला अंशावतार मत्स्यावतार के बाद मानव का पुनः विकास प्रारम्भ हुआ। दूसरे कूर्मावतार (कछुए के गुण का सिद्धान्त), तीसरे- वाराह अवतार (सुअर के गुण का सिद्धान्त), चौथे- नृसिंह (सिंह के गुण का सिद्धान्त), तथा पाँचवे वामन अवतार (ब्राह्मण के गुण का सिद्धान्त) तक एक ही साकार शासक और मार्गदर्शक राजा हुआ करते थे और जब-जब वे राज्य समर्थक या उसे बढ़ावा देने वाले इत्यादि असुरी गुणों से युक्त हुए उन्हें दूसरे से पाँचवें अंशावतार ने साकार रुप में कालानुसार भिन्न-भिन्न मार्गों से गुणों का प्रयोग कर गणराज्य का अधिपत्य स्थापित किया।

ईश्वर (सार्वभौम सत्य-सिद्धान्त) के छठें अंश अवतार परशुराम के समय तक मानव जाति का विकास इतना हो गया था कि अलग-अलग राज्यों के अनेक साकार शासक और मार्गदर्शक राजा हो गये थे उनमें से जो भी राज्य समर्थक असुरी गुणों से युक्त थे उन सबको परशुराम ने साकार रुप में वध कर डाला। परन्तु बार-बार वध की समस्या का स्थाई हल निकालने के लिए उन्होंने राज्य और गणराज्य की मिश्रित व्यवस्था द्वारा एक व्यवस्था दी जो आगे चलकर "परशुराम परम्परा" कहलायी। व्यवस्था निम्न प्रकार थी-

1. प्रकृति में व्याप्त तीन गुण- सत्व, रज और तम के प्रधानता के अनुसार मनुष्य का चार वर्णों में निर्धारण। सत्व गुण प्रधान - ब्राह्मण, रज गुण प्रधान-क्षत्रिय, रज एवं तम गुण प्रधान-वैश्य, तम गुण प्रधान-शूद्र।
2. गणराज्य का शासक राजा होगा जो क्षत्रिय होगा जैसे-ब्रह्माण्डीय गणराज्य में प्रकृति जो रज गुण अर्थात् कर्म अर्थात् शक्ति प्रधान है।
3. गणराज्य में राज्य सभा होगी जिसके अनेक सदस्य होंगे जैसे-ब्रह्माण्डीय गणराज्य में प्रकृति के सत्व, रज एवं तम गुणों से युक्त विभिन्न वस्तु हैं।
4. राजा का निर्णय राज्यसभा का ही निर्णय है जैसे-ब्रह्माण्डीय गणराज्य में प्रकृति का निर्णय वहीं है जो सत्व, रज एवं तम गुणों का सम्मिलित निर्णय होता है।
5. राजा का चुनाव जनता करे क्योंकि वह अपने गणराज्य में सर्वव्यापी और जनता का सम्मिलित रुप है जैसे-ब्रह्माण्डीय गणराज्य में प्रकृति सर्वव्यापी है और वह सत्व, रज एवं तम गुणों का सम्मिलित रुप है।
6. राजा और उसकी सभा राज्यवादी न हो इसलिए उस पर नियन्त्रण के लिए सत्व गुण प्रधान ब्राह्मण का नियन्त्रण होगा जैसे- ब्रह्माण्डीय गणराज्य में प्रकृति पर नियन्त्रण के लिए सत्व गुण प्रधान आत्मा का नियन्त्रण होता है।

ईश्वर (सार्वभौम सत्य-सिद्धान्त) के सातवें अंश अवतार श्रीराम द्वारा इसी परशुराम परम्परा का ही प्रसार और स्थापना हुआ था।

ईश्वर (सार्वभौम सत्य-सिद्धान्त) के आठवें अवतार श्रीकृष्ण के समय तक स्थिति यह हो गयी थी राजा पर नियन्त्रण के लिए नियुक्त ब्राह्मण भी समाज और धर्म की व्याख्या करने में असमर्थ हो गये। क्योंकि अनेक धर्म साहित्यों, मत-मतान्तर, वर्ण, जातियों में समाज विभाजित होने से व्यक्ति संकीर्ण और दिग्भ्रमित हो गया था और राज्य समर्थकों की संख्या अधिक हो गयी थी परिणामस्वरुप मात्र एक ही रास्ता बचा था- नवमानव सृष्टि। इसके लिए उन्होंने सम्पूर्ण धर्म-साहित्यों और मत-मतान्तरों के एकीकरण के लिए आत्मा के सर्वव्यापी व्यक्तिगत प्रमाणित निराकार स्वरुप का उपदेश "गीता" व्यक्त किये और गणराज्य का उदाहरण द्वारिका नगर का निर्माण कर किये। उनकी गणराज्य व्यवस्था उनके जीवन काल में ही नष्ट हो गयी परन्तु "गीता" आज भी प्रेरक बनी हुई है।

ईश्वर (सार्वभौम सत्य-सिद्धान्त) के नवें अवतार भगवान बुद्ध के समय पुनः राज्य एकतन्त्रात्मक होकर हिंसात्मक हो गया परिणामस्वरुप बुद्ध ने अहिंसा के उपदेश के साथ व्यक्तियों को धर्म, बुद्धि और संघ के शरण में जाने की शिक्षा दी। संघ की शिक्षा गणराज्य की शिक्षा थी। धर्म की शिक्षा आत्मा की शिक्षा थी। बुद्धि की शिक्षा, प्रबन्ध और संचालन की शिक्षा थी जो प्रजा के माध्यम से प्रेरणा द्वारा गणराज्य के निर्माण की प्रेरणा थी।

ईश्वर (सार्वभौम सत्य-सिद्धान्त) के दसवें और अन्तिम अवतार के समय तक राज्य और समाज स्वतः ही प्राकृतिक बल के अधीन कर्म करते-करते सिद्धान्त प्राप्त करते हुए पूर्ण गणराज्य की ओर बढ़ रहा था परिणामस्वरुप गणराज्य का रुप होते हुए भी गणराज्य सिर्फ राज्य था और एकतन्त्रात्मक अर्थात् व्यक्ति समर्थक तथा समाज समर्थक दोनों की ओर विवशतावश बढ़ रहा था।

भारत में निम्लिखित रुप व्यक्त हो चुका था।

1. ग्राम, विकास खण्ड, नगर, जनपद, प्रदेश और देश स्तर पर गणराज्य और गणसंघ का रुप।
2. सिर्फ ग्राम व नगर स्तर पर राजा (ग्राम व नगर पंचायत अध्यक्ष) का चुनाव सीधे जनता द्वारा।
3. गणराज्य को संचालित करने के लिए संचालक का निराकार रुप- संविधान।
4. गणराज्य के तन्त्रों को संचालित करने के लिए तन्त्र और क्रियाकलाप का निराकार रुप-नियम और कानून।
5. राजा पर नियन्त्रण के लिए ब्राह्मण का साकार रुप- राष्ट्रपति, राज्यपाल, जिलाधिकारी इत्यादि।

विश्व स्तर पर निम्नलिखित रुप व्यक्त हो चुका था।

1. गणराज्यों के संघ के रुप में संयुक्त राष्ट्र संघ का रुप।
2. संघ के संचालन के लिए संचालक और संचालक का निराकार रुप- संविधान।
3. संघ के तन्त्रों को संचालित करने के लिए तन्त्र और क्रियाकलाप का निराकार रुप- नियम और कानून।
4. संघ पर नियन्त्रण के लिए ब्राह्मण का साकार रुप-पाँच वीटो पावर।
5. प्रस्ताव पर निर्णय के लिए सदस्यों की सभा।
6. नेतृत्व के लिए राजा- महासचिव।

जिस प्रकार आठवें अवतार द्वारा व्यक्त आत्मा के निराकार रुप "गीता" के प्रसार के कारण आत्मीय प्राकृतिक बल सक्रिय होकर गणराज्य के रुप को विवशतावश समाज की ओर बढ़ा रहा था उसी प्रकार अन्तिम अवतार द्वारा निम्नलिखित शेष समष्टि कार्य पूर्ण कर प्रस्तुत कर देने मात्र से ही विवशतावश उसके अधिपत्य की स्थापना हो जाना है।

1. गणराज्य या लोकतन्त्र के सत्य रुप- गणराज्य या लोकतन्त्र के स्वरुप का अन्तर्राष्ट्रीय/ विश्व मानक।
2. राजा और सभा सहित गणराज्य पर नियन्त्रण के लिए साकार ब्राह्मण का निराकार रुप- मन का अन्तर्राष्ट्रीय/ विश्व मानक।
3. गणराज्य के प्रबन्ध का सत्य रुप- प्रबन्ध का अन्तर्राष्ट्रीय/ विश्व मानक।
4. गणराज्य के संचालन के लिए संचालक का निराकार रुप- संविधान के स्वरुप का अन्तर्राष्ट्रीय/ विश्व मानक।
5. साकार ब्राह्मण निर्माण के लिए शिक्षा का स्वरुप- शिक्षा पाठ्यक्रम का अन्तर्राष्ट्रीय/ विश्व मानक।

इस समष्टि कार्य द्वारा ही काल व युग परिवर्तन होगा न कि सिर्फ चिल्लाने से कि "सतयुग आयेगा" , "सतयुग आयेगा" से। यह समष्टि कार्य जिस शरीर से सम्पन्न होगा वही अन्तिम अवतार के रूप में व्यक्त होगा। धर्म में स्थित वह अवतार चाहे जिस सम्प्रदाय (वर्तमान अर्थ में धर्म) का होगा उसका मूल लक्ष्य यही शेष समष्टि कार्य होगा और स्थापना का माध्यम उसके सम्प्रदाय की परम्परा व संस्कृति होगी।

पूर्ण मनुष्य के निर्माण प्रक्रिया में निम्नलिखित दस चरण पूरे हुए हैं अर्थात् पूर्णता के लिए इन दस चरण में व्यक्त मुख्य-गुण सिद्धान्त का संयुक्त व्यक्तित्व ही पूर्ण मनुष्य के रूप में निर्मित होता है। विष्णु के निम्न दस अवतार के मुख्य-गुण सिद्धान्त निम्न प्रकार हैं-

01. अदृश्य काल

पहलायुग: सत्ययुग

अ. व्यक्तिगत प्रमाणित पूर्ण प्रत्यक्ष अवतार

01. अदृश्य काल के व्यक्तिगत प्रमाणित काल में व्यक्तिगत प्रमाणित अदृश्य प्राकृतिक चेतना से युक्त सत्य आधारित सतयुग में विष्णु के प्रथम अवतार - मत्स्य अवतार

मुख्य-गुण सिद्धान्त - मछलियों के स्वभाव जल की धारा के विपरीत दिशा (राधा) में गति करने से ज्ञान (अर्थात् राधा का सिद्धान्त) प्रथम अवतार मत्स्य अवतार का गुण था जो अगले अवतार में संचरित हुई।

02. अदृश्य काल के व्यक्तिगत प्रमाणित काल में व्यक्तिगत प्रमाणित अदृश्य प्राकृतिक चेतना से युक्त सत्य आधारित सतयुग में विष्णु के द्वितीय अवतार - कूर्म या कच्छपावतार

मुख्य-गुण सिद्धान्त - एक सहनशील, शांत, धैर्यवान, लगनशील, दोनों पक्षों के बीच मध्यस्थ की भूमिका वाला गुण (समन्वय का सिद्धान्त) सहित प्रथम अवतार के गुण सहित वाला गुण द्वितीय अवतार कूर्म अवतार का गुण था जो अगले अवतार में संचरित हुई।

03. अदृश्य काल के व्यक्तिगत प्रमाणित काल में व्यक्तिगत प्रमाणित अदृश्य प्राकृतिक चेतना से युक्त सत्य आधारित सतयुग में विष्णु के तृतीय अवतार - बाराह अवतार

मुख्य-गुण सिद्धान्त - एक मेधावी, सूझ-बुझ, सम्पन्न, पुरूषार्थी, धीर-गम्भीर, निष्कामी, बलिष्ठ, सक्रिय, अहिंसक और समूह प्रेमी, लोगों का मनोबल बढ़ाना, उत्साहित और सक्रिय करने वाला गुण (प्रेरणा का सिद्धान्त) सहित द्वितीय अवतार के समस्त गुण से युक्त वाला गुण तृतीय अवतार वाराह अवतार का गुण था जो अगले अवतार में संचरित हुई।

04. अदृश्य काल के व्यक्तिगत प्रमाणित काल में व्यक्तिगत प्रमाणित अदृश्य प्राकृतिक चेतना से युक्त सत्य आधारित सतयुग में विष्णु के चौथे अवतार - नृसिंह अवतार

मुख्य-गुण सिद्धान्त - प्रत्यक्ष रूप से एका-एक लक्ष्य को पूर्ण करने वाले (लक्ष्य के लिए त्वरित कार्यवाही का सिद्धान्त) गुण सहित तृतीय अवतार के समस्त गुण से युक्त वाला गुण चतुर्थ अवतार नरसिंह अवतार का गुण था जो अगले अवतार में संचरित हुई।

05. अदृश्य काल के व्यक्तिगत प्रमाणित काल में व्यक्तिगत प्रमाणित अदृश्य प्राकृतिक चेतना से युक्त सत्य आधारित सतयुग में विष्णु के पाचवें अवतार - वामन अवतार

मुख्य-गुण सिद्धान्त - भविष्य द्दष्टा, राजा के गुण का प्रयोग करना, थोड़ी सी भूमि पर गणराज्य व्यवस्था की स्थापना व व्यवस्था को जिवित करना, उसके सुख से प्रजा को परिचित कराने वाले गुण (समाज का सिद्धान्त) सहित चतुर्थ अवतार के समस्त गुण से युक्त गुण पाँचवें अवतार का गुण था जो अगले अवतार में संचरित हुई।

ब. सार्वजनिक प्रमाणित अंश प्रत्यक्ष अवतार

06. अदृश्य काल के व्यक्तिगत प्रमाणित काल में व्यक्तिगत प्रमाणित अदृश्य प्राकृतिक चेतना से युक्त सत्य आधारित सतयुग में विष्णु के छठवें अवतार - परशुराम अवतार

मुख्य-गुण सिद्धान्त - गणराज्य व्यवस्था को ब्रह्माण्ड में व्याप्त व्यवस्था सिद्धान्तों को आधार बनाने वाले गुण और व्यवस्था के प्रसार के लिए योग्य व्यक्ति को नियुक्त करने वाले गुण (लोकतन्त्र का सिद्धान्त और उसके प्रसार के लिए योग्य उत्तराधिकारी नियुक्त करने का सिद्धान्त) सहित पाँचवें अवतार के समस्त गुण से युक्त वाला गुण छठें अवतार परशुराम का गुण था जो अगले अवतार में संचरित हुई।

दूसरायुग: त्रेतायुग

स. सार्वजनिक प्रमाणित पूर्ण प्रत्यक्ष अवतार

07. अदृश्य काल के सार्वजनिक प्रमाणित काल में सार्वजनिक प्रमाणित अदृश्य प्राकृतिक चेतना से युक्त यज्ञ (अदृश्य कर्म) आधारित त्रेता युग में विष्णु के सातवें अवतार - श्री राम अवतार- रामायण (मानक व्यक्ति चरित्र)

मुख्य-गुण सिद्धान्त - आदर्श चरित्र के गुण तथा छठें अवतार तक के समस्त गुण को प्रसार करने वाला गुण (व्यक्तिगत आदर्श चरित्र के आधार पर विचार प्रसार का सिद्धान्त) सातवें अवतार श्रीराम का गुण था जो अगले अवतार में संचरित हुई।

तीसरायुग: द्वापरयुग

द. व्यक्तिगत प्रमाणित पूर्ण प्रेरक अवतार

08. दृश्य काल के व्यक्तिगत प्रमाणित काल में व्यक्तिगत प्रमाणित पूर्ण दृश्य सत्य चेतना से युक्त भक्ति और प्रेम आधारित द्वापर युग में विष्णु के आठवें अवतार -योगेश्वर श्री कृष्ण अवतार महाभारत (मानक सामाजिक व्यक्ति चरित्र)

मुख्य-गुण सिद्धान्त - आदर्श सामाजिक व्यक्ति चरित्र के गुण, समाज में व्याप्त अनेक मत-मतान्तर व विचारों के समन्वय और एकीकरण से सत्य-विचार के प्रेरक ज्ञान को निकालने वाले गुण (सामाजिक आदर्श व्यक्ति का सिद्धान्त और व्यक्ति से उठकर विचार आधारित व्यक्ति निर्माण का सिद्धान्त) सहित सातवें अवतार तक के समस्त गुण आठवें अवतार श्रीकृष्ण का गुण था। जिससे व्यक्ति, व्यक्ति पर विश्वास न कर अपने बुद्धि से स्वयं निर्णय करें और प्रेरणा प्राप्त करता रहे। जो अगले अवतार में संचरित हुई।

चौथा युग: कलियुग

य. सार्वजनिक प्रमाणित अंश प्रेरक अवतार

09. दृश्य काल के व्यक्तिगत प्रमाणित काल में सार्वजनिक प्रमाणित अंश दृश्य सत्य चेतना से युक्त संघ और योजना आधारित कलियुग के प्रारम्भ में विष्णु के नवें अवतार - बुद्ध अवतार

मुख्य-गुण सिद्धान्त - प्रजा को प्रेरित करने के लिए धर्म, संघ और बुद्धि के शरण में जाने की मूल शिक्षा देना नवें अवतार भगवान बुद्ध का गुण (धर्म, संघ और बुद्धि का सिद्धान्त) था। जो अगले अवतार में संचरित हुई।

01. दृश्य काल

पाँचवाँयुग: सत्ययुग/स्वर्णयुग

र. सार्वजनिक प्रमाणित पूर्ण प्रेरक अवतार

10. दृश्य काल के सार्वजनिक प्रमाणित काल में सार्वजनिक प्रमाणित पूर्ण दृश्य सत्य चेतना से युक्त संघ और योजना (दृश्य यज्ञ या कर्म) आधारित कलियुग के अन्त में विष्णु के दसवाँ और अन्तिम - भोगेश्वर श्री लव कुश सिंह "विश्वमानव" निष्कलंक कल्कि अवतार - विश्वभारत (मानक वैश्विक व्यक्ति चरित्र)

आदर्श वैश्विक व्यक्ति चरित्र सहित सभी अवतारों का सम्मिलित गुण व मन निर्माण की प्रक्रिया से निर्मित अन्तिम मन स्वामी विवेकानन्द के मन के गुण मिलकर दसवें अन्तिम अवतार श्री लव कुश सिंह "विश्वमानव" में व्यक्त हुआ।

मुख्य-गुण सिद्धान्त - विश्व धर्म / वेदान्त धर्म / अद्वैत धर्म / एकता धर्म / लोकतन्त्र धर्म / समष्टि धर्म / प्राकृतिक धर्म / सत्य धर्म / संयुक्तमन धर्म / ईश्वर धर्म / हिन्दू धर्म / सार्वजनिक धर्म / दृश्य धर्म / मानव धर्म / धर्मनिरपेक्ष धर्म - लव कुश सिंह "विश्वमानव" - सन् 2012 ई0 - पूर्ववर्ती सभी धर्मो व मतों का समन्वय व एकीकरण करते हुये निराकार आधारित लोकतंत्र व्यवस्था का वृक्ष शास्त्र विश्व-नागरिक धर्म का धर्मयुक्त धर्मशास्त्र-कर्मवेद: प्रथम, अन्तिम तथा पंचम वेदीय श्रृंखला विश्व-राज्य धर्म का धर्मनिपेक्ष धर्मशास्त्र- विश्वमानक-शून्य: मन की गुणवत्ता का विश्वमानक श्रृंखला, आदर्श मानक सामाजिक व्यक्ति चरित्र समाहित आदर्श मानक वैश्विक व्यक्ति चरित्र अर्थात् सार्वजनिक प्रमाणित आदर्श मानक वैश्विक व्यक्ति चरित्र का प्रस्तुतीकरण।

05-भगवान शंकर के अवतार: एक परिचय

सम्पूर्ण आध्यात्मिक सूक्ष्म एवं स्थूल सिद्धान्तों को व्यक्त करने का माध्यम मात्र मानव शरीर और कर्मक्षेत्र मात्र मानव समाज ही है। साथ ही उसका मूल्यांकनकर्ता मानव का अपना मन स्तर ही है। इसलिए अवतार सम्पूर्ण सिद्धान्तों का कालानुसार व्यक्त सगुण रूप मानव शरीर ही होता है। मूल रूप से अवतार शिव-आत्मा-ईश्वर-ब्रह्म अर्थात् सार्वभौम सत्य-सिद्धान्त के अवतार होते हैं परन्तु एकात्म ज्ञान अर्थात् ब्रह्मा और एकात्म ध्यान अर्थात् शंकर सार्वजनिक प्रमाणित दृश्य न हो सकने के कारण विष्णु के ही अवतार के रूप में जाने जाते हैं क्योंकि एक मात्र कर्म ही मानव समाज में सार्वजनिक प्रमाणित होता है। इस एकात्म कर्म का कारण एकात्म प्रेम तथा एकात्म प्रेम का कारण एकात्म कर्म होता है।

शंकर अर्थात् एकात्म ध्यान का व्यक्त रूप एकात्म समर्पण अर्थात् पार्वती हैं। एकात्म ध्यान का कारण एकात्म समर्पण तथा एकात्म समर्पण का कारण एकात्म ध्यान होता है। वह ध्यान जो आत्मा के लिए हो और वह समर्पण जो ध्यान के लिए हो अर्थात् समभाव और ध्यान युक्त मानव शरीर ही शंकर का अवतार है।

शिव निराकार हैं तो शंकर साकार रूप में प्रक्षेपित हैं। शिव अर्थात् सम्पूर्ण जगत का मूल कारण जो सर्वत्र विद्यमान है। फलस्वरूप शिव का साकार पूर्ण अवतरण रूप सम्पूर्ण ब्रह्माण्ड में व्याप्त सार्वभौम सत्य-सिद्धान्त ज्ञान से युक्त होकर जगत के अधिकतम चरित्रों को आत्मसात् करने वाला और उससे मुक्त होता है। शिव-शंकर की दृष्टि में जगत का प्रत्येक वस्तु उपयोगी ही है, न की अनुपयोगी। अर्थात् अनुपयोगी लगने वाले विषय, वस्तु, विचार इत्यादि को भी उपयोगी बना लेना महादेव शिव-शंकर का दिव्य गुण है। शिव-शंकर की पूजा हम मूर्ति, चित्र, या प्रतीक शिवलिंग के माध्यम से करते। शिव-शंकर की संस्कृति तो मात्र कल्याण की प्राथमिकता वाली संस्कृति है। शिव-शंकर के पूर्णावतार का अर्थ है-निम्नतम नकारात्मक से सर्वोच्च और अन्तिम सकारात्मक गुणों का महासंगम। शिव-शंकर के अन्य गुणों में निःसंग रहना, एकान्तवास करना, सम्पूर्ण विश्व-ब्रह्माण्ड पर ध्यान रखना तथा विश्व के कल्याण के लिए प्रेरणा देना है। साथ ही अपनी मस्ती में मस्त इस भाँति मस्त रहना भी है जैसे न ही कोई चिन्ता है और नही कोई कार्य करना है। जबकि वह विश्व कल्याण के लिए अपने कर्तव्य पर ध्यान भी लगाये रहते हैं।

शिव-शकंर अवतार के आठ रूप और उनके अर्थ निम्नवत हैं-

01. **शर्व-** सम्पूर्ण पृथ्वी को धारण कर लेना अर्थात् पृथ्वी के विकास या सृष्टि कार्य में इस रूप को पार किये बिना सम्भव न होना।
02. **भव-** जगत को संजीवन देना अर्थात् उस विषय को देना जिससे जगत संकुचित व मृत्यु को प्राप्त होने न पाये।
03. **उग्र-** जगत के भीतर और बाहर रहकर श्रीविष्णु को धारण करना अर्थात् जगत के पालन के लिए प्रत्यक्ष या प्रेरक कर्म करना।
04. **भीम-** सर्वव्यापक आकाशात्मक रूप अर्थात् आकाश की भाँति सर्वव्यापी अनन्त ज्ञान जो सभी नेतृत्व विचारों को अपने में समाहित कर ले।
05. **पशुपति**-मनुष्य समाज से पशु प्रवृत्तियों को समाप्त करना अर्थात् पशु मानव से मनुष्य को उठाकर ईश्वर मानव की ओर ले जाना। दूसरे रूप में जीव का शिव रूप में निर्माण।
06. **ईशान**-सूर्य रूप से दिन में सम्पूर्ण संसार में प्रकाश करना अर्थात् ऐसा ज्ञान जो सम्पूर्ण संसार को पूर्ण ज्ञान से प्रकाशित कर दे।
07. **महादेव**-चन्द्र रूप से रात में सम्पूर्ण संसार में अमृत वर्षा द्वारा प्रकाश व तृप्ति देना अर्थात् ऐसा ज्ञान जो संसार को अमृतरूपी शीतल ज्ञान से प्रकाशित कर दे।
08. **रूद्र**-जीवात्मा का रूप अर्थात् शिव का जीव रूप में व्यक्त होना।

शिव-शंकर देवता व दानव दोनों के देवता हैं जबकि श्रीविष्णु सिर्फ देवताओं के देवता हैं। अर्थात् शिव-शंकर जब रूद्र रूप की प्राथमिकता में होंगे तब उनके लिए देवता व दानव दोनो प्रिय होंगे लेकिन जब उग्र रूप की प्राथमिकता में होंगे तब केवल देवता प्रिय होंगे। अर्थात् शिव-शंकर का पूर्णवतार इन आठ रूपों से युक्त हो संसार का कल्याण करते हैं। हिन्दू धर्म में भगवान शिव को अनेक नामों से पुकारा जाता है जैसे-

01. अर्धनारीश्वर- शिव और शक्ति के मिलन से अर्धनारीश्वर नाम प्रचलित हुआ।

02. भोला- भोले का अर्थ है कोमल हृदय, दयालु व आसानी से माफ करने वाला। यह विश्वास किया जाता है कि भगवान शंकर आसानी से किसी पर भी प्रसन्न हो जाते हैं।

03. लिंगम- यह रोशनी की लौ व पूरे ब्रह्मांड का प्रतीक है।

04. नटराज- नटराज को नृत्य का देवता मानते है क्योंकि भगवान शिव तांडव नृत्य के प्रेमी हैं।

इस ध्यान का अर्थ काल चिन्तन है। विभिन्न कालों में विभिन्न रूपों में काल के प्रति समर्पण कराने अर्थात् एकात्मज्ञान और एकात्मकर्म की परीक्षा और परीक्षोपरान्त मार्ग प्रशस्त करने के लिए व्यक्तिगत प्रमाणित शंकर अर्थात् एकात्म ध्यान के 21 अंशावतार जाने जाते है। शिव पुराण मे शिव जी और उनके अवतार के बारे में विस्तार से लिखा है। जो निम्नवत् हैं –

अ. व्यक्तिगत प्रमाणित पूर्ण प्रत्यक्ष अवतार

01. ऋषि दधीचि के समय-"पिप्पलाद अवतार"
02. वेश्या की परीक्षा के समय-"वैश्यनाथ अवतार"
03. विश्वानर मुनि के समय-"गृहपति अवतार"
04. इन्द्र की रक्षा के लिए कश्यप मुनि के समय-"एकादश रूद्र अवतार"
05. पार्वती की परीक्षा के समय-"ब्रह्मचारी अवतार"
06. पार्वती को माँगते समय-"सुनट नर्तक अवतार"
07. पार्वती के पिता के समक्ष अपनी निन्दा के समय-"साधु अवतार"
08. पार्वती द्वारा भैरव को श्राप देने पर भैरव के स्नेह में पार्वती का शारदा रूप सहित-"महेश अवतार"
09. राजा भद्रायु की परीक्षा के लिए-"द्विजेश्वर अवतार"
10. भील आहुक-आहुका पति-पत्नी की परीक्षा के लिए-"मतिनाथ अवतार"
11. इछवाकुवंशीय श्रद्धेय की नवमी पीढ़ी में राजा नभग की परीक्षा के लिए-"कृष्ण दर्शन अवतार"
12. इन्द्र, बृहस्पति सहित अन्य देवताओं की परीक्षा के लिए-"अवधुतेश्वर अवतार"
13. विदर्भ नरेश सत्यरथ और उसकी पत्नी के मृत्यु के उपरान्त अबोध बालक के कल्याण-"भिक्षुवर्ण अवतार"
14. व्याघ्रपाद के पुत्र उपमन्यु की परीक्षा के समय-"सुरेश्वर अवतार"
15. कूर्म अवतार के समय-विषपान और देवताओं के घमण्ड को तोड़ने के लिए-"नीलकण्ठ यक्षश्रेश्वर अवतार"
16. कूर्म अवतार के समय विष्णु गणों के आतंक को समाप्त करने के लिए-"वृषभ अवतार"
17. नृसिंह अवतार के समय नृसिंह का क्रोध शान्त करने के लिए-"शरभ अवतार"
18. रामावतार के समय-"दुर्वासा अवतार"
19. रामावतार के समय-"हनुमान अवतार"
20. कृष्णावतार के समय-"विभु अश्वश्थामा अवतार"
21. अर्जुन की परीक्षा में-"किरात अवतार"

ब. सार्वजनिक प्रमाणित पूर्ण प्रेरक अवतार

वर्तमान काल में काल के प्रति समर्पण कराने अर्थात् एकात्मज्ञान और एकात्मकर्म की परीक्षा और परीक्षोपरान्त मार्ग प्रशस्त करने के लिए सार्वजनिक प्रमाणित शंकर अर्थात् एकात्म ध्यान के 22वें और अन्तिम एकमात्र पूर्णावतार निम्नवत् हैं ।

22. भोगेश्वर अवतार श्री लव कुश सिंह "विश्वमानव"

भाग-2
सत्यीकरण का आधार

01. विश्वात्मा/विश्वमन का विखण्डन व संलयन

अ. सांख्य दर्शन

ब. धर्म विज्ञान (स्वामी विवेकानन्द)

स. आत्मा और विश्वात्मा

1. रज मन

2. तम मन

3. सत्व मन

क. निवृत्ति मार्गी

ख. प्रवृत्ति मार्गी

4. अवतारी मन

द. विकासवाद

य. अवतारवाद

02. ईश्वर या काल चक्र

03. सार्वभौम सत्य-सिद्धान्त के अनुसार काल, युग बोध एवं अवतार

04. सुखसागर के अनुसार भगवान विष्णु चौबीस अवतार

05. कल्कि अवतार-महाअवतार क्यों?

06. काल और युग परिवर्तक कल्कि महाअवतार एवं अन्य स्वघोषित कल्कि अवतार

07. कल्कि अवतार और लव कुश सिंह"विश्वमानव"

08. ईश्वर, अवतार और मानव की शक्ति सीमा

09. शास्त्रार्थ, शास्त्र पर होता है, शास्त्राकार से और पर नहीं

01. विश्वात्मा/विश्वमन का विखण्डन व संलयन

सांख्य दर्शन

सांख्य दर्शन भारत का अत्यंत प्राचीन और प्रमुख दार्शनिक संप्रदाय है इसके प्रवर्तक महर्षि कपिल थे, जिन्होंने सम्भवतः सातवीं शताब्दी ई0 पू0 में इस दर्शन के सूत्रों की रचना की। सांख्य शब्द का तात्पर्य सम्यक ज्ञान से है। सम्यक ज्ञान का तात्पर्य पुरूष और प्रकृति के मध्य की भिन्नता के ज्ञान से है। सांख्य दर्शन का आधार कार्य-कारण सिद्धान्त है। इस सिद्धान्त को सत्कार्यवाद के नाम से जाना जाता है। कार्य-कारण सिद्धान्त के सम्मुख उठने वाले मूल प्रश्न - क्या कार्य की सत्ता उत्पत्ति के पूर्व उपादान कारण में वर्तमान रहती है? का सांख्य दर्शन का सत्कार्यवाद भावात्मक उत्तर है। इसके अनुसार कार्य प्रकार सत्कार्यवाद उत्पत्ति कारण में अव्यक्त रूप में मौजूद रहता है। इस प्रकार सत्कार्यवाद उत्पत्ति के पूर्व कारण में कार्य की सत्ता स्वीकार करता है। कार्य और कारण में सिर्फ आकार का भेद है। कारण अव्यक्त कार्य और कार्य का जो अभिव्यक्त कारण है। वस्तु के निर्माण का अर्थ अव्यक्त कार्य जो कारण में निहित है कार्य में पूर्णतः अभिव्यक्त होना। उत्पत्ति का अर्थ अव्यक्त का व्यक्त होना है और विनाश का अर्थ अव्यक्त हो जाना है अर्थात् उत्पत्ति आविर्भाव और विनाश तिरोभाव है। सांख्य दर्शन के अनुसार सम्पूर्ण विश्व कार्य का प्रवाह है। जहाँ तक विश्व के कारण का प्रश्न है तो सांख्य दर्शन न तो परमाणु को मानता है और न ही चेतना को बल्कि इसका आधार या मूल कारण प्रकृति को मानता है प्रकृति, जड़ और सूक्ष्म दोनों है परन्तु वह स्वयं कारणहीन है। सांख्य दर्शन में प्रकृति को प्रधान जड़ माया शक्ति आदि कहा गया है। वह एक अदृश्य अव्यक्त अचेतन व्यक्तित्वहीन और शाश्वत है। यद्यपि प्रकृति एक है लेकिन उसमे तीन प्रकार के गुण है सत्व, रजस् और तमस् गुण प्रकृति के तत्व या द्रव्य है। गुण अत्यंत सूक्ष्म है जिनका ज्ञान अनुमान से प्राप्त होता है। विश्व की प्रत्येक वस्तु में सुख-दुःख और उदासीनता का भाव उत्पन्न करने की शक्ति मौजूद है। इन तीनों भावों का कारण तीन गुण सत्व, रजस् और तमस ही है।

सत्व ज्ञान का प्रतीक और श्वेत रंग का है जिससे सभी प्रकार की सुखात्मक अनुभूति होती है। रजस क्रिया प्रेरक है जो वस्तुओं को भी उत्तेजित करता है इसका रंग लाल है। तमस अज्ञान या अंधकार का प्रतीक है जो निष्क्रियता और जड़ता का द्योतक है। इसका रंग काला है ये तीनों गुण प्रकृति के अलावा विश्व की प्रत्येक वस्तु में अन्तर्भूत है। इसलिए प्रकृति तथा विश्व की सभी वस्तुओं को त्रिगुणात्मक कहा जाता है। लेकिन किसी वस्तु में कोई एक गुण तो किसी अन्य वस्तु में अन्य गुण प्रबल होता है। ये गुण निरंतर परिवर्तनशील है।

सांख्य दर्शन पुरूष की व्यापक व्याख्या करता है। वास्तव में अन्य दर्शनों ने जिसे आत्मा कहा है। उसे ही सांख्य ने पुरूष कहा है। पुरूष चेतन है वह सत्व, रजस और तमस से शून्य है, इसीलिए उसे त्रिगुणतीत कहा गया है। वह त्राता है। सक्रिय है, अनेक कार्य-कारण से मुक्त है। उसकी सत्ता स्वयं सिद्ध है। आत्मा अर्थात पुरूष शरीर से भिन्न है जहाँ शरीर भौतिक है, वहीं पुरूष अभौतिक अर्थात आध्यात्मिक है। वह पाप पुण्य से मुक्त अर्थात निर्गुण है। सांख्य दर्शन विश्व की उत्पत्ति के लिए ईश्वर को उत्तरदायी नहीं मानता उसके अनुसार यह संसार विकास का फल है। प्रकृति ही वह मूल तत्व है जिससे संसार की समस्त वस्तुएँ विकसित होती है। इस प्रकार सांख्य दर्शन विकासवाद का समर्थन करता है। विकास की प्रक्रिया तभी प्रारम्भ हो सकती है। जब पुरूष और प्रकृति का संयोग हो। अकेली प्रकृति या पुरूष विकास नहीं कर सकते क्योंकि वे क्रमशः अचेतन और निष्क्रिय है प्रकृति देखे जाने के लिए पुरूष पर और पुरूष कैवल्य अर्थात मोक्ष प्राप्ति के लिए प्रकृति पर आश्रित है दोनों को एक दूसरे की आवश्यकता है परन्तु विरोधी गुणों से युक्त होने के कारण दोनों का सन्सर्ग अत्यन्त कठिन है इस कठिनाई के समाधान के लिए सांख्य दर्शन उपमाओं का प्रयोग करता है। सांख्य का मत है कि पुरूष और प्रकृति के बीच यथार्थ संयोग नहीं होता अपितु सिर्फ निकटता का सम्बन्ध होता है ज्यों ही पुरूष प्रकृति के समीप आता है। प्रकृति की साम्यवास्था भंग हो जाती है। और उसके गुणों में विरूप परिवर्तन आरम्भ हो जाता है। और उसके तीनों गुणों में परिवर्तन होने लगता है। तत्पश्चात् नये पदार्थों का आविर्भाव होता है। सांख्य दर्शन संसार को दुःखमय मानता है। उसके अनुसार तीन प्रकार के दुःख है- आध्यात्मिक, आधिभौतिक और आधिदैविक इन तीनों दुःखों से छुटकारा ही

सृष्टि के लिए विखण्डन

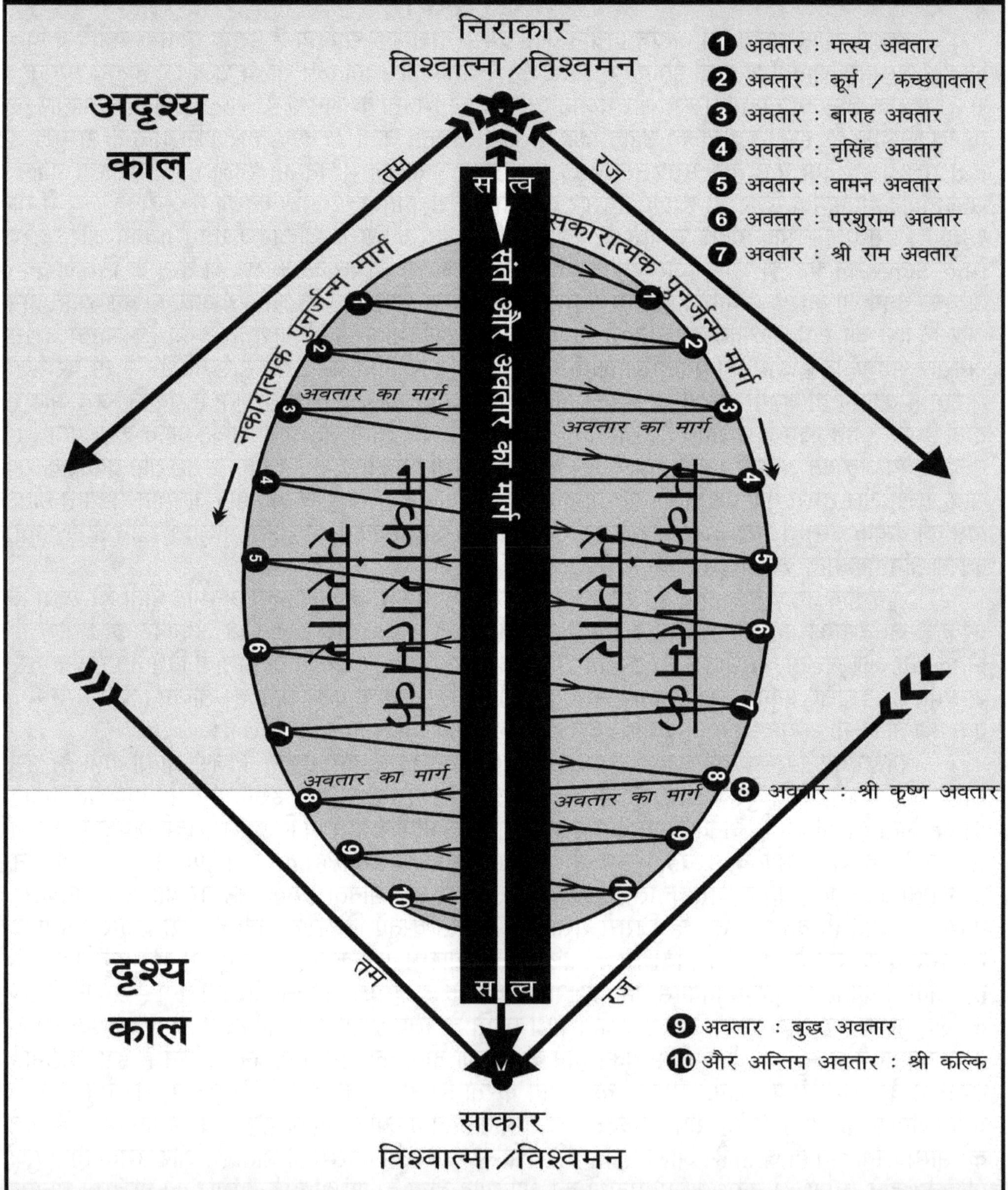

सृष्टि के लिए संलयन

मोक्ष तथा उसका साधन ज्ञान है। ज्ञान के द्वारा ही आत्मा और अनात्मा का भेद स्पष्ट होता है। अज्ञान ही बंधन का कारण है। इस बंधन को कर्म से नहीं तोड़ा जा सकता है बल्कि इसके लिए ज्ञान मार्ग ही अपनाना होगा। मोक्ष की अवस्था त्रिगुणातीत है। ईश्वर के सम्बन्ध में सांख्य दर्शन स्पष्टता नहीं दर्शाता कुछ विद्वान उसे अनीश्वरवादी और कुछ ईश्वरवादी मानते हैं। परन्तु उसका अनीश्वरवादी पक्ष ही अधिक मजबूत है।

धर्म विज्ञान (स्वामी विवेकानन्द)

01. अंग्रेजी में हम सब नेचर शब्द का व्यवहार करते हैं। प्राचीन हिन्दू दार्शनिकगण उसके लिए दो विभिन्न संज्ञाओं का प्रयोग करते थे; प्रथम- "प्रकृति" और दूसरा उसकी अपेक्षा अधिक वैज्ञानिक नाम है- "अव्यक्त", जो व्यक्त अथवा प्रकाशित अथवा भेदात्मक नहीं है-उससे ही सब पदार्थ उत्पन्न हुये है, उससे अणु-परमाणु सब आये हैं; उससे ही भूत, शक्ति, मन, बुद्धि सब आये हैं। यह अत्यन्त विस्मयकारक है कि भारतीय दार्शनिकगण अनेक युग पहले ही कह गये है कि मन सूक्ष्म जड़मात्र है।
02. प्राचीन आचार्यगण ने इस अव्यक्त का लक्षण बताया है- "तीन शक्तियों की साम्यावस्था"। उनमें से एक का नाम सत्व, दूसरी का रजः और तीसरी का तमः है। तमः निम्नतम शक्ति है- आकर्षणस्वरूप, रजः उसकी अपेक्षा किंचित् उच्चतर है- विकर्षणस्वरूप; तथा सर्वोच्च जो शक्ति है वह इन दोनों की संयमस्वरूप है-वहीं सत्व है। अतएव ज्योंहि ये आकर्षण और विकर्षण दोनों शक्तियां सत्त्व के द्वारा पूर्णतः संयत होती है अथवा सम्पूर्ण साम्यावस्था में रहती है, तब सृष्टि अथवा विकार का अस्तित्व नहीं रहता, किन्तु ज्योंहि यह साम्यावस्था नष्ट होती है, ज्योंहि उनका सामंजस्य नष्ट होता है और उनमें से एक शक्ति दूसरी शक्तियों की अपेक्षा प्रबलतर हो उठती है, त्योंहि परिवर्तन तथा गति का आरम्भ होता है और इन सब का परिणाम चलता रहता है। इसी प्रकार व्यापार चक्रगति से चल रहा है।
03. ब्रह्माण्ड के सम्पूर्ण बाह्य भाग को-आजकल हम जिसे स्थूल जड़ कहते हैं- प्राचीन हिन्दूगण भूत कहते थे। उनके मतानुसार उनमें से एक ही, शेष सब का कारण है; क्योंकि अन्यान्य सब भूत इसी एक भूत से उत्पन्न हुए हैं। इस भूत को आकाश की संज्ञा प्राप्त है तथा उसके साथ प्राण नाम की एक और वस्तु रहती है।
04. जितने दिन सृष्टि रहती है, उतने दिन में प्राण और आकाश रहते हैं। कल्पान्त में प्राण और आकाश तक उसी अनन्त पुरुष में सुप्त भाव में थे, किन्तु किसी प्रकार का व्यक्त प्रपंच नहीं था। इस अवस्था को अव्यक्त कहते हैं- उसका ठीक शब्दार्थ स्पन्दन रहित अथवा अप्रकाशित है।
05. प्राण स्वयं आकाश की सहायता के अभाव में कोई काम नहीं कर पाता। यह प्राण स्वयं नहीं रह सकता अथवा किसी मध्यवर्ती के बिना काम नहीं कर सकता। वह कभी आकाश से पृथक् नहीं रह सकता। शक्ति और भूत की अति सूक्ष्मावस्था को ही प्राचीन दार्शनिकगण ने प्राण और आकाश की संज्ञा दी है। प्राण को आप जीवनीशक्ति कह सकते हैं, किन्तु उसको केवल मनुष्य के जीवन में सीमाबद्ध करने से अथवा आत्मा के साथ अमिट समझने से भी काम नहीं चलेगा। अतएव सृष्टि प्राण और आकाश के संयोग से उत्पन्न है तथा उसका आदि भी नहीं है, अन्त भी नहीं है।
06. अतः अव्यक्त प्रकृति, यह सर्वव्यापी बुद्धित्व में अथवा महत्त में परिणत होती है, यह फिर सर्वव्यापी अहंतत्व अथवा अहंकार में और यह परिणाम प्राप्त करके फिर सर्वव्यापी इन्द्रियग्राह भूत (इन्द्रिय और तन्मात्रा) में परिणत होता है। यही भूत-समष्टि इन्द्रिय अथवा केन्द्र समूह में और समष्टि सूक्ष्म परमाणु समूह में परिणत होती है। फिर इन सब के मिलने पर इस स्थूल जगत-प्रपंच की उत्पत्ति होती है। सांख्य मत के अनुसार यही सृष्टि का क्रम है और बृहत् ब्रह्माण्ड में जो है, वह व्यष्टि अथवा क्षुद्र ब्रह्माण्ड में भी अवश्य रहेगा।
07. सांख्यवादियों का एक मत अनन्यसाधारण है। उनके मतानुसार एक मनुष्य अथवा कोई भी एक प्राणी जिस नियम से गठित है, समग्र विश्व ब्रह्माण्ड भी ठीक उसी नियम से विरचित है। इसलिए हमारा जैसे एक मन है, उसी प्रकार एक विश्वमन भी है।

08. जितने दिनों से जगत् है उतने दिनों से मन का अभाव-उस एक विश्वमन का अभाव-कभी नहीं हुआ। प्रत्येक मानव, प्रत्येक प्राणी उस विश्वमन से ही निर्मित हो रहा है, क्योंकि वह सदा ही वर्तमान हैं और उन सब के निर्माण के लिए उपादान प्रदान कर रहा है।
09. जगत में प्रकृति के प्रथम विकास को सांख्यवादीगण महत् या समष्टि बुद्धि कहते हैं। इसका ठीक शब्दार्थ है- सर्वश्रेष्ठ तत्व। इसे अहंज्ञान नहीं कहा जा सकता, कहने पर भूल होगी। अहंज्ञान इस बुद्धितत्व का अंशविशेष मात्र है, परन्तु बुद्धितत्व सार्वजनिन तत्व है। अहंज्ञान, अव्यक्त ज्ञान और ज्ञानातीत अवस्था-ये सब ही उसके अन्तर्गत आते हैं।
10. महत्तत्व ही उन सब परिवर्तनों का कारण है जिनके फलस्वरूप यह शरीर निर्मित हुआ है। महतत्व या समष्टि बुद्धि के भीतर ज्ञान की निम्न भूमि, साधारण ज्ञान की अवस्था और ज्ञान से अतीत अवस्था में सब ही विद्यमान है।
11. ज्ञान की निन्म भूमि हम पशुओं में देखते हैं और उसे-सहजात ज्ञान कहते हैं। सहजात ज्ञान में प्रायः कभी भूल नहीं होती। एक पशु इस सहजात ज्ञान के प्रभाव से कौन सी घास खाने योग्य है, कौन सी घास विषाक्त है, यह सुविधापूर्वक समझ लेता है।
12. उनके पश्चात् हमारा (मानव का) साधारण ज्ञान आता है-यह सहजात ज्ञान की अपेक्षा उच्चतर अवस्था है। हमारा साधारण ज्ञान भ्रान्तिमय है, यह पग-पग पर भ्रम में जा पड़ता है। इसे ही आप युक्ति अथवा विचारशक्ति कहते हैं। अवश्य सहजात ज्ञान की अपेक्षा उसका प्रसार अधिक दूर तक है, किन्तु सहजात ज्ञान की अपेक्षा युक्ति विचार में अधिक भ्रम की आशंका है।
13. मन की और एक उच्चतर अवस्था विद्यमान है,-ज्ञानातीत अवस्था-इस अवस्था में केवल योगीगण का ही अर्थात् जिन्होंने यत्न करके इस अवस्था को प्राप्त किया है, उनका ही अधिकार है। वह सहजात ज्ञान के समक्ष भ्रान्ति से विहिन है और युक्तिविचार से भी उसका अधिक प्रसार है। वह सर्वोच्च अवस्था है।
14. जिस प्रकार मनुष्य के भीतर महत् ही ज्ञान की निम्नभूमि, साधारण ज्ञानभूमि और ज्ञानातीत भूमि है, उसी प्रकार इस बृहत् ब्रह्माण्ड में भी यही सर्वव्यापी बुद्धितत्व अथवा महत्-सहजात ज्ञान, युक्ति विचार से उत्पन्न ज्ञान और विचार से अतीत ज्ञान, इन तीन प्रकारों से स्थित है।
15. ज्ञान का अर्थ है- सदृश वस्तु के साथ उसका मिलन। कोई नया संस्कार आने पर यदि आप लोगों के मन में उसके सदृश सब संस्कार पहले से ही वर्तमान रहे, तभी आप तृप्त होते हैं, और इस मिलन अथवा सहयोग को ही ज्ञान कहते हैं। अतएव ज्ञान का अर्थ, पहले से ही हमारी जो अनुभूति-समष्टि विद्यमान है, उसके साथ और एक सजातीय अनुभूति को एक ही कोष में प्रतिष्ठित कर देना है। तथा पहले से ही आपका एक ज्ञान भण्डार न रहने पर कोई नया ज्ञान ही आपका नहीं हो सकता, यही उसका सर्वोत्तम प्रबल प्रमाण है।
16. सांख्यमत के अनुसार सृष्टिवाद में सृष्टि अथवा क्रम विकास और प्रलय अथवा क्रम संकोच-ये दोनों स्वीकृत हुये हैं। सभी उसी अव्यक्त प्रकृति के क्रम विकास से उत्पन्न है, और ये सब क्रम संकुचित होकर व्यक्त आकार धारण करते हैं। सांख्य मत के अनुसार ऐसी किसी जड़ अथवा भौतिक वस्तु का अस्तित्व सम्भव नहीं है, ज्ञान का कोई अंशविशेष जिसका उपादान न हो। ज्ञान ही वह उपादान है, जिससे यह प्रपंच निर्मित हुआ है।
17. कपिल का प्रधान मत है- परिणाम। वे कहते हैं, एक वस्तु दूसरी वस्तु का परिणाम अथवा विकार स्वरूप है क्योंकि उनके मत के अनुसार कार्य-कारण भाव का लक्षण यह है कि-कार्य अन्य रूप में परिणत कारण मात्र है।
18. कपिल का मत है कि समग्र ब्रह्माण्ड ही एक शरीर स्वरूप है जो कुछ हम देखते हैं, वे सब स्थूल शरीर है, उन सबके पश्चात् सूक्ष्म शरीर समूह और उनके पश्चात् समष्टि अहंतत्व, उसके भी पश्चात् समष्टि बुद्धि है। किन्तु यह सब ही प्रकृति के अन्तर्गत हैं। उसमें से जो हमारे प्रयोजन का है, हम ग्रहण कर रहे हैं; इसी प्रकार जगत के भीतर समष्टि मनस्तत्व विद्यमान है, उससे भी हम चिरकाल से प्रयोजन के अनुसार ले रहे हैं। किन्तु देह का

बीज माता-पिता से प्राप्त होना चाहिए। इससे वंश की अनुक्रमणिकता और पुर्नजन्मवाद दोनों ही तत्व स्वीकृत हो जाते हैं।

19. समग्र प्रकृति के पश्चात् निश्चित रूप में कोई सत्ता है, जिसका आलोक उन पर पड़कर महत्, अहंज्ञान और यह सब नाना वस्तुओं के रूप में प्रतीत हो रहा है। और इस सत्ता को ही कपिल पुरुष अथवा आत्मा कहते है। वेदान्ती भी उसे आत्मा कहते हैं। कपिल के मत के अनुसार पुरुष अमिश्र पदार्थ है। वह यौगिक पदार्थ नहीं है। वही एकमात्र व जड़ पदार्थ है और सब प्रपंच-विकार ही जड़ है। पुरुष ही एकमात्र ज्ञाता है।
20. समस्त प्रकृति आत्मा के भोग अथवा अभिज्ञता का संचय करने के लिए काम करती जा रही है, और आत्मा उसी चरम लक्ष्य में जाने के लिए यह अभिज्ञता संचय कर रही है तथा मुक्ति ही यह चरम लक्ष्य है। सांख्य दर्शन के मत के अनुसार इस आत्मा की संख्या बहुत है। अनन्त संख्यक आत्माएं विद्यमान है। उसका और एक सिद्धान्त यह है कि "ईश्वर नहीं है ", जगत् का सृष्टिकर्ता कोई नहीं है। सांख्यवादी कहते हैं प्रकृति ही जब इन सब विभिन्न रूपों का सृजन करने में समर्थ है तब ईश्वर स्वीकार करने का प्रयोजन नहीं है।
21. साख्य दर्शन सब आत्माओं के एकत्व के प्रति विश्वासी नहीं है। वेदान्त के मतानुसार सब जीवात्माएं ब्रह्मनामधेय एक विश्वात्मा में अमिश्र है, किन्तु सांख्य दर्शन के प्रतिष्ठाता कपिल द्वैतवादी थे। अवश्य उन्होंने जगत का विश्लेषण जहाँ तक किया है, वह अत्यन्त अद्भुत है। वे हिन्दू परिणामवादियों के जनक स्वरूप हैं, और परिवर्ती सब दार्शनिक शास्त्र उनकी ही चिन्तन प्रणाली के परिणाम मात्र हैं।
22. ज्ञान चौतन्य सम्पूर्ण रूप से प्रकृति के अधिकार में हैं, आत्मा में ज्ञान चौतन्य नहीं है। वेदान्त कहता है- आत्मा का स्वरूप असीम है अर्थात् वह पूर्णसत्ता, ज्ञान और आनन्द स्वरूप है। तथापि हमारा सांख्य के साथ इस विषय में एक मत है कि वे जिसे ज्ञान कहते हैं, वह एक यौगिक पदार्थ मात्र है।
23. जैसे सोना गलाना हो तो उसमें पोटैशियम साइनाइड मिलाना होता है। पोटैशियम साइनाइड अलग रह जाता है, उस पर कोई रासायनिक कार्य नहीं होता, किन्तु सोना गलाने का काम सफल करने के लिए उसके सान्निध्य का प्रयोजन है। पुरुष के सम्बन्ध में भी यही बात है। वह प्रकृति के साथ मिश्रित नहीं होता, वह बुद्धि या महत् अथवा किसी प्रकार का विकार नहीं है, वह शुद्ध पूर्ण आत्मा है- "मेरे साक्षी स्वरूप विद्यमान रहने के कारण प्रकृति यह सब चेतन और अचेतन का सृजन कर रही है।" (गीता, अध्याय-9, श्लोक-10)
24. पुरुष में चौतन्य है, किन्तु पुरुष को बुद्धिमान अथवा ज्ञानवान नहीं कहा जा सकता, किन्तु वह ऐसी वस्तु है, जिसके रहने पर ही ज्ञान सम्भव होता है। पुरुष में जो चित्त है, वह प्रकृति से मिलकर हमारे निकट बुद्धि अथवा ज्ञान के नाम से परिचित होता है। जगत् में जो कुछ सुख, आनन्द एवं शान्ति है, सब पुरुष की है; परन्तु वह सब मिश्र है क्योंकि उसमें पुरुष और प्रकृति का मिश्रण है। "जहाँ किसी प्रकार का सुख है, जहाँ किसी प्रकार का आनन्द है वहाँ उस अमृत स्वरूप पुरुष का एक कण विद्यमान है, यह समझ लेना होगा। " (बृहदारण्यक उपनिषद्)
25. यदि हम एक मानव का विश्लेषण कर सकें तो समग्र जगत् का विश्लेषण कर लिया क्योंकि वे सब एक ही नियम से निर्मित हैं। अतएव यदि यह सत्य हो कि इस व्यष्टि श्रेणी के पीछे ऐसे एक व्यक्ति विद्यमान है जो समस्त प्रकृति से अतीत है, जो किसी प्रकार के उपादान से निर्मित नहीं है अर्थात्- पुरुष, तो यह एक ही युक्ति समष्टि ब्रह्माण्ड पर भी घटित होगी तथा उसके पश्चात् भी एक चौतन्य स्वीकार करने का प्रयोजन होगा। जो सर्वव्यापी चौतन्य प्रकृति के समग्र विकारों के पश्चात् भाग में विद्यमान है, उसे वेदान्त सब का नियन्ता- ईश्वर कहता है।
26. पहले यह स्थूल शरीर, उसके पश्चात् सूक्ष्म शरीर, उसके पश्चात् जीव अथवा आत्मा-यही मानव का यथार्थ स्वरूप है। मनुष्य का एक सूक्ष्म शरीर और एक स्थूल शरीर है, ऐसा नहीं है। शरीर एक ही है तथापि सूक्ष्म आकार में वह स्थूल की अपेक्षा दीर्घ काल तक रहता है, तथा स्थूल शीघ्र नष्ट हो जाता है। द्वैतवादियों के मतानुसार यह जीव अर्थात् मनुष्य का यथार्थ स्वरूप जो है वह अणु अर्थात् अति सूक्ष्म है।

27. सूक्ष्म शरीर भी दीर्घकाल के पश्चात् विश्लिष्ट हो जायेगा, किन्तु जीव अयौगिक पदार्थ है, इसलिए वह कभी ध्वंस प्राप्त नहीं होगा। किसी अयौगिक पदार्थ का जन्म नहीं हो सकता, केवल जो यौगिक है उसका ही जन्म हो सकता है।
28. लाख-लाख प्रकार के आकार में मिश्रित यह समग्र प्रकृति ईश्वर की इच्छा के अधीन है। ईश्वर सर्वव्यापी, सर्वज्ञ और निराकार है, एवं वह दिन-रात इस प्रकृति को परिचालित करता है। समस्त प्रकृति ही उसके शासन के अधीन विद्यमान है। किसी प्राणी को स्वाधीनता नहीं है, वह हो ही नहीं सकती। ईश्वर ही रास्ता है। यही द्वैतवादात्मक वेदान्त का उपदेश है।
29. इस मानव देह को कर्मदेह कहते हैं, इस मानवदेह में ही हम अपना भविष्यत् दृष्ट स्थिर किया करते हैं। हम एक बृहत् वृत्त के आकार में भ्रमण कर रहे हैं, तथा मानवदेह ही उस वृत्त के मध्य में एक बिन्दु है, जहाँ हमारी भविष्यत् अवस्था स्थिर होती है। इस कारण ही अन्यान्य सब प्रकार की देहों की अपेक्षा मानवदेह ही श्रेष्ठतम् निर्दिष्ट की जाती है। देवतागण भी मनुष्य जन्म ग्रहण किया करते है। द्वैत वेदान्त यहाँ तक कहता है।
30. तथापि ईश्वर की कृपा एवं शुभ कर्म के अनुष्ठान के द्वारा वे (जीवात्मा) पुनः विकास प्राप्त होगी। प्रत्येक जीवात्मा को मुक्तिलाभ के समान सुयोग और सम्भावना प्राप्त है एवं काल में सब ही शुद्धस्वरूप होकर प्रकृति के बन्धन से मुक्त होंगी। किन्तु इतना होने पर भी इस जगत का लोप नहीं होगा, क्योंकि वह अनन्त है। यही वेदान्त का द्वितीय प्रकार का सिद्धान्त है-जिसके मतानुसार ईश्वर, आत्मा और प्रकृति है, तथा आत्मा और प्रकृति ईश्वर का देहस्वरूप है और ये तीनों मिलकर एक है- विशिष्टाद्वैत वेदान्त कहते हैं।
31. यह समग्र जगत् एक अखण्ड स्वरूप है, और उसे ही अद्वैत वेदान्त-दर्शन में ब्रह्म कहते हैं। ब्रह्म जब ब्रह्माण्ड के पश्चात् प्रदेश में है ऐसा लगता है, तब उसे ईश्वर कहते हैं। अतएव यह आत्मा ही मानव का अभ्यन्तरस्थ ईश्वर है। केवल एक पुरुष-उन्हें ईश्वर कहते हैं, तथा जब ईश्वर और मानव दोनों के स्वरूप का विश्लेषण किया जाता है तब दोनों को एक के रूप में जाना जाता है।
32. "सभी हाथों से आप काम कर रहे हैं, सभी मुखों से आप खा रह रहे हैं, सब नासिकाओं से आप श्वास-प्रश्वास ले रहे हैं, सब मन से आप चिन्ता अथवा विचार कर रहे हैं।" (गीता, अध्याय-13) समग्र जगत ही आप है। जो कुछ है, सब आप है, यथार्थ "आप" -वह एक अविभक्त आत्मा-जिस क्षुद्र सीमाबद्ध व्यक्ति विशेष को आप "आप" समझते हैं, वह नहीं। तथा आप जो अमुक राम, श्याम, हरि है, यह बात भी किसी काल में सत्य नहीं है, यह केवल स्वप्न मात्र है। यही जानकर मुक्त होइए। यह अद्वैतवादियों का सिद्धान्त है।
33. यदि आप अपने को बद्ध के रूप में सोंचे तो आप बद्ध ही रहेंगे; आप स्वतः ही अपने बन्धन के कारण होंगे तथा यदि आप उपलब्धि करें कि आप मुक्त हैं तो इसी मुहुर्त आप मुक्त हैं। यही ज्ञान है-मुक्तिप्रद ज्ञान, तथा समग्र प्रकृति का चरम लक्ष्य ही मुक्ति है।
34. एक ही सूर्य विविध जल बिन्दुओं में प्रतिबिम्बित होकर नाना रूप दिखा रहा है। लाख-लाख जल कणों में लाख-लाख सूर्य का प्रतिबिम्ब पड़ा है तथा प्रत्येक जल कण में ही सूर्य की सम्पूर्ण प्रतिमूर्ति विद्यमान है; किन्तु सूर्य वास्तव में एक है। इन सब जीवगण के सम्बन्ध में भी यही बात है-वे उसी एक अनन्त पुरुष के प्रतिबिम्ब मात्र है। स्वप्न कदापि सत्य के बिना रह नहीं सकता, और वह सत्य-वही एक अनन्त सत्ता है। शरीर, मन अथवा आत्मा भाव में मानने पर आप स्वप्न मात्र हैं, किन्तु आपका यथार्थ स्वरूप अखण्ड सच्चिदानन्द है। अद्वैतवादी यही कहते है। यह सब जन्म, पुर्नजन्म, यह आना-जाना यह सब उस स्वप्न का अंशभाग है। आप अनन्त स्वरूप है। आप फिर कहाँ जायेंगे? आत्मा कभी उत्पन्न नहीं होती, कभी मरेगी भी नहीं, आत्मा के किसी काल में माता-पिता, शत्रु-मित्र कुछ भी नहीं है; क्योंकि आत्मा अखण्ड सच्चिदानंद स्वरूप है। जिस व्यक्ति ने इसका साक्षात्कार किया है उसने ही मुक्तिलाभ किया है, वह इस स्वप्न को भंग करके उसके बाहर चला गया है, उसने अपना यथार्थ स्वरूप जाना है। अद्वैत वेदान्त का यही उपदेश है।

35. वेदान्त दर्शन एक-एक करके इन तीन सोपानों (द्वैत, विशिष्टद्वैत, अद्वैत) का अवलम्बन करके अग्रसर हुआ है तथा हम इस तृतीय सोपान (अद्वैत) को पार करके अधिक अग्रसर नहीं हो सकते, क्योंकि हम एकत्व के उपर अधिक जा नहीं सकते।
36. जो व्यक्ति कहता है, इस जगत् का अस्तित्व है, किन्तु ईश्वर नहीं है, वह निर्बोध है, क्योंकि यदि जगत् हो, तो जगत् का एक कारण रहेगा और उसक कारण का नाम ही ईश्वर है। कार्य रहने पर ही उसका कारण है, यह जानना होगा। जब यह जगत् अन्तर्हित होगा, तब ईश्वर भी अन्तर्हित होंगे। जब आप ईश्वर के सहित अपना एकत्व अनुभव करेंगे, तब आपके पक्ष में यह जगत् फिर नहीं रहेगा। जिसे हम इस क्षण जगत् के रूप में देख रहे हैं, वही हमारे सम्मुख ईश्वर के रूप में प्रतिभासित होगा, एवं जिनको एक दिन हम बहिर्देश में अवस्थित समझते थे, वे ही हमारी आत्मा के अन्तरात्मा रूप में प्रतीत होंगे।- "तत्वमसि " - वही तुम हो।
37. धर्म मनुष्य के भीतर से ही उत्पन्न है, वह बाहर की किसी वस्तु से उत्पन्न नहीं है। हमारा विश्वास है, धर्म चिन्तन मनुष्य के पक्ष में प्रकृतिगत है; वह मनुष्य के स्वभाव के सहित ऐसे अविच्छिन्न भाव से जड़ित है कि जब तक मनुष्य अपनी देह तथा मन का त्याग नहीं कर पाता, जब तक वह चिन्ता और जीवन त्याग नहीं कर पाता, तब तक उसके लिए धर्मत्याग असम्भव है।
38. यदि मनुष्य वर्तमान लेकर सन्तुष्ट रहे और जगदातीत सत्ता के समस्त अनुसंधान का एकदम परित्याग कर दे, तो मानव जाति को पशु की भूमि में फिर से आना होगा। धर्म-जगदातीत सत्ता का अनुसंधान ही-मनुष्य और पशु में प्रभेद बनाये रखता है।
39. अब प्रश्न आता है, धर्म के द्वारा क्या वास्तव में कोई फल होता है? हाँ होता है। उससे मानव अनन्त जीवन प्राप्त करता है! मनुष्य वर्तमान में जो है, वह इस धर्म की ही शक्ति से हुआ है, और इससे ही यह मनुष्य नामक प्राणी देवता बनेगा। धर्म यही करने में समर्थ है।
40. प्रश्न है- हमारा चरम लक्ष्य क्या है? जहाँ से हमने आरम्भ किया है, वहीं अवश्य ही अन्त करना होगा; और जब ईश्वर से आपकी गति आरम्भ हुई है, तब ईश्वर में ही अवश्य फिर लौटना होगा।
41. एक और प्रश्न आता है- हम उन्नति पथ में अग्रसर होते-होते क्या धर्म के नये सत्य का आविष्कार नहीं करेंगे? हाँ भी, नहीं भी। प्रथमतः यह समझना होगा कि धर्म के सम्बन्ध में अधिक और कुछ जानने को नहीं है, सभी कुछ जाना जा चुका है। जगत् के सभी धर्म में, आप देखियेगा कि उस धर्म के अवलम्बनकारी सदैव कहते हैं, हमारे भीतर एक एकत्व है। अतएव ईश्वर के सहित आत्मा के एकत्व-ज्ञान की अपेक्षा और अधिक उन्नति नहीं हो सकती। ज्ञान का अर्थ इस एकत्व का आविष्कार ही है। हम आप सब को नर-नारी रूप में पृथक् देखते हैं- यही बहुत्व है।
42. "ईश्वर को जब तक आप नहीं जान लेते, तब तक मनुष्य को किस प्रकार जानियेगा? " -ये ईश्वर, यही अनन्त, अज्ञात या निरपेक्ष सत्ता या अनन्त या नामातीत वस्तु- उन्हें जिस नाम से इच्छा हो, उसी नाम से पुकारा जाता है- ये ही वर्तमान जीवन के, जो कुछ ज्ञात है और जो कुछ ज्ञेय है, सब के ही एकमात्र युक्तियुक्त व्याख्यास्वरूप है। चाहे जिस वस्तु की बात-सम्पूर्ण जड़ वस्तु की कोई बात लीजिए। केवल जड़तत्त्व सम्बन्धी विज्ञान में से कोई भी एक, जैसे- रसायन, पदार्थ विद्या, गणित, ज्योतिष या प्राणितत्व विद्या की बात लिजिये- उसकी विशेष रूप से आलोचना किजिये, क्रमशः यह तत्वानुसन्धान अग्रसर हो, देखियेगा-स्थूल क्रमशः सूक्ष्म, अतिसूक्ष्म पदार्थ में लय हो रहा है- अन्त में आपको ऐसे स्थान में आना होगा, जहाँ इन सब जड़ वस्तुओं को छोड़कर इन्हें अतिक्रमण करके अर्थात् फाँदकर अजड़ में जाना ही होगा। सब विधाओं में ही स्थूल क्रमशः सूक्ष्म में मिल जाता है, पदार्थ विद्या, दर्शन में पर्यवसित हो जाती है। इसी प्रकार मनुष्य को बाध्य होकर जगदातीत सत्ता की आलोचना में उतरना होता है।
43. यह बात कहने में अच्छी है कि वर्तमान में जो देख रहे हो वह सब लेकर ही तृप्त रहो; गाय, कुत्ते और अन्यान्य पशुगण इसी प्रकार वर्तमान के द्वारा ही सन्तुष्ट हैं, और इसी कारण वे पशु बने हैं। सब प्राणियों में से मनुष्य ही स्वभावतः उपर की ओर दृष्टि उठाकर देखता है। इसी उध्र्वदृष्टि ऊपर की ओर गमन और पूर्णत्व के अनुसन्धान

को ही "परिमाण" अथवा "उद्धार" कहते हैं और ज्योंहि मनुष्य उच्चतर दिशा की ओर गमन करना प्रारम्भ करता है, त्योंहि वह इस परिमाणस्वरूप सत्य की धारणा की दिशा में अपने को अग्रसर करता है। परिमाण- अर्थ, वेशभूषा अथवा घर पर निर्भर नहीं करता, यह मानव मस्तिष्क के भीतर की आध्यात्मिक भाव रत्नराशि के तारतम्य पर निर्भर करता है।

44. शिशु गुण अपनी निज की दृष्टि से अर्थात् किस वस्तु से कितनी मिठाई मिलती है, इस हिसाब से समग्र जगत् का विचार कर लेते हैं जो लोग अज्ञान से घिरे होने के कारण शिशु सदृश है, जगत् में उन सब शिशुओं का विचार भी उसी प्रकार का है। निम्न वस्तु की दृष्टि से उच्चतर वस्तु का विचार करना कदापि उचित नहीं है। प्रत्येक विषय का विचार उसकी गुरुता के हिसाब से करना होगा। अनन्त का विचार अनन्त की गुरुता के हिसाब से करना होगा। धर्म मानव जीवन का सर्वांश है-केवल वर्तमान नहीं-भूत, भविष्यत्, वर्तमान- सर्वांशव्यापी है। अतएव यह, अनन्त आत्मा और अनन्त ईश्वर के बीच अनन्त सम्बन्ध स्वरूप है।

45. रासायनिक गण सब प्रकार की ज्ञात वस्तुओं को उनके मूल धातुओं का रूप देने का यत्न कर रहे हैं। यदि इस अवस्था पर कभी वे पहुंचे, तब फिर इससे ऊपर और आगे नहीं बढ़ सकेंगे; तब रसायन विद्या सम्पूर्ण होगी। धर्म विज्ञान के सम्बन्ध में भी यही बात है। यदि हम पूर्ण एकत्व का अविष्कार कर सकें तो उससे अधिक उन्नति फिर नहीं हो सकती।

46. हमारे सम्मुख दो शब्द हैं- क्षुद्र ब्रह्माण्ड और बृहत् ब्रह्माण्ड; अन्तः और बहिः हम अनुभूति के द्वारा ही इन दोनों से सत्य लाभ करते हैं; अभ्यान्तर अनुभूति और बाह्य अनुभूति। आभ्यान्तर अनुभूति के द्वारा संगृहीत सत्य समूह मनोविज्ञान, दर्शन और धर्म के नाम से परिचित हैं, और बाह्य अनुभूति से भौतिक विज्ञान की उत्पत्ति हुई है। अब बात यह है कि जो सम्पूर्ण सत्य है, उसका इन दोनों जगत् की अनुभूति के साथ समन्वय होगा। क्षुद्र ब्रह्माण्ड, बृहत् ब्रह्माण्ड के सत्यसमूह को साक्षी प्रदान करेगा, उसी प्रकार बृहत् ब्रह्माण्ड की क्षुद्र ब्रह्माण्ड के सत्य को स्वीकार करेगा। चाहे जिस विद्या में हो, प्रकृत सत्य में कभी परस्पर विरोध रह नहीं सकता, आभ्यान्तर सत्य समूह के साथ बाह्य सत्य का समन्वय है।

47. जिस व्यक्ति की आत्मा से दूसरी आत्मा में शक्ति का संचार होता है वह गुरु कहलाता है और जिसकी आत्मा में यह शक्ति संचारित होती है उसे शिष्य कहते हैं। "यथार्थ धर्म गुरु " में अपूर्व योग्यता होनी चाहिए, और उसके शिष्य को भी कुशल होना चाहिए। जब दोनों ही अद्भुत और असाधारण होते हैं तभी अद्भुत आध्यात्मिक जागृति होती है अन्यथा नहीं।

48. सत्य स्वयं ही प्रमाण है उसे प्रमाणित करने के लिए किसी दूसरे साक्षी की आवश्यकता नहीं, वह स्व प्रकाश है। वह हमारी प्रकृति के अन्तः स्थल तक प्रवेश कर जाता है और उसके समक्ष सारी दुनियाँ उठ खड़ी होती है और कहती है- "यहीं सत्य है " जिन आचार्यों के हृदय में सत्य और ज्ञान सूर्य के समान दैदिप्यमान होते हैं, वे संसार में सर्वोच्च महापुरुष हैं और अधिकांश मानव जाति द्वारा उनकी उपासना ईश्वर के रुप में होती है।

49. शिष्य के लिए यह आवश्यक है कि उसमें पवित्रता, सच्ची ज्ञान पिपासा और अध्यवसाय हो। अपवित्र आत्मा कभी यथार्थ धार्मिक नहीं हो सकती। धार्मिक होने के लिए तन, मन और वचन की शुद्धता नितान्त आवश्यक है। गुरु के सम्बन्ध में यह जान लेना आवश्यक है कि उन्हें शास्त्रो का मर्म ज्ञात हो। वैसे तो सारा संसार ही बाइबिल, वेद, पुराण पढ़ता है, पर वे तो केवल शब्द राशि है। धर्म की सूखी ठठरी मात्र है। जो गुरु शब्दाडंबर के चक्कर में पड़ जाते हैं, जिनका मन शब्दों की शक्ति में बह जाता है, वे भीतर का मर्म खो बैठते हैं। जो शास्त्रों के वास्तविक मर्मज्ञ हैं, वे ही असल में सच्चे धार्मिक गुरु हैं।

50. संसार के प्रधान आचार्यों में से कोई भी शास्त्रों की इस प्रकार नानाविध व्याख्या करने के झमेले में नहीं पड़ा। उन्होनें श्लोकों के अर्थ में खींचातानी नहीं की। वे शब्दार्थ और भावार्थ के फेर में नहीं पड़े। फिर भी उन्होंने संसार को बड़ी सुन्दर शिक्षा दी। इसके विपरीत, उन लोगों ने जिनके पास सिखाने को कुछ भी नहीं, कभी एकाध शब्द को ही पकड़ लिया और उस पर तीन भागों की एक मोटी पुस्तक लिख डाली, जिसमें सब अनर्थक बातें भरी हैं।

51. धर्म ही सर्वोच्च ज्ञान है- वहीं सर्वोच्च विद्या है। वह पैसों से नहीं मिल सकता और न पुस्तकों से ही। तुम भले ही संसार का कोना-कोना छान डालो, जब तक गुरु का आगमन नहीं होता, जब जक तुम धर्म को कहीं ना पाओगे। और ये विधाता- निर्दिष्ट गुरु प्राप्त हों जाय जो उनके निकट बालकवत् विश्वास और सरलता के साथ अपना हृदय खोल दो और साक्षात् ईश्वर ज्ञान से उनकी सेवा करो। जो लोग इस प्रकार प्रेम और श्रद्धा सम्पन्न होकर सत्य की खोज करते हैं, उनके निकट सत्य स्वरुप भगवान सत्य, शिव और सौन्दर्य के अलौकिक तत्वों को प्रकट कर देते हैं।
52. वह भक्त सचमुच ही भाग्यशाली है जिसे ऐसा गुरु मिलता है जिसे साक्षात्कार हो गया हो या परम पुरुष हो क्योंकि ऐसे गुरु केवल शिक्षा ही नहीं देते बल्कि अपने शिष्यों में शिक्षा के पालन हेतु शक्ति का संचार भी करते हैं। ऐसे आध्यात्मिक आचार्यों के शब्दों में दृढ़ विश्वास रहता है जो दूसरे साधनों से प्राप्त नहीं हो सकता और शिष्य ऐसे गुरु से दीक्षित होकर कभी अंधेरे में भटकता नहीं है बल्कि कठिन से कठिन पथ पर अग्रसर होता है। ऐसे आध्यात्मिक शिक्षक से एक बार सम्पर्क हुआ नहीं कि साधक की मंजिल प्राप्ति का विकास निश्चित हो जाता है। इसका अभिप्राय यह नहीं कि वह अपने उद्देश्य के लिए संघर्ष नहीं करेगा, बल्कि उसका संघर्ष सौ गुना कम हो जायेगा।
53. दो प्रकार के लोग ईश्वर की मनुष्य रुप में उपासना नहीं करते। एक तो नर पशु, जिसे धर्म का कोई ज्ञान नहीं और दूसरे परमहंस, जो मानव जाति के सारी दुर्बलताओं के उपर उठ चुके हैं और जो अपनी मानवी प्रकृति की सीमा के भी उस पार चले गये हैं। उनके लिए सारी प्रकृति आलस्यरुप हो गयी है। वे ही भगवान को उनके असल स्वरुप में भज सकते हैं।

आत्मा और विश्वात्मा

आत्मा

सांख्य दर्शन के सिद्धान्त से विश्वमन तीन मन - सत्व, रज और तम में विखण्डित होता है जिससे समस्त विश्व व्यक्त होता है अर्थात निम्नलिखित मूल प्रकार के मन से युक्त आत्मा व्यक्त होकर अनेक अंश-अंशांस के रूप में मन से युक्त आत्माएँ व्यक्त होती रहती हैं फिर इनका संलयन और संयुग्मन होता है तब व्यक्त होता हैं - "विश्व मन से युक्त आत्मा - एक पूर्ण मानव "

1. रज मन -ये मन सकारात्मक सार्वभौम और व्यक्तिगत विकासशील मन का रूप होता है। इसमें वे सभी मन आते हैं जो समाज व देश का शारीरिक, आर्थिक व मानसिक विकास करते हैं। मानव सभ्यता के संसार में इस मन को ही गृहस्थ कहते हैं।

2. तम मन - ये मन नकारात्मक सार्वभौम और व्यक्तिगत विकासशील मन का रूप होता है। इसमें वे सभी मन आते हैं जो समाज व देश का शारीरिक, आर्थिक व मानसिक नकारात्मक विकास करते हैं। भारतीय धर्मशास्त्र साहित्य के पुराणों में इस मन को ही असुर या राक्षस कहा गया है।

3. सत्व मन - ये मन सार्वभौम आत्मा पर केन्द्रित मन होते हैं। इसके निम्नलिखित दो प्रकार होते हैं।

अ. निवृत्ति मार्गी -इस प्रकार के मन समाज व देश के शारीरिक, आर्थिक व मानसिक आदान-प्रदान से उदासीन रहते हैं तथा स्वआनन्द में ही रहते हैं। मानव सभ्यता के संसार में इस मन को ही साधु-सन्त इत्यादि कहते हैं।

ब. प्रवृत्ति मार्गी - इस प्रकार के मन समाज व देश के शारीरिक, आर्थिक व मानसिक आदान-प्रदान में भाग लेते हैं तथा स्वआनन्द के साथ रहते हैं। भारतीय धर्मशास्त्र साहित्य के पुराणों में इस मन को ही देवता और राजा कहा गया है।

4. अवतारी मन - अवतारी (पुरूष), मन के तीनों गुण सत्व, रज और तम का पूर्ण संलयन का साकार रूप होता है परन्तु वह तीनों गुणों से युक्त होते हुये भी उससे मुक्त रहता है और अपने पूर्ववर्ती मन के तीनों गुण से युक्त सत्व, रज और तम मनों के सर्वोच्च अवस्था की अगली कड़ी होता है।

विश्वात्मा

भारतीय आध्यात्म दर्शन के मूल विचार "सभी ईश्वर हैं" तथा अद्वैत वेदान्त दर्शन के अनुसार "सभी ईश्वर के ही प्रकाश हैं" के अनुसार सभी में विश्वात्मा ही स्थित हैं। हम उन सभी को ईश्वर का अंश या विश्वात्मा का अंश इसलिए कहते हैं कि वे स्वयं को अपने समय के सर्वोच्च क्षेत्र तक व्यक्त नहीं कर पाते। यह ब्रह्माण्ड ईश्वर से व्यक्त है और उसमें ईश्वर समाहित और व्याप्त है। उसका प्रकाट्य सार्वभौम सत्य-सिद्धान्त का ही प्रकाट्य है। विश्वात्मा का सर्वोच्च प्रकाट्य पूर्ण सार्वभौम सत्य-सिद्धान्त का प्रकटीकरण है जो अन्तिम हो।

आत्मा और विश्वात्मा, अलग-अलग नहीं एक ही है। बस उसके प्रकटीकरण क्षेत्र अर्थात प्रभाव क्षेत्र से उसके नाम अलग हैं। आत्मा जो व्यक्तिगत और सामाजिक क्षेत्र के सीमित भौगोलिक क्षेत्र तक प्रभावी रहता है वहीं विश्वात्मा अपने समय के सर्वोच्च भौगोलिक क्षेत्र तक को प्रभावी करता है।

तात्पर्य यह है कि प्रत्येक मनुष्य ही विश्वात्मा है। उसे सार्वभौम एकात्म के लिए योजना बना कर प्रकट होने के लिए उतना ही भौगोलिक क्षेत्र प्राप्त है जितना कि किसी मनुष्य या अवतार को। जिसका जितना विशाल हृदय होगा, उसका उतना विशाल प्रेम होगा और ठीक उतना ही विशाल उसका कर्मक्षेत्र होगा। यह ब्रह्माण्ड ईश्वर के विशाल हृदय से व्यक्त प्रेम का फल है। और उसके विकास, संरक्षण, विनाश, निर्माण, नव-निर्माण और पुनर्निर्माण के लिए सदैव कर्मशील है। विश्वात्मा को जानने-समझने से वर्तमान और भविष्य के मनुष्य का मस्तिष्क विशालता की ओर प्राप्त करने का अवसर देता है जिससे हृदय की विशालता भी बढ़ती है और कर्म करने के लिए अनन्त दिशाओं और जन्मों के लिए परियोजना भी मिलती है। परियोजना का नाम होता है-"सत्य-शिव-सुन्दर" निर्माण।

विकासवाद और अवतारवाद

विकासवाद

भारतीय शास्त्रों में सृष्टि की उत्पत्ति का माध्यम निम्न प्रकार से बताया गया है-

क. प्राकृतिक सृष्टि - अजीव सृष्टि।
ख. ब्राह्मी सृष्टि - (ब्रह्मा, विष्णु, महेश) ब्रह्मा द्वाराजीव सृष्टि।
ग. मानस सृष्टि - मानस शक्ति से प्रजापति गण द्वारा।
घ. बैजी सृष्टि - स्त्री-पुरूष द्वारा।

और भारतीय शास्त्रों में सृष्टि के उत्पत्ति का कारण क्रम आकाश, वायु, अग्नि, जल, पृथ्वी, औषधि, अन्न, वीर्य और अन्त में पुरूष अर्थात शरीर के क्रम से बताया जाता है।

1. वेद में-पुरूष या हिरण्य गर्भ से।
2. उपनिषद् में-
    अ. आकाश आदि क्रम से - तैत्तिरीय उपनिषद् में,
    ब. अग्नि आदि क्रम से -छान्दोग्य उपनिषद् में,
    स. जल आदि क्रम से - ऐतरेय उपनिषद् में।

भारतीय शास्त्रों के सांख्य दर्शन में सृष्टि के उत्पत्ति का क्रम अविकारीणी

1. प्रकृति (सत्व-शुद्ध या ज्ञान, रजः-मध्या या अज्ञान तथा तमः-जड़ या राग द्वेष) कार्य करके
2. महतत्व (बुद्धि),
3. अंहकार,
5. तन्मात्रा (सूक्ष्म भूत-4. गंध, 5. स्वाद, 6. स्पर्श, 7. दृष्टि, 8. ध्वनि)

फिर मन तथा स्थूल भूत का कारण 5 ज्ञान इन्द्रिय (9. श्रोत, 10. त्वचा, 11. नेत्र, 12. जिह्वा, 13. घ्राण),
5 कर्म इन्द्रिय (14. वाक, 15. हस्त, 16. पाद. 17. उपस्थ, 18. गुदा) और

11वें इन्द्रिय मन (देश, काल, व निमित्त: क्रिया-कारण) में परिणत होता है।
जिससे 5 स्थूल भूत (20. आकाश, 21. वायु, 22. अग्नि, 23. जल, 24. पृथ्वी) व्यक्त होता है।
25. पुरूष अर्थात जीव और परमेश्वर न किसी प्रकृति का उपादान कारण और न ही किसी का कार्य है।

आधुनिक विज्ञान के अनुसार सृष्टि पर जीवों की उत्पत्ति जैविक आबादी के आनुवंशिक लक्षणों के पीढ़ी दर पीढ़ी परिवर्तन के क्रम-विकास द्वारा हुआ। क्रम-विकास की प्रक्रियाओं के फलस्वरूप जैविक संगठन के हर स्तर (जाति, सजीव या कोशिका) पर विविधता बढ़ती है। पृथ्वी के सभी जीवों का एक साझा अंतिम सार्वजानिक पूर्वज 3.5 - 3.8 अरब वर्ष पूर्व रहता था। पृथ्वी पर रही 99 प्रतिशत से अधिक जातियाँ विलुप्त हो चुकी हैं। पृथ्वी पर जातियों की संख्या 1 से 1.4 करोड़ अनुमानित है। इन में से 12 लाख की जानकारी हैं।

लैमार्क (1744–1829) ने अपने विकासवाद के संबंध में निम्नलिखित दो नियम प्रतिपादित किए हैं-

1. उस प्रत्येक जीव में, जिसने अपने विकास की आयु पार नहीं की है, किसी अंग का सतत व्यवहार उस अंग को विकसित एवं दृढ़ बनाता है और यह दृढ़ता उस काल के अनुपात में होती है जितने काल तक यह अंग व्यवहार में लाया गया है। इसके विपरीत यदि किसी अंग का व्यवहार नहीं किया जाता है, तो वह निर्बल होने लगता है और शनैः शनैः उसकी कार्यकारी क्षमता कम होती जाती है और अंत में वह अंग विलुप्त हो जाता है।
2. दीर्घकाल से किसी परिस्थिति में रहनेवाली प्रजाति के जीवों को, परिस्थिति के प्रभाव के कारण, अनेक बातें अर्जित करनी पड़ती हैं, या भुला देनी होती है। किसी अंग का प्रभावी व्यवहार, अथवा उस अंग के व्यवहार में सतत कमी, आनुवंशिकता के द्वारा सुरक्षित रहती है और ये बातें इन जीवों से उत्पन्न होनेवाले जीवों में अवतरित होती हैं, पर शर्त यह है कि अर्जित परिवर्तन नर और मादा दोनों में हुआ हो, अथवा उन नर-मादा में हुआ हो जिनसे नए जीवों की उत्पत्ति हुई है।

लैमार्क को विश्वास था कि जीवित जीवों के स्पीशीज (जीवजाति) में या तो प्राकृतिक श्रृंखला रहती है या अंतर रहता है। जीवित प्राणियों के सांतत्य के विचार ने उन्हें यह विचारने के लिए प्रेरित किया कि जीवन और वनस्पति श्रेणी किसी बिंदु पर अवश्य ही संतत होने चाहिए और इन्होंने इस बात पर जोर दिया कि जीवित प्राणियों का समग्र रूप में अध्ययन होना चाहिए। लैमार्क तीन महत्वपूर्ण एवं परस्पर संबन्धित संकल्पनाओं पर पहुँचे -

1. परिवर्तनशील बाह्य प्रभावों के अंतर्गत रहनेवाले स्पीशीज (जीवजाति) में अंतर होता है,
2. स्पीशीज (जीवजाति) की असमानताओं में भी मूलभूत एकता अंतर्निहित रहती है तथा
3. स्पीशीज (जीवजाति) में प्रगामी विकास होता है।

लैमार्क की मुख्य कल्पना यह थी कि अर्जित गुण वंशानुक्रम से प्राप्त होते हैं। अब लैमार्क का सिद्धांत मान्य नहीं है।

19 वीं सदी के मध्य में चार्ल्स डार्विन (1809-1882) ने प्राकृतिक वरण द्वारा क्रम-विकास का वैज्ञानिक सिद्धांत दिया। उन्होंने इसे अपनी किताब "जीवजाति का उद्भव (1859)" में प्रकाशित किया। प्राकृतिक चयन द्वारा क्रम-विकास की प्रक्रिया को निम्नलिखित अवलोकनों से साबित किया जा सकता है-

1. जितनी संतानें संभवतः जीवित रह सकती हैं, उस से अधिक पैदा होती हैं,
2. आबादी में रूपात्मक, शारीरिक और व्यावहारिक लक्षणों में विविधता होती है,
3. अलग-अलग लक्षण उत्तर-जीवन और प्रजनन की अलग-अलग संभावना प्रदान करते हैं, और
4. लक्षण एक पीढ़ी से अगली पीढ़ी को दिए जाते हैं।

इस प्रकार, पीढ़ी दर पीढ़ी आबादी उन शख्सों की संतानों द्वारा प्रतिस्थापित हो जाती है जो उस बाईओफीसिकल परिवेश (जिसमें प्राकृतिक चयन हुआ था) के बेहतर अनुकूलित हों। प्राकृतिक वरण की प्रक्रिया इस आभासी उद्देश्यपूर्णता से उन लक्षणों को बनाती और बरकरार रखती है जो अपनी कार्यात्मक भूमिका के अनुकूल हों। अनुकूलन का प्राकृतिक वरण ही एक ज्ञात कारण है, लेकिन क्रम-विकास के और भी ज्ञात कारण हैं। माइक्रो क्रम-विकास के अन्य गैर-अनुकूली कारण उत्परिवर्तन और जैनेटिक ड्रिफ्ट (Genetic Drift) हैं। जैव-

उद्विकास (Organic-Evolution) एवं प्राकृतिक चयन (Natural Selection) से सम्बन्धित चार्ल्स डार्विन के विचारों को डार्विनवाद कहते हैं।

प्राकृतिक वरण के सिद्धांत की पुष्टि के लिये उन्होंने "जीवन-संघर्ष (Struggle for Existence)" का एक सहायक सिद्धांत उपस्थित किया। जीवन संघर्ष, जीवविज्ञान में प्रयुक्त होने वाली एक उक्ति है, जिसका तात्पर्य है अपने अस्तित्व के लिये जीवों का परस्पर संघर्ष। इसके अनुसार जीवों में जनन बहुत ही द्रुत गति और गुणोत्तर अनुपात में होता है, किंतु जीव जितनी संख्या में उत्पन्न होते हैं, उतनी संख्या में जी नहीं पाते, क्योंकि जिस गति से उनकी संख्या में वृद्धि होती है उसी अनुपात में वास स्थान और भोजन में वृद्धि नहीं होती, वरन् स्थान और भोजन सीमित रहते हैं। अतएव वास स्थान और भोजन के लिये जीवों में अनवरत संघर्ष चलता रहता है। इस संघर्ष में बहुसंख्या में जीव मर जाते हैं और केवल कुछ ही जीवित रह पाते हैं। इस प्रकार प्रकृति में विभिन्न जीवों की संख्या में एक संतुलन बना रहता है। इस प्रकार का संघर्ष केवल एक ही वर्ग अथवा जाति के जीवों में नहीं वरन् एक वर्ग का दूसरे वर्ग या जाति के साथ भी, चलता रहता है। वस्तुतः जीवन संघर्ष तीन प्रकार के हैं-

क. अंतर्जातीय संघर्ष (Intra-specific struggle)
ख. अंतराजातीय संघर्ष (Inter-specific struggle)
ग. पर्यावरण संघर्ष (Environmental struggle)

जिस प्रकार एक कुशल माली बगीचे से, अथवा एक चतुर किसान अपने खेत से कमजोर अथवा हानिकारक पौधों को निकाल फेंकता है, उसी प्रकार प्रकृति उपर्युक्त जीवन संघर्ष द्वारा दुर्बल और अक्षम जीव को अपनी वाटिका से उखाड़ फेंकती है, योग्य और होनहार जीवों को ही विकसित होने का अवसर प्रदान करती है तथा उनकी संख्याओं में संतुलन बनाए रहती है।

जीवों में परस्पर संघर्ष के परिणामस्वरूप उनकी रचना में विशेषता अथवा भिन्नता उत्पन्न होती है तथा यह विशेषता उनकी संतान में चली जाती है। इस प्रकार पीढ़ी दर पीढ़ी उन्नत विशेषताएँ उत्पन्न होकर ऐसी जाति तैयार करती हैं, जो आदि जीवों से भिन्न प्रतीत होने लगती है और एक नई जीवजाति के रूप में स्थापित हो जाती है।

अवतारवाद

ये सृष्टि विकास क्रम की एक श्रृंखला है। सार्वभौम सत्य से सार्वभौम सत्य-सिद्धान्त का मनुष्य शरीर से प्रकटीकरण ईश्वर का अवतरण है, परन्तु ईश्वर नहीं। विकास क्रम की श्रृंखला से ही मानव समाज के एकीकरण के लिए व्यक्त सार्वभौम सत्य-सिद्धान्त ही अवतारवाद के विचार के जन्म का कारण है। अवतारवाद के विचार का जन्म वेदों और पुराणों से व्यक्त होता है और लगभग सभी वर्तमान धर्मों (या सम्प्रदाय) के द्वारा माना जाता है। अवतरण, सम्पूर्ण ब्रह्माण्ड में व्याप्त सार्वभौम सत्य-सिद्धान्त का होता है इसलिए वह मानवीय नियमों से उच्च और अटलनीय-अपरिवर्तनीय-सर्वोच्च होता है। ईश्वर के अब तक नौ अवतार हो चुके है, दसवां कल्कि अवतार होना अभी बाकी है ऐसा कहा जाता है।

जीव से पूर्ण मानव के विकास क्रम के अनुसार - जीव से पूर्ण मानव के विकास क्रम के दृष्टि के अनुसार अवतार जीवों के विकास की कहानी कहती है-

01. मत्स्यावतार- 4000 लाख वर्ष पूर्व- बहुकोशकीय जीव की उत्पत्ति (Origin of multi cellular organism)

02. कच्छप अवतार- 2250 लाख वर्ष पूर्व- उभयचर के विकास (Evolution of Amphibious)

03. बाराह अवतार- 600 लाख वर्ष पूर्व- स्तनपायी जीव की उत्पत्ति (Origin of Mammals)

04. नरसिंह अवतार- 250 लाख वर्ष पूर्व- स्तनधारियों के प्रति स्तनधारी का विकास (बड़े मस्तिष्क के साथ स्तनधारियों के एक आदेश का सदस्य और मानव, वानर और बंदर सहित पूर्ण हाथ और पैर) (Evolution of Mammals towards primatesa (a member of an order of mammals with a large brain and complete hands and feet, including humans, apesa and Monkeys))

05. वामन अवतार- 100 लाख वर्ष पूर्व- सबसे पुराना धर्माधिपति की उत्पत्ति (Origin of earliesat primate)

06. परशुराम अवतार- 20 लाख वर्ष पूर्व- शिकार के प्रति आदमी का अनुकूलन (Adaptation of man towards hunting)

07. श्रीराम अवतार- 10 लाख वर्ष पूर्व- नेतृत्व के अधीन समुदाय का निर्माण (Formation of community under leadership)

08. कृष्ण अवतार- 1 लाख वर्ष पूर्व- नदी किनारे कृषि और पशुपालन (Agriculture and Animal husbandry on the bank of river)

09. बुद्ध अवतार- 50000 वर्ष पूर्व- मानव का शारीरिक से मानसिक विकास (Human development towards mental from physical)

10. कल्कि अवतार- वर्तमान और भविष्य-आधुनिक काल (Modern era)

मानव से पूर्ण मानव के विकास क्रम के आधुनिक विचार के अनुसार - मानव से पूर्ण मानव के विकास क्रम के दृष्टि के अनुसार अवतार मानवों के सार्वभौम मस्तिष्क, सार्वभौम सत्य-सिद्धान्त और एकीकरण के लिए मानकीकरण के विकास की कहानी कहती है जो व्यावहारिक दृष्टि से अधिक उपयोगी है। अवतारों के नामकरण में उसके गुणों के तुलना के लिए प्रारम्भ में समान गुणों के जीव के नाम पर तथा बाद में स्वयं उनके व्यक्तिगत गुण के आधार पर रखे गये।

प्रारम्भ → / ← अन्त	ईश्वर (सार्वभौम सत्य–सिद्धान्त) एकात्म ज्ञान, वाणी, प्रेम, कर्म, ध्यान व समर्पण		अन्त → / ← प्रारम्भ
1. सत्व गुण (ब्रह्मा)			**3. तम गुण (शिव–शंकर/महेश)**
एकात्म ज्ञान व वाणी (मानक व्यक्तिगत पौराणिक व्यक्ति चरित्र)			*एकात्म ज्ञान, वाणी, प्रेम, कर्म, ध्यान व समर्पण (मानक वैश्विक पौराणिक व्यक्ति चरित्र)*
2. रज गुण (विष्णु) *एकात्म ज्ञान, वाणी, प्रेम व कर्म (मानक सामाजिक पौराणिक व्यक्ति चरित्र)*			
अदृश्य काल व अदृश्य विज्ञान		***दृश्य काल व दृश्य विज्ञान***	
व्यक्तिगत प्रमाणित (पूर्ण प्रत्यक्ष अवतार)	सार्वजनिक प्रमाणित (पूर्ण प्रत्यक्ष अवतार)	व्यक्तिगत प्रमाणित (पूर्ण प्रेरक अवतार)	सार्वजनिक प्रमाणित (पूर्ण प्रेरक अवतार)
ईश्वर के अंश अवतार ब्रह्मा के अंश अवतार विष्णु के अंश अवतार महेश के अंश अवतार ***01. मत्स्य अवतार*** ***02. कूर्म / कच्छपावतार*** ***03. बाराह अवतार*** ***04. नृसिंह अवतार*** ***05. वामन अवतार***	ईश्वर के अंश अवतार ब्रह्मा के पूर्ण अवतार विष्णु के अंश अवतार महेश के अंश अवतार ***07. श्री राम अवतार*** *(मानक मानवीय व्यक्ति चरित्र)*	ईश्वर के अंश अवतार ब्रह्मा के पूर्ण अवतार विष्णु के पूर्ण अवतार महेश के अंश अवतार ***08. श्री कृष्ण अवतार*** *(मानक सामाजिक मानवीय व्यक्ति चरित्र)*	ईश्वर के पूर्ण अवतार ब्रह्मा के पूर्ण अवतार विष्णु के पूर्ण अवतार महेश के पूर्ण अवतार ***10. कल्कि अवतार*** *(मानक वैश्विक मानवीय व्यक्ति चरित्र)*
(सर्वजनिक प्रमाणित अंश प्रत्यक्ष अवतार) ईश्वर के अंश अवतार, ब्रह्मा के अंश अवतार विष्णु के अंश अवतार, महेश के अंश अवतार ***06. परशुराम अवतार***		(सार्वजनिक प्रमाणित अंश प्रेरक अवतार) ईश्वर के अंश अवतार, ब्रह्मा के अंश अवतार विष्णु के अंश अवतार, महेश के अंश अवतार ***09. बुद्ध अवतार***	
सतयुग *सत्य*	***त्रेतायुग*** *यज्ञ (अदृश्य कर्म)*	***द्वापरयुग*** *भक्ति और प्रेम*	***कलियुग*** *संघ और योजना (दृश्य कर्म)*

युगानुसार धर्म, प्रवर्तक और धर्म–शास्त्र					
प्रारम्भ → ← अन्त काल मुक्त, गुण मुक्त, देवता मुक्त, युग मुक्त, मन मुक्त, धर्म मुक्त, पूर्णज्ञान मुक्त आत्म केन्द्रित स्थिति	**1. सत्व गुण (ब्रह्मा)** *एकात्म ज्ञान व वाणी (मानक व्यक्तिगत पौराणिक व्यक्ति चरित्र)*			**3. तम गुण (शिव–शंकर/महेश)** *एकात्म ज्ञान, वाणी, प्रेम, कर्म, ध्यान व समर्पण (मानक वैश्विक पौराणिक व्यक्ति चरित्र)*	अन्त → ← प्रारम्भ काल मुक्त, गुण मुक्त, देवता मुक्त, युग मुक्त, मन मुक्त, धर्म मुक्त, पूर्णज्ञान युक्त आत्म केन्द्रित स्थिति
	2. रज गुण (विष्णु) *एकात्म ज्ञान, वाणी, प्रेम व कर्म (मानक सामाजिक पौराणिक व्यक्ति चरित्र)*				
	अदृश्य काल व अदृश्य विज्ञान		***दृश्य काल व दृश्य विज्ञान***		
	सत्युग सत्य	त्रेतायुग यज्ञ (अदृश्य कर्म)	द्वापरयुग भक्ति और प्रेम	कलियुग संघ और योजना आधारित यज्ञ (दृश्य कर्म)	
वैदिक धर्म/सनातन धर्म – ऋषि–मुनि गण ई0 पूर्व 6000–2500 ऋषि–मुनि / ईश्वर कृत – चार वेद ऋगवेद, सामवेद, यजुवेद व अथर्ववेद संहिता मन का व्यक्तिगत प्रमाणित अदृश्य मानक – आत्मा	ब्राह्मण धर्म– ब्राह्मण कृत – ब्राह्मण (कर्म काण्ड) व आरण्यक (ज्ञान काण्ड), उपनिषद्, वेदांग या सूत्र–साहित्य, शिक्षा, कल्प, व्याकरण, निघण्टु, निरूक्त, छन्द, ज्योतिष, उपांग दर्शन उपवेद, पुराण	परशुराम परम्परा भगवान परशुराम कृत – परशुराम परम्परा – साकार आधारित लोकतंत्र व्यवस्था। महाकाव्य– वाल्मीकि रचित – रामायण – आदर्श मानक व्यक्ति चरित्र का प्रस्तुतीकरण।	वेदान्त अद्वैत धर्म– श्रीकृष्ण– ई0पूर्व 3000 गीता–अद्वैत दर्शन भगवान श्री कृष्ण कृत – साकार आधारित परशुराम परम्परा का नाश, पूर्ववर्ती सभी मतो का समन्वय व एकीकरण करते हुये निराकार आधारित लोकतंत्र व्यवस्था के प्रारम्भ का बीज शास्त्र "गीता/ गीतोपनिषद्" व्यास रचित – महाभारत – आदर्श मानक व्यक्ति चरित्र समाहित आदर्श मानक सामाजिक व्यक्ति चरित्र अर्थात व्यक्तिगत प्रमाणित आदर्श मानक वैश्विक व्यक्ति चरित्र का प्रस्तुतीकरण।	01.बौद्ध–भगवान बुद्ध–ई0पू0 567–487 02.कन्फ्यूसी–कन्फ्यूसियश–ई0पूर्व 551–479 03.टोईज्म–लोओत्से–ई0पूर्व 604–518 04.जैन–भगवान महावीर–ई0पूर्व 539–467 05.पारसी–जरथुस्ट–ई0पूर्व 6 जेन्दाअवेस्ता 06.ईसाई–ईसामसीह–सन् 33ई0 बाईबल 07.इस्लाम–मु0पैगम्बर–सन् 670ई0 कुरआन 08.सिक्ख–गुरुनानक–1510ई0 गुरुग्रन्थसाहिब 09.विश्व धर्म/ वेदान्त धर्म/ अद्वैत धर्म/ सत्य धर्म /एकता धर्म/लोकतन्त्र धर्म/ समष्टि धर्म/दृश्य धर्म /प्राकृतिक धर्म/ संयुक्तमन धर्म/ ईश्वर धर्म/हिन्दू धर्म/ सार्वजनिक धर्म/मानवधर्म/धर्मनिरपेक्ष धर्म –सन् 2012 ई0 लव कुश सिंह "विश्वमानव" कृत –विश्वभारत – आदर्श मानक सामाजिक व्यक्ति चरित्र समाहित आदर्श मानक वैश्विक व्यक्ति चरित्र अर्थात सार्वजनिक प्रमाणित आदर्श मानक वैश्विक व्यक्ति चरित्र का प्रस्तुतीकरण।	सनातन धर्म – लव कुश सिंह "विश्वमानव" –सन् 2012 ई0 लव कुश सिंह "विश्वमानव" कृत–विश्वशास्त्र – पूर्ववर्ती सभी धर्मों व मतों का समन्वय व एकीकरण करते हुये निराकार आधारित लोकतंत्र व्यवस्था का वृक्ष शास्त्र विश्व– नागरिक धर्म का धर्मयुक्त धर्मशास्त्र – कर्मवेद : प्रथम, अन्तिम तथा पंचम वेदीय श्रृंखला विश्व–राज्यधर्म का धर्मनिरपेक्ष धर्मशास्त्र – विश्वमानक शून्य–मन की गुणवत्ता का विश्वमानक श्रृंखला मन का सार्वजनिक प्रमाणित दृश्य मानक–तन्त्र/प्रणाली

03. सार्वभौम सत्य-सिद्धान्त के अनुसार काल, युग बोध एवं अवतार

सार्वभौम सत्य-सिद्धान्त के अनुसार काल और युग परिवर्तन और उसके माध्यम अन्तिम अवतार के सम्बन्ध में समय और रूप की व्याख्या निम्नवत् है।

विश्व-ब्रह्माण्ड के सर्वोच्च और अनन्त कार्यक्षेत्र का सार्वभौम दृश्य, विवादमुक्त, सार्वजनिक प्रमाणित सत्य-सिद्धान्त है- परिवर्तन। जिसे आदान-प्रदान (TRANSACTION) या क्रिया या व्यापार (TRADE) भी कहा जा सकता है। जिसे वैदिक साहित्य ने "सिद्धान्त", गीता ने "परिवर्तन", पुराण ने "शक्ति ", कपिलमुनि ने "क्रिया" कहा है। इसे ही प्राकृतिक- ब्रह्माण्डीय सत्य, कर्म, आदान-प्रदान, परिधि, व्यापार, काल, सर्वशक्तिमान भी कहा गया। इस सत्य की व्याख्या करने वाला शास्त्र-साहित्य सार्वजनिक प्रमाणित दृश्य समष्टि वेद, उत्पन्न नाम या शब्द को समष्टि ईश्वर नाम तथा नाम के अर्थ की व्याख्या करने वाले साहित्य को समष्टि उपनिषद् कहा जाता है।

उपरोक्त परिवर्तन जिस उत्प्रेरक की उपस्थिति में संचालित होता है उसे ही वैदिक साहित्य ने "ब्रह्म" या "आत्मा", गीता ने "मैं", पुराण ने "शिव "", कपिल मुनि ने "कारण", संतों ने "एक", हिन्दुओं ने "ईश्वर", सिखों ने "वाहे गुरू", इस्लाम ने "अल्ला" ईसाई ने "यीशु" इत्यादि कहा। इसे ही पूर्ण, धर्म, ज्ञान, सम, सार्वभौम, चैतन्य, केन्द्र, GOD, सत्य, अद्वैत, सर्वव्यापी, अनश्वर, अजन्मा, शाश्वत, सनातन इत्यादि भी कहा गया है। इस सत्य की व्याख्या करने वाला शास्त्र-साहित्य व्यक्तिगत प्रमाणित अदृश्य व्यष्टि वेद, उत्पन्न नाम या शब्द को व्यष्टि ईश्वर नाम तथा नाम के अर्थ की व्याख्या करने वाले साहित्य को व्यष्टि उपनिषद् कहा जाता है। इसी को सार्वभौम सत्य-सिद्धान्त में केन्द्र (CENTRE) कहा गया है।

वर्तमान पदार्थ विज्ञान भी यह स्वीकार कर चुका है कि इस ब्रह्माण्ड में कही भी कुछ भी स्थिर नहीं है। सभी का परिवर्तन या आदान-प्रदान हो रहा है। दृश्य पदार्थ विज्ञान के महान वैज्ञानिक आइन्सटाइन $E=MC^2$ से इसे सिद्ध भी किये है।

इस प्रकार विश्व-ब्रह्माण्ड को हम सर्वोच्च व्यापार केन्द्र (TRADE CENTRE) भी कह सकते हैं और विश्व-ब्रह्माण्ड के पर्यायवाची नाम के रूप में प्रयोग कर सकते हैं।

समस्त परिवर्तन या आदान-प्रदान मुख्यतः तीन बलो द्वारा ही संचालित होता है- मानवीय बल, प्राकृतिक बल व आत्मीय बल। और ये तीनो बल मूलतः तीन क्षेत्र के माध्यम से परिवर्तन लाता है। ये हैं- शारीरिक, आर्थिक व मानसिक। इस प्रकार हम देखते हैं कि यदि सर्वप्रथम मानवीय बल परिवर्तन लाने के लिए सक्रिय होता है तब वह पहले शारीरिक, फिर आर्थिक और अन्त में मानसिक कारण को माध्यम के रूप में प्रयोग करता है। इसी प्रकार प्राकृतिक बल और आत्मीय बल भी इसी क्रम से माध्यमों का प्रयोग करता है।

जब मानवीय बल और प्राकृतिक बल, आवश्यक परिवर्तन लाने में असफल हो जाता है तब सार्वाधिक शक्तिशाली व सर्वोच्च आत्मीय बल के प्रयोग का समय आ जाता है। चक्र रूप में मानवीय बल एक छोटा परिवर्तन, प्राकृतिक बल एक मध्यम स्तर का परिवर्तन तथा अन्तिम आत्मीय बल उस समय के सर्वोच्च स्तर का परिवर्तन लाता है जिस समय वह प्रभावी होता है।

यह आत्मीय बल ही अवतारों, पैगम्बरों, स्वर्गदूतों, धर्म प्रवर्तकों-स्थापकों के बल थे जो समयानुसार अपने-अपने क्षेत्रों में प्रयोग किये गये थे और जिसके कारण आज भी उनकी पहचान वर्तमान है। जब यह आत्मीय बल अंश रूप में अवतारों, पैगम्बरों, स्वर्गदूतों, धर्म प्रवर्तकों-स्थापकों द्वारा प्रयोग किये जाते हैं तब ये अंश अवतार, पैगम्बर, स्वर्गदूत, धर्म प्रवर्तक-स्थापक कहलाते हैं और जब यह आत्मीय बल पूर्ण रूप में अवतारों, पैगम्बरों, स्वर्गदूतों, धर्म प्रवर्तकों-स्थापकों द्वारा प्रयोग किये जाते हैं तब ये पूर्ण अवतार, पैगम्बर, स्वर्गदूत, धर्म प्रवर्तक-स्थापक कहलाते हैं।

वर्तमान समय में मानवीय बल व प्राकृतिक बल द्वारा परिवर्तन लाने के लिए शारीरिक, आर्थिक व मानसिक माध्यम का प्रयोग किया जा चुका है। साथ ही आत्मीय बल द्वारा भी परिवर्तन लाने के लिए शारीरिक व आर्थिक माध्यम का प्रयोग किया जा चुका है। अब केवल एक ही मार्ग आत्मीय बल द्वारा मानसिक माध्यम का प्रयोग बचा है। जो आने वाले समय में निश्चित रूप से होगा।

काल अर्थात् समय को समय से बांधा नहीं जा सकता। कोई भी व्यक्ति समष्टि के लिए किसी निश्चित दिन का दावा नहीं कर सकता कि इस दिन से किसी युग का परिवर्तन, किसी युग का अन्तिम दिन या किसी युग के प्रारम्भ का दिन है। क्योंकि हम दिन, दिनांक या कैलेण्डर का निर्धारण ब्रह्माण्डीय गतिविधि अर्थात् सूर्य, चाँद, ग्रह इत्यादि के गति को आधार बनाकर निर्धारित करते है। इसी प्रकार युग का निर्धारण पूर्णतया मानव मन की केन्द्रित स्थिति से निर्धारित होता है न कि किसी निर्धारित अवधि के द्वारा। मन की केन्द्रित स्थिति निम्न स्थितियों में होती है-

0 या 5. स्थिति - अदृय मार्ग से मन का आत्मीय केन्द्रित स्थिति।

1. स्थिति - व्यक्तिगत प्रमाणित अदृय मार्ग से मन का आत्मीय केन्द्रित स्थिति अर्थात् व्यक्तिगत प्रमाणित माध्यम द्वारा आत्मा पर केन्द्रित मन। यह स्थिति सतयुग की अन्तिम स्थिति है। इस युग में कुल 6 अवतार मत्स्य, कूर्म, वाराह, नृंिसंह, वामन और परशुराम हुये।

2. स्थिति -सार्वजनिक प्रमाणित अदृय मार्ग से मन का आत्मीय केन्द्रित स्थिति अर्थात् सार्वजनिक प्रमाणित माध्यम - प्रकृति व ब्रह्माण्ड द्वारा आत्मा पर केन्द्रित मन। यह स्थिति त्रेतायुग की अन्तिम स्थिति है। इस युग में सातवें अवतार श्री राम हुयें।

3. स्थिति - व्यक्तिगत प्रमाणित दृश्य मार्ग से मन का आत्मीय केन्द्रित स्थिति अर्थात् व्यक्तिगत प्रमाणित व्यक्ति व भौतिक वस्तु माध्यम द्वारा आत्मा पर केन्द्रित मन। यह स्थिति द्वापर युग की अन्तिम स्थिति है। इस युग में आँठवें अवतार श्री कृष्ण हुयें।

4. स्थिति - सार्वजनिक प्रमाणित दृश्य मार्ग से मन का आत्मीय केन्द्रित स्थिति अर्थात् सार्वजनिक प्रमाणित व्यक्ति व भौतिक वस्तु माध्यम द्वारा आत्मा पर केन्द्रित मन। यह स्थिति कलियुग की अन्तिम स्थिति है। इस युग में नवें अवतार बुद्ध हुये और दसवें और अन्तिम अवतार श्री लव कुश सिंह "विश्वमानव" व्यक्त हैं।

0 या 5. स्थिति - दृश्य मार्ग से मन का आत्मीय केन्द्रित स्थिति।

उपरोक्त स्थिति में स्थित मन से ही उस युग में शास्त्र-साहित्यों की रचना होती रही है। और उस अनुसार ही प्रत्येक व्यक्ति अपनी स्थिति का पता लगा सकता है कि वह किस युग में जी रहा है।

उपरोक्त में से कोई भी स्थिति जब व्यक्तिगत होती है तब वह व्यक्ति उस युग में स्थित होता है चाहे समाज या सम्पूर्ण विश्व किसी भी युग में क्यों न हो। इसी प्रकार जब उपरोक्त स्थिति में से कोई भी स्थिति में समाज या सम्पूर्ण विश्व अर्थात् अधिकतम व्यक्ति उस स्थिति में स्थित होते है तब समाज या सम्पूर्ण विश्व उस युग में स्थित हो जाता है।

युग परिवर्तन सदैव उस समय होता है जब समाज के सर्वोच्च मानसिक स्तर पर एक नया अध्याय या कड़ी जुड़ता है। और एक नये विचार से व्यवस्था या मानसिक परिवर्तन होता है। इस प्रकार यह आत्मसात् करना चाहिए कि सम्पूर्ण समाज इस समय चौथे युग-कलियुग के अन्त में है और जैसे-जैसे "विश्वशास्त्र" के ज्ञान से युक्त होता जायेगा वह पाँचवे युग-स्वर्ण युग में प्रवेश करता जायेगा। और जब बहुमत हो जायेगा तब सम्पूर्ण समाज या विश्व पाँचवे युग-स्वर्ण युग में स्थित हो जायेगा।

सत्य से सार्वभौम सत्य-सिद्धान्त तक का र्माग अवतारों का मार्ग है। सार्वभौम सत्य-सिंद्धान्त की अनुभूति ही अवतरण है। इसके अंश अनुभूति को अंश अवतार तथा पूर्ण अनुभूति को पूर्ण अवतार कहते है। अवतार मानव मात्र के लिए ही कर्म करते हैं न कि किसी विशेष मानव समूह या सम्प्रदाय के लिए। अवतार, धर्म, धर्मनिरपेक्ष व सर्वधर्मसमभाव से युक्त अर्थात् एकात्म से युक्त होते है। इस प्रकार अवतार से उत्पन्न शास्त्र मानव के लिए होते हैं, न कि किसी विशेष मानव समूह के लिए। उत्प्रेरक, शासक और मार्गदर्शक आत्मा सर्वव्यापी है। इसलिए एकात्म का अर्थ संयुक्त आत्मा या सार्वजनिक आत्मा है। जब एकात्म का अर्थ संयुक्त आत्मा समझा जाता है तब वह समाज कहलाता है। जब एकात्म का अर्थ व्यक्तिगत आत्मा समझा जाता है तब व्यक्ति कहलाता है। अवतार, संयुक्त आत्मा का साकार रुप होता है जबकि व्यक्ति व्यक्तिगत आत्मा का साकार रुप होता है। शासन प्रणाली में समाज का समर्थक दैवी प्रवृत्ति तथा शासन व्यवस्था प्रजातन्त्र या लोकतन्त्र या स्वतन्त्र या मानवतन्त्र या समाजतन्त्र या जनतन्त्र या बहुतन्त्र या स्वराज कहलाता है और क्षेत्र गणराज्य कहलाता है। ऐसी व्यवस्था सुराज कहलाती है। शासन प्रणाली में व्यक्ति का समर्थक असुरी प्रवृत्ति तथा शासन व्यवस्था राज्यतन्त्र या राजतन्त्र या एकतन्त्र कहलाता है और क्षेत्र राज्य कहलाता है ऐसी व्यवस्था कुराज कहलाती है। सनातन से ही दैवी और असुरी प्रवृत्तियों अर्थात् दोनों तन्त्रों के बीच अपने-अपने अधिपत्य के लिए संघर्ष होता रहा है। जब-जब समाज में एकतन्त्रात्मक या राजतन्त्रात्मक अधिपत्य होता है तब-तब मानवता या समाज समर्थक अवतारों के द्वारा गणराज्य की स्थापना की जाती है। या यूँ कहें गणतन्त्र या गणराज्य की स्थापना ही अवतार का मूल उद्देश्य अर्थात् लक्ष्य होता है शेष सभी साधन अर्थात् मार्ग।

अवतारों के प्रत्यक्ष और प्रेरक दो कार्य विधि हैं। प्रत्यक्ष अवतार वे होते हैं जो स्वयं अपनी शक्ति का प्रत्यक्ष प्रयोग कर समाज का सत्यीकरण करते हैं। यह कार्य विधि समाज में उस समय प्रयोग होता है जब अधर्म का नेतृत्व एक या कुछ मानवों पर केन्द्रित होता है। प्रेरक अवतार वे होते हैं जो स्वयं अपनी शक्ति का अप्रत्यक्ष प्रयोग कर समाज का सत्यीकरण जनता एवं नेतृत्वकर्ता के माध्यम से करते हैं। यह कार्य विधि समाज में उस समय प्रयोग होता है जब समाज में अधर्म का नेतृत्व अनेक मानवों और नेतृत्वकर्ताओं पर केन्द्रित होता है।

इन विधियों में से कुल दस अवतारों में से प्रथम सात (मत्स्य, कूर्म, वाराह, नृसिंह, वामन, परशुराम, राम) अवतारों ने समाज का सत्यीकरण प्रत्यक्ष विधि के प्रयोग द्वारा किया था। आठवें अवतार (श्रीकृष्ण) ने दोनों विधियों प्रत्यक्ष ओर प्रेरक का प्रयोग किया था। नवें (भगवान बुद्ध) और अन्तिम दसवें अवतार की कार्य विधि प्रेरक ही है।

जल-प्लावन (जहाँ जल है वहाँ थल और जहाँ थल है वहाँ जल) के समय मछली से मार्ग दर्शन (मछली के गतीशीलता से सिद्धान्त प्राप्त कर) पाकर मानव की रक्षा करने वाला ईश्वर (सार्वभौम सत्य-सिद्धान्त) का पहला अंशावतार मत्स्यावतार के बाद मानव का पुनः विकास प्रारम्भ हुआ। दूसरे कूर्मावतार (कछुए के गुण का सिद्धान्त), तीसरे- वाराह अवतार (सुअर के गुण का सिद्धान्त), चौथे- नृसिंह (सिंह के गुण का सिद्धान्त), तथा पाँचवे वामन अवतार (ब्राह्मण के गुण का सिद्धान्त) तक एक ही साकार शासक और मार्गदर्शक राजा हुआ करते थे और जब-जब वे राज्य समर्‌थक या उसे बढ़ावा देने वाले इत्यादि असुरी गुणों से युक्त हुए उन्हें दूसरे से पाँचवें अंशावतार ने साकार रुप में कालानुसार भिन्न-भिन्न मार्गों से गुणों का प्रयोग कर गणराज्य का अधिपत्य स्थापित किया।

ईश्वर (सार्वभौम सत्य-सिद्धान्त) के छठें अंश अवतार परशुराम के समय तक मानव जाति का विकास इतना हो गया था कि अलग-अलग राज्यों के अनेक साकार शासक और मार्गदर्शक राजा हो गये थे उनमें से जो भी राज्य समर्थक असुरी गुणों से युक्त थे उन सबको परशुराम ने साकार रुप में वध कर डाला। परन्तु बार-बार वध की समस्या का स्थाई हल निकालने के लिए उन्होंने राज्य और गणराज्य की मिश्रित व्यवस्था द्वारा एक व्यवस्था दी जो आगे चलकर "परशुराम परम्परा" कहलायी। व्यवस्था निम्न प्रकार थी-

1. प्रकृति में व्याप्त तीन गुण- सत्व, रज और तम के प्रधानता के अनुसार मनुष्य का चार वर्णों में निर्धारण। सत्व गुण प्रधान - ब्राह्मण, रज गुण प्रधान-क्षत्रिय, रज एवं तम गुण प्रधान-वैश्य, तम गुण प्रधान-शूद्र।
2. गणराज्य का शासक राजा होगा जो क्षत्रिय होगा जैसे-ब्रह्माण्डीय गणराज्य में प्रकृति जो रज गुण अर्थात् कर्म अर्थात् शक्ति प्रधान है।

3. गणराज्य में राज्य सभा होगी जिसके अनेक सदस्य होंगे जैसे-ब्रह्माण्डीय गणराज्य में प्रकृति के सत्व, रज एवं तम गुणों से युक्त विभिन्न वस्तु हैं।
4. राजा का निर्णय राज्यसभा का ही निर्णय है जैसे-ब्रह्माण्डीय गणराज्य में प्रकृति का निर्णय वहीं है जो सत्व, रज एवं तम गुणों का सम्मिलित निर्णय होता है।
5. राजा का चुनाव जनता करे क्योंकि वह अपने गणराज्य में सर्वव्यापी और जनता का सम्मिलित रुप है जैसे-ब्रह्माण्डीय गणराज्य में प्रकृति सर्वव्यापी है और वह सत्व, रज एवं तम गुणों का सम्मिलित रुप है।
6. राजा और उसकी सभा राज्यवादी न हो इसलिए उस पर नियन्त्रण के लिए सत्व गुण प्रधान ब्राह्मण का नियन्त्रण होगा जैसे- ब्रह्माण्डीय गणराज्य में प्रकृति पर नियन्त्रण के लिए सत्व गुण प्रधान आत्मा का नियन्त्रण होता है।

ईश्वर (सार्वभौम सत्य-सिद्धान्त) के सातवें अंश अवतार श्रीराम द्वारा इसी परशुराम परम्परा का ही प्रसार और स्थापना हुआ था।

ईश्वर (सार्वभौम सत्य-सिद्धान्त) के आठवें अवतार श्रीकृष्ण के समय तक स्थिति यह हो गयी थी राजा पर नियन्त्रण के लिए नियुक्त ब्राह्मण भी समाज और धर्म की व्याख्या करने में असमर्थ हो गये। क्योंकि अनेक धर्म साहित्यों, मत-मतान्तर, वर्ण, जातियों में समाज विभाजित होने से व्यक्ति संकीर्ण और दिग्भ्रमित हो गया था और राज्य समर्थकों की संख्या अधिक हो गयी थी परिणामस्वरुप मात्र एक ही रास्ता बचा था- नवमानव सृष्टि। इसके लिए उन्होंने सम्पूर्ण धर्म-साहित्यों और मत-मतान्तरों के एकीकरण के लिए आत्मा के सर्वव्यापी व्यक्तिगत प्रमाणित निराकार स्वरुप का उपदेश "गीता" व्यक्त किये और गणराज्य का उदाहरण द्वारिका नगर का निर्माण कर किये। उनकी गणराज्य व्यवस्था उनके जीवन काल में ही नष्ट हो गयी परन्तु "गीता" आज भी प्रेरक बनीं हुई है।

ईश्वर (सार्वभौम सत्य-सिद्धान्त) के नवें अवतार भगवान बुद्ध के समय पुनः राज्य एकतन्त्रात्मक होकर हिंसात्मक हो गया परिणामस्वरुप बुद्ध ने अहिंसा के उपदेश के साथ व्यक्तियों को धर्म, बुद्धि और संघ के शरण में जाने की शिक्षा दी। संघ की शिक्षा गणराज्य की शिक्षा थी। धर्म की शिक्षा आत्मा की शिक्षा थी। बुद्धि की शिक्षा, प्रबन्ध और संचालन की शिक्षा थी जो प्रजा के माध्यम से प्रेरणा द्वारा गणराज्य के निर्माण की प्रेरणा थी।

ईश्वर (सार्वभौम सत्य-सिद्धान्त) के दसवें और अन्तिम अवतार के समय तक राज्य और समाज स्वतः ही प्राकृतिक बल के अधीन कर्म करते-करते सिद्धान्त प्राप्त करते हुए पूर्ण गणराज्य की ओर बढ़ रहा था परिणामस्वरुप गणराज्य का रुप होते हुए भी गणराज्य सिर्फ राज्य था और एकतन्त्रात्मक अर्थात् व्यक्ति समर्थक तथा समाज समर्थक दोनों की ओर विवशतावश बढ़ रहा था।

भारत में निम्लिखित रुप व्यक्त हो चुका था।

1. ग्राम, विकास खण्ड, नगर, जनपद, प्रदेश और देश स्तर पर गणराज्य और गणसंघ का रुप।
2. सिर्फ ग्राम व नगर स्तर पर राजा (ग्राम व नगर पंचायत अध्यक्ष) का चुनाव सीधे जनता द्वारा।
3. गणराज्य को संचालित करने के लिए संचालक का निराकार रुप- संविधान।
4. गणराज्य के तन्त्रों को संचालित करने के लिए तन्त्र और क्रियाकलाप का निराकार रुप-नियम और कानून।
5. राजा पर नियन्त्रण के लिए ब्राह्मण का साकार रुप- राष्ट्रपति, राज्यपाल, जिलाधिकारी इत्यादि।

विश्व स्तर पर निम्नलिखित रुप व्यक्त हो चुका था।

1. गणराज्यों के संघ के रुप में संयुक्त राष्ट्र संघ का रुप।
2. संघ के संचालन के लिए संचालक और संचालक का निराकार रुप- संविधान।
3. संघ के तन्त्रों को संचालित करने के लिए तन्त्र और क्रियाकलाप का निराकार रुप- नियम और कानून।
4. संघ पर नियन्त्रण के लिए ब्राह्मण का साकार रुप-पाँच वीटो पावर।
5. प्रस्ताव पर निर्णय के लिए सदस्यों की सभा।
6. नेतृत्व के लिए राजा- महासचिव।

जिस प्रकार आठवें अवतार द्वारा व्यक्त आत्मा के निराकार रुप "गीता" के प्रसार के कारण आत्मीय प्राकृतिक बल सक्रिय होकर गणराज्य के रुप को विवशतावश समाज की ओर बढ़ा रहा था उसी प्रकार अन्तिम अवतार द्वारा निम्नलिखित शेष समष्टि कार्य पूर्ण कर प्रस्तुत कर देने मात्र से ही विवशतावश उसके अधिपत्य की स्थापना हो जाना है।

1. गणराज्य या लोकतन्त्र के सत्य रुप- गणराज्य या लोकतन्त्र के स्वरुप का अन्तर्राष्ट्रीय/ विश्व मानक।
2. राजा और सभा सहित गणराज्य पर नियन्त्रण के लिए साकार ब्राह्मण का निराकार रुप- मन का अन्तर्राष्ट्रीय/ विश्व मानक।
3. गणराज्य के प्रबन्ध का सत्य रुप- प्रबन्ध का अन्तर्राष्ट्रीय/ विश्व मानक।
4. गणराज्य के संचालन के लिए संचालक का निराकार रुप- संविधान के स्वरुप का अन्तर्राष्ट्रीय/ विश्व मानक।
5. साकार ब्राह्मण निर्माण के लिए शिक्षा का स्वरुप- शिक्षा पाठ्यक्रम का अन्तर्राष्ट्रीय/ विश्व मानक।

इस समष्टि कार्य द्वारा ही काल व युग परिवर्तन होगा न कि सिर्फ चिल्लाने से कि "सतयुग आयेगा" , "सतयुग आयेगा" से। यह समष्टि कार्य जिस शरीर से सम्पन्न होगा वही अन्तिम अवतार के रूप में व्यक्त होगा। धर्म में स्थित वह अवतार चाहे जिस सम्प्रदाय (वर्तमान अर्थ में धर्म) का होगा उसका मूल लक्ष्य यही शेष समष्टि कार्य होगा और स्थापना का माध्यम उसके सम्प्रदाय की परम्परा व संस्कृति होगी।

जिस प्रकार केन्द्र में संविधान संसद है, प्रदेश में संविधान विधान सभा है उसी प्रकार ग्राम नगर में भी संविधान होना चाहिए जिस प्रकार केन्द्र और प्रदेश के न्यायालय और पुलिस व्यवस्था है उसी प्रकार ग्राम नगर के भी होने चाहिए कहने का अर्थ ये है कि जिस प्रकार की व्यवस्थाये केन्द्र और प्रदेश की अपनी हैं उसी प्रकार की व्यवस्था छोटे रुप में ग्राम नगर की भी होनी चाहिए। संघ (राज्य) या महासंघ (केन्द्र) से सम्बन्ध सिर्फ उस गणराज्य से होता है प्रत्येक नागरिक से नहीं संघ या महासंघ का कार्य मात्र अपने गणराज्यों में आपसी समन्वय व सन्तुलन करना होता है उस पर शासन करना नहीं तभी तो सच्चे अर्थों में गणराज्य व्यवस्था या स्वराज-सुराज व्यवस्था कहलायेगी। यही राष्ट्रपिता महात्मा गाँधी की प्रसिद्ध युक्ति "भारत ग्राम (नगर) गणराज्यों का संघ हो" और "राम राज्य" का सत्य अर्थ है।

04. सुखसागर के अनुसार भगवान विष्णु चौबीस अवतार

ऐसा कहा जाता है कि जब जब पृथ्वी पर कोई संकट आता है तो भगवान अवतार लेकर उस संकट को दूर करते है। भगवान शिव और भगवान विष्णु ने अनेकों बार पृथ्वी पर अवतार लिया है। भगवान विष्णु के 24 अवतार (1. श्री सनकादि, 2. वराहावतार, 3. नारद मुनि, 4. नर-नारायण, 5. कपिल, 6. दत्तात्रेय, 7. यज्ञ, 8. ऋषभदेव, 9. पृथु, 10. मत्स्यावतार, 11. कूर्म अवतार, 12. धन्वन्तरि, 13. मोहिनी, 14. हयग्रीव, 15. नृसिंह, 16. वामन, 17.गजेन्द्रोधारावतार, 18. परशुराम, 19. वेदव्यास, 20. हन्सावतार, 21. राम, 22. कृष्ण, 23. बुद्ध, 24. कल्कि) का वर्णन श्री विष्णु पुराण एवं श्री भविष्य पुराण में स्पष्ट उल्लेख है। जिनमें मुख्य 10 अवतार (1. मत्स्य, 2. कूर्म, 3. वाराह, 4. नृसिंह, 5. वामन, 6. परशुराम, 7. राम, 8. कृष्ण, 9. बुद्ध, 10. कल्कि) ही माने जाते हैं। सुखसागर के अनुसार भगवान विष्णु चौबीस अवतार निम्न प्रकार हैं-

01. श्री सनकादि मुनि (Shri Sankadi Muni)

धर्म ग्रंथों के अनुसार सृष्टि के आरंभ में लोक पितामह ब्रह्मा ने अनेक लोकों की रचना करने की इच्छा से घोर तपस्या की। उनके तप से प्रसन्न होकर भगवान विष्णु ने तप अर्थ वाले सन नाम से युक्त होकर सनक, सनन्दन, सनातन और सनत्कुमार नाम के चार मुनियों के रूप में अवतार लिया। ये चारों प्राकट्य काल से ही मोक्ष मार्ग परायण, ध्यान में तल्लीन रहने वाले, नित्यसिद्ध एवं नित्य विरक्त थे। ये भगवान विष्णु के सर्वप्रथम अवतार माने जाते हैं।

02. वराह अवतार (Varaha Avtar) - ***मुख्य अवतार***

धर्म ग्रंथों के अनुसार भगवान विष्णु ने दूसरा अवतार वराह रूप में लिया था। वराह अवतार से जुड़ी कथा इस प्रकार है- पुरातन समय में दैत्य हिरण्याक्ष ने जब पृथ्वी को ले जाकर समुद्र में छिपा दिया तब ब्रह्मा की नाक से भगवान विष्णु वराह रूप में प्रकट हुए। भगवान विष्णु के इस रूप को देखकर सभी देवताओं व ऋषि-मुनियों ने उनकी स्तुति की। सबके आग्रह पर भगवान वराह ने पृथ्वी को ढूंढना प्रारंभ किया। अपनी थूथनी की सहायता से उन्होंने पृथ्वी का पता लगा लिया और समुद्र के अंदर जाकर अपने दांतों पर रखकर वे पृथ्वी को बाहर ले आए।

जब हिरण्याक्ष दैत्य ने यह देखा तो उसने भगवान विष्णु के वराह रूप को युद्ध के लिए ललकारा। दोनों में भीषण युद्ध हुआ। अंत में भगवान वराह ने हिरण्याक्ष का वध कर दिया। इसके बाद भगवान वराह ने अपने खुरों से जल को स्तंभित कर उस पर पृथ्वी को स्थापित कर दिया।

03. नारद अवतार (Narad Avtar)

धर्म ग्रंथों के अनुसार देवर्षि नारद भी भगवान विष्णु के ही अवतार हैं। शास्त्रों के अनुसार नारद मुनि, ब्रह्मा के सात मानस पुत्रों में से एक हैं। उन्होंने कठिन तपस्या से देवर्षि पद प्राप्त किया है। वे भगवान विष्णु के अनन्य भक्तों में से एक माने जाते हैं। देवर्षि नारद धर्म के प्रचार तथा लोक-कल्याण के लिए हमेशा प्रयत्नशील रहते हैं। शास्त्रों में देवर्षि नारद को भगवान का मन भी कहा गया है। श्रीमद्भागवतगीता के दशम अध्याय के 26वें श्लोक में स्वयं भगवान श्रीकृष्ण ने इनकी महत्ता को स्वीकार करते हुए कहा है- देवर्षीणाम्चनारदरू। अर्थात् देवर्षियों में मैं नारद हूं।

04. नर-नारायण (Nar-Narayan Avtar)

सृष्टि के आरंभ में भगवान विष्णु ने धर्म की स्थापना के लिए दो रूपों में अवतार लिया। इस अवतार में वे अपने मस्तक पर जटा धारण किए हुए थे। उनके हाथों में हंस, चरणों में चक्र एवं वक्षरूस्थल में श्रीवत्स के चिन्ह थे।

उनका संपूर्ण वेष तपस्वियों के समान था। धर्म ग्रंथों के अनुसार भगवान विष्णु ने नर-नारायण के रूप में यह अवतार लिया था।

05. कपिल मुनि (Kapil Avtar)

भगवान विष्णु ने पांचवा अवतार कपिल मुनि के रूप में लिया। इनके पिता का नाम महर्षि कर्दम व माता का नाम देवहूति था। शरशय्या पर पड़े हुए भीष्म पितामह के शरीर त्याग के समय वेदज्ञ व्यास आदि ऋषियों के साथ भगवा कपिल भी वहां उपस्थित थे। भगवान कपिल के क्रोध से ही राजा सगर के साठ हजार पुत्र भस्म हो गए थे। भगवान कपिल सांख्य दर्शन के प्रवर्तक हैं। कपिल मुनि भागवत धर्म के प्रमुख बारह आचार्यों में से एक हैं।

06. दत्तात्रेय अवतार (Dattatraya Avtar)

धर्म ग्रंथों के अनुसार दत्तात्रेय भी भगवान विष्णु के अवतार हैं। इनकी उत्पत्ति की कथा इस प्रकार है-

एक बार माता लक्ष्मी, पार्वती व सरस्वती को अपने पातिव्रत्य पर अत्यंत गर्व हो गया। भगवान ने इनका अंहकार नष्ट करने के लिए लीला रची। उसके अनुसार एक दिन नारदजी घूमते-घूमते देवलोक पहुंचे और तीनों देवियों को बारी-बारी जाकर कहा कि ऋषि अत्रि की पत्नी अनुसूइया के सामने आपका सतीत्व कुछ भी नहीं। तीनों देवियों ने यह बात अपने स्वामियों को बताई और उनसे कहा कि वे अनुसूइया के पातिव्रत्य की परीक्षा लें। तब भगवान शंकर, विष्णु व ब्रह्मा साधु वेश बनाकर अत्रि मुनि के आश्रम आए। महर्षि अत्रि उस समय आश्रम में नहीं थे। तीनों ने देवी अनुसूइया से भिक्षा मांगी मगर यह भी कहा कि आपको निर्वस्त्र होकर हमें भिक्षा देनी होगी। अनुसूइया पहले तो यह सुनकर चौंक गई, लेकिन फिर साधुओं का अपमान न हो इस डर से उन्होंने अपने पति का स्मरण किया और बोला कि यदि मेरा पातिव्रत्य धर्म सत्य है तो ये तीनों साधु छः-छः मास के शिशु हो जाएं।

ऐसा बोलते ही त्रिदेव शिशु होकर रोने लगे। तब अनुसूइया ने माता बनकर उन्हें गोद में लेकर स्तनपान कराया और पालने में झूलाने लगीं। जब तीनों देव अपने स्थान पर नहीं लौटे तो देवियां व्याकुल हो गईं। तब नारद ने वहां आकर सारी बात बताई। तीनों देवियां अनुसूइया के पास आईं और क्षमा मांगी। तब देवी अनुसूइया ने त्रिदेव को अपने पूर्व रूप में कर दिया। प्रसन्न होकर त्रिदेव ने उन्हें वरदान दिया कि हम तीनों अपने अंश से तुम्हारे गर्भ से पुत्र रूप में जन्म लेंगे। तब ब्रह्मा के अंश से चंद्रमा, शंकर के अंश से दुर्वासा और विष्णु के अंश से दत्तात्रेय का जन्म हुआ।

07. यज्ञ (Yagya Avatar)

भगवान विष्णु के सातवें अवतार का नाम यज्ञ है। धर्म ग्रंथों के अनुसार भगवान यज्ञ का जन्म स्वायम्भुव मन्वन्तर में हुआ था। स्वायम्भुव मनु की पत्नी शतरूपा के गर्भ से आकूति का जन्म हुआ। वे रूचि प्रजापति की पत्नी हुई। इन्हीं आकूति के यहां भगवान विष्णु यज्ञ नाम से अवतरित हुए। भगवान यज्ञ के उनकी धर्मपत्नी दक्षिणा से अत्यंत तेजस्वी बारह पुत्र उत्पन्न हुए। वे ही स्वायम्भुव मन्वन्तर में याम नामक बारह देवता कहलाए।

08. भगवान ऋषभदेव (Rishabh Avtar)

भगवान विष्णु ने ऋषभदेव के रूप में आठवां अवतार लिया। धर्म ग्रंथों के अनुसार महाराज नाभि की कोई संतान नहीं थी। इस कारण उन्होंने अपनी धर्मपत्नी मेरुदेवी के साथ पुत्र की कामना से यज्ञ किया। यज्ञ से प्रसन्न होकर भगवान विष्णु स्वयं प्रकट हुए और उन्होंने महाराज नाभि को वरदान दिया कि मैं ही तुम्हारे यहां पुत्र रूप में जन्म लूंगा। वरदान स्वरूप कुछ समय बाद भगवान विष्णु महाराज नाभि के यहां पुत्र रूप में जन्मे। पुत्र के अत्यंत सुंदर सुगठित शरीर, कीर्ति, तेल, बल, ऐश्वर्य, यश, पराक्रम और शूरवीरता आदि गुणों को देखकर महाराज नाभि ने उसका नाम ऋषभ (श्रेष्ठ) रखा।

09. आदिराज पृथु (Prithu Avtar)

भगवान विष्णु के एक अवतार का नाम आदिराज पृथु है। धर्म ग्रंथों के अनुसार स्वायम्भुव मनु के वंश में अंग नामक प्रजापति का विवाह मृत्यु की मानसिक पुत्री सुनीथा के साथ हुआ। उनके यहां वेन नामक पुत्र हुआ। उसने भगवान को मानने से इंकार कर दिया और स्वयं की पूजा करने के लिए कहा। तब महर्षियों ने मंत्र पूत कुशों से उसका वध कर दिया। तब महर्षियों ने पुत्रहीन राजा वेन की भुजाओं का मंथन किया, जिससे पृथु नाम पुत्र उत्पन्न हुआ। पृथु के दाहिने हाथ में चक्र और चरणों में कमल का चिह्न देखकर ऋषियों ने बताया कि पृथु के वेष में स्वयं श्रीहरि का अंश अवतरित हुआ है।

10. मत्स्य अवतार (Matsya Avtar) - *मुख्य अवतार*

पुराणों के अनुसार भगवान विष्णु ने सृष्टि को प्रलय से बचाने के लिए मत्स्यावतार लिया था। इसकी कथा इस प्रकार है- कृतयुग के आदि में राजा सत्यव्रत हुए। राजा सत्यव्रत एक दिन नदी में स्नान कर जलांजलि दे रहे थे। अचानक उनकी अंजलि में एक छोटी सी मछली आई। उन्होंने देखा तो सोचा वापस सागर में डाल दूं, लेकिन उस मछली ने बोला- आप मुझे सागर में मत डालिए अन्यथा बड़ी मछलियां मुझे खा जाएंगी। तब राजा सत्यव्रत ने मछली को अपने कमंडल में रख लिया। मछली और बड़ी हो गई तो राजा ने उसे अपने सरोवर में रखा, तब देखते ही देखते मछली और बड़ी हो गई।

राजा को समझ आ गया कि यह कोई साधारण जीव नहीं है। राजा ने मछली से वास्तविक स्वरूप में आने की प्रार्थना की। राजा की प्रार्थना सुन साक्षात चारभुजाधारी भगवान विष्णु प्रकट हो गए और उन्होंने कहा कि ये मेरा मत्स्यावतार है। भगवान ने सत्यव्रत से कहा- सुनो राजा सत्यव्रत! आज से सात दिन बाद प्रलय होगी। तब मेरी प्रेरणा से एक विशाल नाव तुम्हारे पास आएगी। तुम सप्त ऋषियों, औषधियों, बीजों व प्राणियों के सूक्ष्म शरीर को लेकर उसमें बैठ जाना, जब तुम्हारी नाव डगमगाने लगेगी, तब मैं मत्स्य के रूप में तुम्हारे पास आऊंगा।

उस समय तुम वासुकि नाग के द्वारा उस नाव को मेरे सींग से बांध देना। उस समय प्रश्न पूछने पर मैं तुम्हें उत्तर दूंगा, जिससे मेरी महिमा जो परब्रह्म नाम से विख्यात है, तुम्हारे ह्रदय में प्रकट हो जाएगी। तब समय आने पर मत्स्यरूपधारी भगवान विष्णु ने राजा सत्यव्रत को तत्वज्ञान का उपदेश दिया, जो मत्स्यपुराण नाम से प्रसिद्ध है।

11. कूर्म अवतार (Kurm Avtar*) - मुख्य अवतार*

धर्म ग्रंथों के अनुसार भगवान विष्णु ने कूर्म (कछुए) का अवतार लेकर समुद्र मंथन में सहायता की थी। भगवान विष्णु के कूर्म अवतार को कच्छप अवतार भी कहते हैं। इसकी कथा इस प्रकार है- एक बार महर्षि दुर्वासा ने देवताओं के राजा इंद्र को श्राप देकर श्रीहीन कर दिया। इंद्र जब भगवान विष्णु के पास गए तो उन्होंने समुद्र मंथन करने के लिए कहा। तब इंद्र भगवान विष्णु के कहे अनुसार दैत्यों व देवताओं के साथ मिलकर समुद्र मंथन करने के लिए तैयार हो गए।

समुद्र मंथन करने के लिए मंदराचल पर्वत को मथानी एवं नागराज वासुकि को नेती बनाया गया। देवताओं और दैत्यों ने अपना मतभेद भुलाकर मंदराचल को उखाड़ा और उसे समुद्र की ओर ले चले, लेकिन वे उसे अधिक दूर तक नहीं ले जा सके। तब भगवान विष्णु ने मंदराचल को समुद्र तट पर रख दिया। देवता और दैत्यों ने मंदराचल को समुद्र में डालकर नागराज वासुकि को नेती बनाया। किंतु मंदराचल के नीचे कोई आधार नहीं होने के कारण वह समुद्र में डूबने लगा। यह देखकर भगवान विष्णु विशाल कूर्म (कछुए) का रूप धारण कर समुद्र में मंदराचल के आधार बन गए। भगवान कूर्म की विशाल पीठ पर मंदराचल तेजी से घुमने लगा और इस प्रकार समुद्र मंथन संपन्न हुआ।

12. भगवान धन्वन्तरि (Dhanwantari Avatar)

धर्म ग्रंथों के अनुसार जब देवताओं व दैत्यों ने मिलकर समुद्र मंथन किया तो उसमें से सबसे पहले भयंकर विष निकला जिसे भगवान शिव ने पी लिया। इसके बाद समुद्र मंथन से उच्चैश्रवा घोड़ा, देवी लक्ष्मी, ऐरावत हाथी, कल्प वृक्ष, अप्सराएं और भी बहुत से रत्न निकले। सबसे अंत में भगवान धन्वन्तरि अमृत कलश लेकर प्रकट हुए। यही धन्वन्तरि भगवान विष्णु के अवतार माने गए हैं। इन्हें औषधियों का स्वामी भी माना गया है।

13. मोहिनी अवतार (Mohini avatar)

धर्म ग्रंथों के अनुसार समुद्र मंथन के दौरान सबसे अंत में धन्वन्तरि अमृत कलश लेकर निकले। जैसे ही अमृत मिला अनुशासन भंग हुआ। देवताओं ने कहा हम ले लें, दैत्यों ने कहा हम ले लें। इसी खींचातानी में इंद्र का पुत्र जयंत अमृत कुंभ लेकर भाग गया। सारे दैत्य व देवता भी उसके पीछे भागे। असुरों व देवताओं में भयंकर मार-काट मच गई। देवता परेशान होकर भगवान विष्णु के पास गए। तब भगवान विष्णु ने मोहिनी अवतार लिया। भगवान ने मोहिनी रूप में सबको मोहित कर दिया किया। मोहिनी ने देवता व असुर की बात सुनी और कहा कि यह अमृत कलश मुझे दे दीजिए तो मैं बारी-बारी से देवता व असुर को अमृत का पान करा दूंगी। दोनों मान गए। देवता एक तरफ तथा असुर दूसरी तरफ बैठ गए। फिर मोहिनी रूप धरे भगवान विष्णु ने मधुर गान गाते हुए तथा नृत्य करते हुए देवता व असुरों को अमृत पान कराना प्रारंभ किया। वास्तविकता में मोहिनी अमृत पान तो सिर्फ देवताओं को ही करा रही थी, जबकि असुर समझ रहे थे कि वे भी अमृत पी रहे हैं। इस प्रकार भगवान विष्णु ने मोहिनी अवतार लेकर देवताओं का भला किया।

14. भगवान नृसिंह (Narsih Avatar) - *मुख्य अवतार*

भगवान विष्णु ने नृसिंह अवतार लेकर दैत्यों के राजा हिरण्यकशिपु का वध किया था। इस अवतार की कथा इस प्रकार है- धर्म ग्रंथों के अनुसार दैत्यों का राजा हिरण्यकशिपु स्वयं को भगवान से भी अधिक बलवान मानता था। उसे मनुष्य, देवता, पक्षी, पशु, न दिन में, न रात में, न धरती पर, न आकाश में, न अस्त्र से, न शस्त्र से मरने का वरदान प्राप्त था। उसके राज में जो भी भगवान विष्णु की पूजा करता था उसको दंड दिया जाता था। उसके पुत्र का नाम प्रह्लाद था। प्रह्लाद बचपन से ही भगवान विष्णु का परम भक्त था। यह बात जब हिरण्यकशिपु का पता चली तो वह बहुत क्रोधित हुआ और प्रह्लाद को समझाने का प्रयास किया, लेकिन फिर भी जब प्रह्लाद नहीं माना तो हिरण्यकशिपु ने उसे मृत्युदंड दे दिया।

हर बार भगवान विष्णु के चमत्कार से वह बच गया। हिरण्यकशिपु की बहन होलिका, जिसे अग्नि से न जलने का वरदान प्राप्त था, वह प्रह्लाद को लेकर धधकती हुई अग्नि में बैठ गई। तब भी भगवान विष्णु की कृपा से प्रह्लाद बच गया और होलिका जल गई। जब हिरण्यकशिपु स्वयं प्रह्लाद को मारने ही वाला था तब भगवान विष्णु नृसिंह का अवतार लेकर खंबे से प्रकट हुए और उन्होंने अपने नाखूनों से हिरण्यकशिपु का वध कर दिया।

15. वामन अवतार (Vaman Avatar) - *मुख्य अवतार*

सत्ययुग में प्रह्लाद के पौत्र दैत्यराज बलि ने स्वर्गलोक पर अधिकार कर लिया। सभी देवता इस विपत्ति से बचने के लिए भगवान विष्णु के पास गए। तब भगवान विष्णु ने कहा कि मैं स्वयं देवमाता अदिति के गर्भ से उत्पन्न होकर तुम्हें स्वर्ग का राज्य दिलाऊंगा। कुछ समय पश्चात भगवान विष्णु ने वामन अवतार लिया।

एक बार जब बलि महान यज्ञ कर रहा था तब भगवान वामन बलि की यज्ञशाला में गए और राजा बलि से तीन पग धरती दान में मांगी। राजा बलि के गुरु शुक्राचार्य भगवान की लीला समझ गए और उन्होंने बलि को दान देने से मना कर दिया। लेकिन बलि ने फिर भी भगवान वामन को तीन पग धरती दान देने का संकल्प ले लिया। भगवान वामन ने विशाल रूप धारण कर एक पग में धरती और दूसरे पग में स्वर्ग लोक नाप लिया। जब तीसरा पग रखने के लिए कोई स्थान नहीं बचा तो बलि ने भगवान वामन को अपने सिर पर पग रखने को कहा। बलि के सिर

पर पग रखने से वह सुतललोक पहुंच गया। बलि की दानवीरता देखकर भगवान ने उसे सुतललोक का स्वामी भी बना दिया। इस तरह भगवान वामन ने देवताओं की सहायता कर उन्हें स्वर्ग पुनरू लौटाया।

16. हयग्रीव अवतार (Hayagreeva Avatar)

धर्म ग्रंथों के अनुसार एक बार मधु और कैटभ नाम के दो शक्तिशाली राक्षस ब्रह्माजी से वेदों का हरण कर रसातल में पहुंच गए। वेदों का हरण हो जाने से ब्रह्माजी बहुत दुरूखी हुए और भगवान विष्णु के पास पहुंचे। तब भगवान ने हयग्रीव अवतार लिया। इस अवतार में भगवान विष्णु की गर्दन और मुख घोड़े के समान थी। तब भगवान हयग्रीव रसातल में पहुंचे और मधु-कैटभ का वध कर वेद पुनरू भगवान ब्रह्मा को दे दिए।

17. श्रीहरि अवतार (Shri Hari Avtar)

धर्म ग्रंथों के अनुसार प्राचीन समय में त्रिकूट नामक पर्वत की तराई में एक शक्तिशाली गजेंद्र अपनी हथिनियों के साथ रहता था। एक बार वह अपनी हथिनियों के साथ तालाब में स्नान करने गया। वहां एक मगरमच्छ ने उसका पैर पकड़ लिया और पानी के अंदर खींचने लगा। गजेंद्र और मगरमच्छ का संघर्ष एक हजार साल तक चलता रहा। अंत में गजेंद्र शिथिल पड़ गया और उसने भगवान श्रीहरि का ध्यान किया। गजेंद्र की स्तुति सुनकर भगवान श्रीहरि प्रकट हुए और उन्होंने अपने चक्र से मगरमच्छ का वध कर दिया। भगवान श्रीहरि ने गजेंद्र का उद्धार कर उसे अपना पार्षद बना लिया।

18. परशुराम अवतार (Parshuram Avatar) - *मुख्य अवतार*

हिंदू धर्म ग्रंथों के अनुसार परशुराम भगवान विष्णु के प्रमुख अवतारों में से एक थे। भगवान परशुराम के जन्म के संबंध में दो कथाएं प्रचलित हैं। हरिवंशपुराण के अनुसार उन्हीं में से एक कथा इस प्रकार है-

प्राचीन समय में महिष्मती नगरी पर शक्तिशाली हैययवंशी क्षत्रिय कार्तवीर्य अर्जुन(सहस्त्रबाहु) का शासन था। वह बहुत अभिमानी था और अत्याचारी भी। एक बार अग्निदेव ने उससे भोजन कराने का आग्रह किया। तब सहस्त्रबाहु ने घमंड में आकर कहा कि आप जहां से चाहें, भोजन प्राप्त कर सकते हैं, सभी ओर मेरा ही राज है। तब अग्निदेव ने वनों को जलाना शुरु किया। एक वन में ऋषि आपव तपस्या कर रहे थे। अग्नि ने उनके आश्रम को भी जला डाला। इससे क्रोधित होकर ऋषि ने सहस्त्रबाहु को श्राप दिया कि भगवान विष्णु, परशुराम के रूप में जन्म लेंगे और न सिर्फ सहस्त्रबाहु का नहीं बल्कि समस्त क्षत्रियों का सर्वनाश करेंगे। इस प्रकार भगवान विष्णु ने भार्गव कुल में महर्षि जमदग्नि के पांचवें पुत्र के रूप में जन्म लिया।

19. महर्षि वेदव्यास (Vyas Avatar)

पुराणों में महर्षि वेदव्यास को भी भगवान विष्णु का ही अंश माना गया है। भगवान व्यास नारायण के कलावतार थे। वे महाज्ञानी महर्षि पराशर के पुत्र रूप में प्रकट हुए थे। उनका जन्म कैवर्तराज की पोष्यपुत्री सत्यवती के गर्भ से यमुना के द्वीप पर हुआ था। उनके शरीर का रंग काला था। इसलिए उनका एक नाम कृष्णद्वैपायन भी था। इन्होंने ही मनुष्यों की आयु और शक्ति को देखते हुए वेदों के विभाग किए। इसलिए इन्हें वेदव्यास भी कहा जाता है। इन्होंने ही महाभारत ग्रंथ की रचना भी की।

20. हंस अवतार (Hans Avatar)

एक बार भगवान ब्रह्मा अपनी सभा में बैठे थे। तभी वहां उनके मानस पुत्र सनकादि पहुंचे और भगवान ब्रह्मा से मनुष्यों के मोक्ष के संबंध में चर्चा करने लगे। तभी वहां भगवान विष्णु महाहंस के रूप में प्रकट हुए और उन्होंने सनकादि मुनियों के संदेह का निवारण किया। इसके बाद सभी ने भगवान हंस की पूजा की। इसके बाद महाहंसरूपधारी श्रीभगवान अदृश्य होकर अपने पवित्र धाम चले गए।

21. श्रीराम अवतार (Ram Avatar) - *मुख्य अवतार*

त्रेतायुग में राक्षसराज रावण का बहुत आतंक था। उससे देवता भी डरते थे। उसके वध के लिए भगवान विष्णु ने राजा दशरथ के यहां माता कौशल्या के गर्भ से पुत्र रूप में जन्म लिया। इस अवतार में भगवान विष्णु ने अनेक राक्षसों का वध किया और मर्यादा का पालन करते हुए अपना जीवन यापन किया। पिता के कहने पर वनवास गए। वनवास भोगते समय राक्षसराज रावण उनकी पत्नी सीता का हरण कर ले गया। सीता की खोज में भगवान लंका पहुंचे, वहां भगवान श्रीराम और रावण का घोर युद्ध जिसमें रावण मारा गया। इस प्रकार भगवान विष्णु ने राम अवतार लेकर देवताओं को भय मुक्त किया।

22. श्रीकृष्ण अवतार (Krishna Avatar) - *मुख्य अवतार*

द्वापरयुग में भगवान विष्णु ने श्रीकृष्ण अवतार लेकर अधर्मियों का नाश किया। भगवान श्रीकृष्ण का जन्म कारागार में हुआ था। इनके पिता का नाम वसुदेव और माता का नाम देवकी था। भगवान श्रीकृष्ण ने इस अवतार में अनेक चमत्कार किए और दुष्टों का सर्वनाश किया। कंस का वध भी भगवान श्रीकृष्ण ने ही किया। महाभारत के युद्ध में अर्जुन के सारथि बने और दुनिया को गीता का ज्ञान दिया। धर्मराज युधिष्ठिर को राजा बना कर धर्म की स्थापना की। भगवान विष्णु का ये अवतार सभी अवतारों में सबसे श्रेष्ठ माना जाता है।

23. बुद्ध अवतार (Buddha Avatar) - *मुख्य अवतार*

धर्म ग्रंथों के अनुसार बौद्धधर्म के प्रवर्तक गौतम बुद्ध भी भगवान विष्णु के ही अवतार थे परंतु पुराणों में वर्णित भगवान बुद्धदेव का जन्म गया के समीप कीकट में हुआ बताया गया है और उनके पिता का नाम अजन बताया गया है। यह प्रसंग पुराण वर्णित बुद्धावतार का ही है।

एक समय दैत्यों की शक्ति बहुत बढ़ गई। देवता भी उनके भय से भागने लगे। राज्य की कामना से दैत्यों ने देवराज इंद्र से पूछा कि हमारा साम्राज्य स्थिर रहे, इसका उपाय क्या है। तब इंद्र ने शुद्ध भाव से बताया कि सुस्थिर शासन के लिए यज्ञ एवं वेदविहित आचरण आवश्यक है। तब दैत्य वैदिक आचरण एवं महायज्ञ करने लगे, जिससे उनकी शक्ति और बढने लगी। तब सभी देवता भगवान विष्णु के पास गए। तब भगवान विष्णु ने देवताओं के हित के लिए बुद्ध का रूप धारण किया। उनके हाथ में मार्जनी थी और वे मार्ग को बुहारते हुए चलते थे।

इस प्रकार भगवान बुद्ध दैत्यों के पास पहुंचे और उन्हें उपदेश दिया कि यज्ञ करना पाप है। यज्ञ से जीव हिंसा होती है। यज्ञ की अग्नि से कितने ही प्राणी भस्म हो जाते हैं। भगवान बुद्ध के उपदेश से दैत्य प्रभावित हुए। उन्होंने यज्ञ व वैदिक आचरण करना छोड़ दिया। इसके कारण उनकी शक्ति कम हो गई और देवताओं ने उन पर हमला कर अपना राज्य पुनः प्राप्त कर लिया।

24. कल्कि अवतार (Kalki Avatar) - *मुख्य अवतार*

धर्म ग्रंथों के अनुसार कलयुग में भगवान विष्णु कल्कि रूप में अवतार लेंगे। कल्कि अवतार कलियुग व सतयुग के संधिकाल में होगा। यह अवतार 64 कलाओं से युक्त होगा। पुराणों के अनुसार उत्तर प्रदेश के मुरादाबाद जिले के शंभल नामक स्थान पर विष्णुयशा नामक तपस्वी ब्राह्मण के घर भगवान कल्कि पुत्र रूप में जन्म लेंगे। कल्कि देवदत्त नामक घोड़े पर सवार होकर संसार से पापियों का विनाश करेंगे और धर्म की पुनरूस्थापना करेंगे।

05. कल्कि अवतार-महाअवतार क्यों?

सत्य से सार्वभौम सत्य-सिद्धान्त तक का र्माग अवतारों का मार्ग है। सार्वभौम सत्य-सिंद्धान्त की अनुभूति ही अवतरण है। इसके अंश अनुभूति को अंश अवतार तथा पूर्ण अनुभूति को पूर्ण अवतार कहते है। अवतार मानव मात्र के लिए ही कर्म करते हैं न कि किसी विशेष मानव समूह या सम्प्रदाय के लिए। ग्रन्थों में अवतारों की कई कोटि बतायी गई है जैसे अंशाशावतार, अंशावतार, आवेशावतार, कलावतार, नित्यावतार, युगावतार इत्यादि, जो भी सार्वभौम सत्य-सिद्धान्त को व्यक्त करता है वे सभी अवतार कहलाते हैं। व्यक्ति से लेकर समाज के सर्वोच्च स्तर तक सार्वभौम सत्य-सिद्धान्त को व्यक्त करने के क्रम में ही विभिन्न कोटि के अवतार स्तरबद्ध होते है। अन्तिम सार्वभौम सत्य-सिद्धान्त को व्यक्त करने वाला ही अन्तिम अवतार के रूप में व्यक्त होगा। अब तक हुये अवतार, पैगम्बर, ईशदूत इत्यादि को हम सभी उनके होने के बाद, उनके जीवन काल की अवधि में या उनके शरीर त्याग के बाद से ही जानते हैं। परन्तु भविष्य अर्थात् आने वाले कल के लिए कल्पित एक मात्र महाविष्णु के अवतार के आने से पूर्व ही जानने लगे हैं।

हम सभी के मोटर वाहनों में, वाहन कितने किलोमीटर चला उसे दिखाने के लिए एक यंत्र होता है। यदि इस यंत्र की अधिकतम 6 अंकों तक किलोमीटर दिखाने की क्षमता हो तब उसमें 6 अंक दिखते है। जो प्रारम्भ में 000000 के रूप में होता है। वाहन के चलते अर्थात् विकास करते रहने से 000001 फिर 000002 इस क्रम से बढ़ते हुए पहले इकाई में, फिर दहाई में, फिर सैकड़ा में, फिर हजार में, फिर दस हजार में, फिर लाख में, के क्रम में यह आगे बढ़ते हुये बदलता रहता है। एक समय ऐसा आता है जब सभी अंक 999999 हो जाते हैं फिर क्या होगा? फिर सभी 000000 के अपने प्रारम्भ वाली स्थिति में आ जायेगें। इन 6 अंक के प्रत्येक अंक के चक्र में 0 से 9 अंक के चक्र होते है। जो वाहन के चलने से बदलकर चले हुये किलोमीटर को दिखाते है। यही स्थिति भी इस सृष्टि के काल चक्र की है। सृष्टि चक्र में पहले काल है जिसके दो रूप अद्दश्य और द्दश्य हैं। फिर इन दोनों काल में 5 युग हैं। 4 अद्दश्य काल के 1 द्दश्य काल के। और इन दोनों काल में 14 मनवन्तर और मनु हैं। 7 अद्दश्य काल के 7 द्दश्य काल के। फिर इन युगों में युगावतार अवतार होते हैं। फिर व्यास व शास्त्र होते हैं। ये सब वैसे ही है जैसे अंक गणित में इकाई, दहाई, सैकड़ा, हजार, दस हजार, लाख इत्यादि होते हैं। उपर उदाहरण दिये गये यंत्र में जब सभी अंक 999999 हो जाते हैं तब विकास के अगले एक बदलाव से इकाई, दहाई, सैकड़ा, हजार, दस हजार, लाख सभी बदलते हैं।

वर्तमान सृष्टि चक्र की स्थिति भी यही हो गयी है कि अब अगले अवतार के मात्र एक विकास के लिए सत्यीकरण से काल, मनवन्तर व मनु, अवतार, व्यास व शास्त्र सभी बदलेगें। इसलिए देश व विश्व के धर्माचार्यें, विद्वानों, ज्योतिषाचार्यों इत्यादि को अपने-अपने शास्त्रों को देखने व समझने की आवश्यकता आ गयी है क्योंकि कहीं श्री लव कुश सिंह “विश्वमानव” और “आध्यात्मिक सत्य” आधारित कार्य “विश्वशास्त्र” वही तो नहीं है? और यदि नहीं तो वह कौन सा कार्य होगा जो इन सबको बदलने वाली घटना को घटित करेगा?

शनिवार, 22 दिसम्बर, 2012 से प्रारम्भ हो चुका है-

1. काल के प्रथम रूप अद्दश्य काल से दूसरे और अन्तिम द्दश्य काल का प्रारम्भ।
2. मनवन्तर के वर्तमान 7वें मनवन्तर वैवस्वत मनु से 8वें मनवन्तर सांवर्णि मनु का प्रारम्भ।
3. अवतार के नवें बुद्ध से दसवें और अन्तिम अवतार-कल्कि महावतार का प्रारम्भ।
4. युग के चौथे कलियुग से पाँचवें युग स्वर्ण युग का प्रारम्भ।
5. व्यास और द्वापर युग में आठवें अवतार श्रीकृष्ण द्वारा प्रारम्भ किया गया कार्य “नवसृजन” के प्रथम भाग “सार्वभौम ज्ञान” के शास्त्र “गीता” से द्वितीय अन्तिम भाग “सार्वभौम कर्मज्ञान”, “पूर्णज्ञान का पूरक शास्त्र”, लोकतन्त्र का “धर्मनिरपेक्ष धर्मशास्त्र” और आम आदमी का “समाजवादी शास्त्र” द्वारा व्यवस्था सत्यीकरण और मन के ब्रह्माण्डीयकरण और नये व्यास का प्रारम्भ।

05. काल और युग परिवर्तक कल्कि महाअवतार एवं अन्य स्वघोषित कल्कि अवतार

ग्रन्थों में अवतारों की कई कोटि बतायी गई है जैसे अंशाशावतार, अंशावतार, आवेशावतार, कलावतार, नित्यावतार, युगावतार इत्यादि। जो भी सार्वभौम सत्य-सिद्धान्त को व्यक्त करता है वे सभी अवतार कहलाते हैं। व्यक्ति से लेकर समाज के सर्वोच्च स्तर तक सार्वभौम सत्य-सिद्धान्त को व्यक्त करने के क्रम में ही विभिन्न कोटि के अवतार स्तरबद्ध होते हैं। अन्तिम सार्वभौम सत्य-सिद्धान्त को व्यक्त करने वाला ही अन्तिम अवतार के रूप में व्यक्त होगा। अब तक हुये अवतार, पैगम्बर, ईशदूत इत्यादि को हम सभी उनके होने के बाद, उनके जीवन काल की अवधि में या उनके शरीर त्याग के बाद से ही जानते हैं। परन्तु भविष्य अर्थात् आने वाले कल के लिए कल्पित महाविष्णु के 24 अवतारों (1. सनकादि ऋषि (ब्रह्मा के चार पुत्र), 2. नारद, 3. वाराह, 4. मत्स्य, 5. यज्ञ (विष्णु कुछ काल के लिये इंद्र रूप में), 6.नर-नारायण, 7. कपिल, 8. दत्तात्रेय, 9. हयग्रीव, 10. हंस पुराण, 11. पृष्णिगर्भ, 12. ऋषभदेव, 13. पृथु, 14. नृसिंह, 15. कूर्म, 16. धनवंतरी, 17. मोहिनी, 18. वामन, 19. परशुराम, 20. राम, 21. व्यास, 22. कृष्ण, बलराम, 23. गौतम बुद्ध (कई लोग बुद्ध के स्थान पर बलराम को कहते हैं, अन्यथा बलराम शेषनाग के अवतार कहलाते हैं), 24. कल्कि) में एक मात्र शेष 24वाँ तथा प्रमुख 10 अवतारों (1.मत्स्य, 2.कूर्म, 3.वाराह, 4.नृसिंह, 5.वामन, 6.परशुराम, 7.राम, 8.श्रीकृष्ण, 9.बुद्ध और 10.कल्कि) में एक मात्र शेष दसवाँ और अन्तिम कल्कि अवतार, के विषय में जो परिकल्पना है, वह निम्नलिखित रूप से है जिसे समझना आवश्यक है -

प्राचीन कथा -

बुद्धकाल के पश्चात् लोग पुनः धर्म की बातें भूल गये। तब भगवान ने शंकराचार्य के रूप में नरदेह धारणकर जीवों को धर्म-शिक्षा दी। इसी प्रकार मानव जाति के मंगल हेतु रामानुज, चैतन्य और रामकृष्ण आदि अवतार भी आविर्भूत हुए। परन्तु दशावतारों में बुद्धदेव के बाद कल्कि-अवतार का ही उल्लेख हुआ है। कल्कि का अर्थ है - जो आएँगे।

कलियुग के अन्त में मनुष्य ज्ञानहीन हो भगवान को भूल जाएगा। पापाचार के फलस्वरूप उसकी आकृति तथा आयु छोटी हो जाएगी। धूर्तता, कपटता आदि सभी नीच प्रवृत्तियाँ उसके स्वभाव का अंग हो जाएँगी,

सूदखोर ब्राह्मणों का मान होगा और दुष्ट लोग संन्यासी का वेश धारण करके लोगों को ठगेंगे। भाई-बन्धु को लोग पराया समझेंगे, परन्तु साले-सम्बन्धियों को परम आत्मीय मानेंगे। झगड़ा-विवाद नित्यकर्म हो जायेगा। केशविन्यास व वेशभूषा का चलन ही सभ्यता कहलाएगा। कुल मिलाकर मनुष्यों के मन में बुद्धि-विवेक का लेष तक न रह जाएगा।

दानवी प्रकृति के लोग छल-बल से देश के राजा होकर प्रजा का अर्थशोषण करेंगे। दुष्ट लोग राजाओं के अनुगत होकर लोगों का हित करने के नाम पर अपना ही स्वार्थसाधन करेंगे। रोग, महामारी, अनावृष्टि, अकाल आदि प्राकृतिक उपद्रवों से निरन्तर लोकक्षय होगा।

शम्भल नामक ग्राम में विष्णुयश नाम के एक ब्राह्मण निवास करेंगे, जो सुमति नामक स्त्री के साथ विवाह करेंगें दोनों ही धर्म-कर्म में दिन बिताएँगे। कल्कि उनके घर में पुत्र होकर जन्म लेंगे और अल्पायु में ही वेदादि शास्त्रों का पाठ करके महापण्डित हो जाएँगे। बाद में वे जीवों के दुःख से कातर हो महादेव की उपासना करके अस्त्रविद्या प्राप्त करेंगे।

उसी देश के राजा विशाखयूप कल्किदेव के माहात्म्य से अवगत होकर उनका शिष्यत्व स्वीकार कर उन्हीं के उपदेशानुसार राज्य-शासन चलाएँगे। कल्किदेव की कृपा से उनकी प्रजा धर्म परायण हो उठेगी।

सिंहल द्वीप में बृहद्रथ नाम के एक राजा होंगे। उनकी रानी कौमुदी के गर्भ से एक अपूर्व लावण्यमी कन्या का जन्म होगा। उसका नाम होगा पद्मा। पद्मा बाल्यकाल से ही श्रीहरि की परम भक्त होंगी और उन्हें पति रूप में प्राप्त करने के लिए महादेव की आराधना करेंगी। शंकर-पार्वती प्रसन्न होकर उन्हें वर देंगे कि श्रीहरि उन्हें पति रूप में प्राप्त हों और कोई भी पुरूष उनकी ओर पत्नीभाव से देखने पर तत्काल नारी रूप धारण करेगा।

पुत्री पद्मादेवी की आयु विवाह-योग्य हो जाने पर राजा बृहद्रथ उसके विवाह हेतु एक स्वयंवर सभा बुलाएँगे। राजागण असाधारण रूपवती पद्मा का रूप देख मोहित होकर उन्हें पत्नी के रूप में पाने की इच्छा करते ही तत्काल पद्मा के समान ही युवती हो जाएँगे। लज्जा के कारण वे अपने राज्य को न लौटकर पद्मादेवी के सखी-रूप में उन्हीं के साथ निवास करने लगेंगे। कल्किदेव यह समाचार पाकर अश्वारोहण करते हुए सिंहल द्वीप जाएँगे। पद्मादेवी जलविहार करते समय उन्हें देखते ही पहचान कर उनके प्रति अनुरक्त हो जाएँगी। बृहद्रथ यह जानकर काफी धन आदि के साथ अपनी कन्या कल्किदेव को समर्पित कर देंगे। जो समस्त राजा नारी रूप में परिणत हो गए थे, वे सभी कल्किदेव का दर्शन करते ही अपने पूर्व रूप में आकर कृतज्ञ हृदय के साथ स्वदेश लौट जाएँगे।

इधर देवराज इन्द्र के आदेश पर उनके वास्तुकार विश्वकर्मा शम्भल ग्राम में एक अपूर्व पुरी का निर्माण करेंगे। कल्किदेव अपनी पत्नी तथा हाथी-घोड़े, धन-रत्न आदि के साथ स्वदेश लौटकर वहीं निवास करेंगे। कुछ काल बाद उनके जय-विजय नामक दो महा बलशाली पुत्र जन्मेंगे।

विष्णुयश एक अश्वमेध यज्ञ करने का संकल्प करेंगे। पुत्र पिता की इच्छा पूर्ण करने हेतु दिग्विजय हेतु बाहर निकलेंगे। क्योंकि चक्रवर्ती राजा हुए बिना अश्वमेध यज्ञ नहीं किया जा सकता।

भगवान कल्कि सर्वप्रथम कीटक देश में बौद्ध नामधारी असुर-प्रकृति लोगों के राज्य पर हमला करेंगे। बौद्धगण आमने-सामने के युद्ध में हारकर तरह-तरह की माया का आश्रय लेंगे, परन्तु कल्किदेव उनका सारा प्रयास विफल कर देंगे। तदुपरान्त वे लोग बहुत बड़ी म्लेच्छ सेना बनाकर कल्कि-सेना पर आक्रमण करेंगे। भीषण युद्ध के बाद बौद्ध तथा म्लेच्छ-गण समाप्त हो जाएँगे। उनके रक्त की नदियाँ बहेंगी, जिसमें हाथी, घोड़े रथ आदि घड़ियाल के समान तैरेंगे, मृतदेहों का पहाड़ बन जाएगा।

पति-पुत्रों के निधन से क्रोधान्ध होकर बौद्ध तथा म्लेच्छ नारियाँ युद्धवेश में सज्जित होकर कल्कि सेना पर आक्रमण करेंगी। स्त्रियों को मारने से पाप तथा अपयश मिलता है और युद्ध में उन्हें परास्त करके भी गौरव नही मिलता- यह सोचकर कल्किदेव एक माया का आश्रय लेंगे। नारियों द्वारा अस्त्र चलाने पर वह जड़ हो जाएगा और बाणादि बार-बार लौटकर उन्हीं के हाथों में आ जाएँगे। इससे उन महिलाओं के भाव में परिवर्तन आएगा। कल्किदेव को भगवान समझकर वे उनकी शरण लेंगी। वे उन्हें ज्ञानोपदेश के द्वारा मुक्ति प्रदान करेंगे।

उसी समय चक्रतीर्थ में बालखिल्य नाम के अति लघुकाय ऋषिगण कल्किदेव से निवेदन करेंगे कि कुथोदरी नामक एक मायाविनी राक्षसी के उपद्रव से उनकी तपस्या में बड़ा विघ्न पड़ रहा है। कल्किदेव उस राक्षसी को सबक सिखाने सेना के साथ हिमालय की ओर प्रस्थान करेंगे।

हिमालय पर्वत पर अपना सिर और निषध पर्वत पर पैर रखकर अनेक योजन स्थान में सोकर कुथोदरी अपने पुत्र विकंजन को स्तन पिलायेगी। स्तन से दूध झरने पर एक नदी की सृष्टि होगी। राक्षसी के निःश्वास के वेग से वन्य हाथी दूर फिक जाएँगे, गुफा समझकर सिंह उसके कर्णकुहरों में और हिरण उसके रोमकूपों में निवास करेंगे। इस अद्भुत राक्षसी को देखकर कल्किदेव की सेना मूर्छित हो जाएगी। कल्किदेव द्वारा आक्रमण किये जाने पर वह उन्हें सेना समेत निगल जाएगी। वे खड्ग लिए राक्षसी का पेट फाड़कर बाहर निकलेंगे। विराट् पर्वतमाला के समान धरती पर गिरकर चारों ओर रक्त से प्लावित करती हुई कुथोदरी प्राण त्याग देगी।

मरू तथा देवापि नामक दो भक्त राजा कल्किदेव के शिष्य बन जाएँगे। विशाखयूप, मरू, देवापि आदि से युक्त अपनी विराट् सैन्यवाहिनी के साथ कल्किदेव विशसन नामक प्रदेश पर आक्रमण करेंगे। पूर्ववत् ही भयानक युद्ध के पश्चात् अधर्माचारीगण नष्ट हो जाएँगे। कोक तथा विकोक नामक दो मायावी विभिन्न प्रकार की माया का अवलम्बन करेंगे, परन्तु कल्किदेव उनकी माया को व्यर्थ करते हुए उनका वध कर डालेंगे।

इसके बाद कल्कि भल्लाट नगर पर आक्रमण करेंगे। भल्लाट के महायोद्धा तथा हरिभक्त राजा शशिध्वज और उनकी भक्तिमती पत्नी सुशान्ता योगबल से कल्किदेव को पहचान लेंगे। सुशान्ता अपने पतिदेव को अनेक प्रकार से समझाएगी कि वे शत्रुभाव को त्यागकर श्रीहरि के चरणों में शरण लें, परन्तु शशिध्वज बिल्कुल भी राजी न होकर अपने पुत्र आदि समस्त सम्बन्धियों तथा सेना के साथ कल्किदेव पर आक्रमण करेंगे। शशिध्वज की वीरता से विशाखयूप आदि सभी पराजित होंगे। उनके अस्त्रघात से कल्किदेव के मूर्छित हो जाने पर राजा शशिध्वज उन्हें सीने से लगाकर राजपुरी ले जाएँगे।

सुशान्ता एवं उनकी सखियाँ श्रीहरि को पा आनन्दपूर्वक उन्हें घेरकर नृत्य-गीत करती रहेंगी। चेतना लौटने पर कल्किदेव उनका भक्तिभाव देखकर सन्तुष्ट होंगे तथा आत्मसमर्पण कर देंगे। शशिध्वज अपनी कन्या रमा को कल्किदेव के हाथों सौंपकर उन्हें दामाद के रूप में वरण करेंगे। इस अवसर पर उस विराट् सैन्यसंघ में महा-महोत्सव होगा।

भगवान कल्कि भारत के समस्त अत्याचारी असुरस्वभाव राजाओं का संहार करेंगे। दुष्ट लोक उनके भय से सन्मार्ग का आश्रय लेंगे। दिग्विजय करके वे सम्पूर्ण भारत के चक्रवर्ती राजा होंगे और पिता द्वारा संकल्पित अश्वमेध तथा अन्य प्रकार के यज्ञों का सम्पादन करके वैदिक धर्म का पुनरूद्धार करेंगे। उनके असाधारण कृतित्व देखकर तथा उनके शासनाधीन रहने से लोग निरन्तर उन्हीं के चरित्र का चिन्तन करते हुए पवित्र हो जाएँगे। सर्वदा उनके आदर्शानुसार धम-कर्म में लगे रहकर वे लोग परम शान्ति प्राप्त करेंगे। यथासमय अच्छी वर्षा होगी। भूमि के उर्वर हो जाने से यथेष्ट मात्रा में अन्न उपजेगा। रोक-शोक कुछ भी नहीं रह जाएगा।

इस प्रकार पुनः सतयुग का आविर्भाव हो जाने पर कल्किदेव अपना अवतार देह त्यागकर गोलोक में विचरण करेंगे।

कल्कि पुराण

कल्कि पुराण हिन्दुओं के विभिन्न धार्मिक एवं पौराणिक ग्रन्थों में से एक है। इस पुराण में भगवान विष्णु के दसवें तथा अन्तिम अवतार की भविष्यवाणी की गयी है और कहा गया है कि विष्णु का अगला अवतार (महाअवतार)-"कल्कि अवतार" होगा। इसके अनुसार 4,320 वीं शती में कलियुग का अन्त के समय कल्कि अवतार लेंगें।

इस पुराण में प्रथम मार्कण्डेय जी और शुकदेव जी के संवाद का वर्णन है। कलियुग का प्रारम्भ हो चुका है जिसके कारण पृथ्वी देवताओं के साथ, विष्णु के सम्मुख जाकर उनसे अवतार की बात कहती है। भगवान के अंश रूप में ही सम्भल गाँव (मुरादाबाद, उ0प्र0 के पास) में कल्कि भगवान का जन्म होता है। उसके आगे कल्कि

भगवान की दैवीय गतिविधियों का सुन्दर वर्णन मन को बहुत सुन्दर अनुभव कराता है। भगवान कल्कि विवाह के उद्देश्य से सिंहल द्वीप जाते हैं। वह जलक्रिड़ा के दौरान राजकुमारी पद्मावती से परिचय होता है। देवी पद्मिनी का विवाह कल्कि भगवान के साथ ही होगा, अन्य कोई भी उसका पात्र नहीं होगा, प्रयास करने पर वह स्त्री रूप में परिणत हो जायेगा। अंत में कल्कि व पद्मिनी का विवाह सम्पन्न हुआ और विवाह के पश्चात् स्त्रीत्व को प्राप्त हुए राजागण पुनः पूर्व रूप में लौट आये। कल्कि भगवान पद्मिनी को लेकर सम्भल गाँव में लौट आये। विश्वकर्मा के द्वारा उसका अलौकिक तथा दिव्य नगरी के रूप में निर्माण हुआ। हरिद्वार में कल्कि जी ने मुनियों से मिलकर सूर्यवंश का और भगवान राम का चरित्र वर्णन किया। बाद में शशिध्वज का कल्कि से युद्ध और उन्हें अपने घर ले जाने का वर्णन है, जहाँ वह अपनी प्राणप्रिय पुत्री रमा का विवाह कल्कि भगवान से करते हैं। उसके बाद इसमें नारद जी आगमन, विष्णुयश का नारद जी से मोक्ष विषयक प्रश्न, रूक्मिणी व्रत प्रसंग और अंत में लोक में सतयुग की स्थापना के प्रसंग को वर्णित किया गया है। वह शुकदेव जी के कथा का गान करते हैं। अंत में दैत्यों के गुरू शुक्राचार्य की पुत्री देवयानी व समिष्ठा की कथा है। इस पुराण में मुनियों द्वारा कथित श्री भगवती गंगा स्तव का वर्णन भी किया गया है। पाँच लक्षणों से युक्त यह पुराण संसार को आनन्द प्रदान करने वाला है। इसमें साक्षात् विष्णु स्वरूप भगवान कल्कि के अत्यन्त अद्‌भुत क्रियाकलापों का सुन्दर व प्रभावपूर्ण चित्रण है।

नाम रूप

कल्कि पुराण हिन्दुओं के विभिन्न धार्मिक एवं पौराणिक ग्रन्थों में से एक है। इस पुराण में भगवान विष्णु के दसवें तथा अन्तिम अवतार की भविष्यवाणी की गयी है और कहा गया है कि विष्णु का अगला अवतार (महाअवतार)-"कल्कि" होगा। जबकि खुर्शीद अहमद प्रभाकर, दर्वेश, कादियान, जिला-गुरदासपुर, पंजाब, भारत द्वारा लिखित पुस्तक "कल्कि अवतार-हिन्दुओं के धार्मिक ग्रन्थों में (पुस्तक मिलने का पता-नजारत नश्रो इशाअत, सदर अन्जुमन अहमदिया, कादियान, जि.गुरदासपुर, पंजाब, भारत, पिन-143516 और इन्टरनेट द्वारा) के अनुसार- "संसार भर के विभिन्न धर्मो के आधारभूत ग्रन्थों में कलियुग में प्रकट होने वाले कल्कि अवतार का उल्लेख मिलता है। साथ ही उसके सुन्दर, सुनहरे, श्रेष्ठ और महत्वपूर्ण कारनामों और कामों का उल्लेख मिलता है। उसके "अहमद" नाम होने में हिन्दुओं तथा मुसलमानों के पुस्तकों में सहमति पायी जाती है। पुस्तक के अनुसार-"चारो वेदो में "अहमद" शब्द 31 बार आया है। वेदों में आये इस "अहमद" शब्द को हिन्दू भाष्यकारों ने "मैं" के अर्थ में तथा मुस्लिम भाष्यकारों ने उसी अर्थ "अहमद" के अर्थो में लिया है।

मेरा मानना है कि सामान्य व्यावहारिक रूप में भविष्य में जन्म लेने वाले किसी भी व्यक्ति का नाम निश्चित करना असम्भव है। अगर अवतार के उदाहरण में देखें तो सिर्फ उस समय की सामाजिक आवश्यकताओं के अनुसार उसके गुण की ही कल्पना की जा सकती है या उसके हो जाने के उपरान्त उसके नाम को सिद्ध करने की कोशिश की जा सकती है। इसलिए उस अवतार का जो भी नाम कल्पित है वह केवल गुण को ही निर्देश कर सकता है। इस प्रकार "कल्कि" जो "कल की" अर्थात "भविष्य की" के अर्थो में रखा गया है। "मैं", उसके "सार्वभौम मैं" का गुण है। "अहमद", उसके अपने सार्वभौम सत्य-सिद्धान्त पर अतिविश्वास होने के कारण अंहकार का नशा अर्थात अहंकार के मद से युक्त अहंकारी जैसा अनुभव करायेगा। उसका कोई गुरू नहीं होगा, वह स्वयं से प्रकाशित स्वयंभू होगा जिसके बारे में अथर्ववेद, काण्ड 20, सूक्त 115, मंत्र 1 में कहा गया है कि "ऋषि-वत्स, देवता इन्द्र, छन्द गायत्री। अहमिद्धि पितुश्परि मेधा मृतस्य जग्रभ। अहं सूर्य इवाजिनि।।" अर्थात "मैं परम पिता परमात्मा से सत्य ज्ञान की विधि को धारण करता हूँ और मैं तेजस्वी सूर्य के समान प्रकट हुआ हूँ।" जबकि सबसे प्राचीन वंश स्वायंभुव मनु के पुत्र उत्तानपाद शाखा में ब्रह्मा के 10 मानस पुत्रों में से मन से मरीचि व पत्नी कला के पुत्र कश्यप व पत्नी अदिति के पुत्र आदित्य (सूर्य) की चैथी पत्नी छाया से दो पुत्रों में से एक 8वें मनु - सांवर्णि मनु होंगे जिनसे ही वर्तमान मनवन्तर 7वें वैवस्वत मनु की समाप्ति होगी। ध्यान रहे कि 8वें मनु - सांवर्णि मनु, सूर्य पुत्र हैं।

जन्म रूप

कल्कि पुराण में "कल्कि" अवतार के जन्म व परिवार की कथा इस प्रकार कल्पित है-"सम्भल नामक ग्राम में विष्णुयश नाम के एक ब्राह्मण निवास करेंगे, जो सुमति नामक स्त्री के साथ विवाह करेंगें दोनों ही धर्म-कर्म में दिन बिताएँगे। कल्कि उनके घर में पुत्र होकर जन्म लेंगे और अल्पायु में ही वेदादि शास्त्रों का पाठ करके महापण्डित हो जाएँगे। बाद में वे जीवों के दुःख से कातर हो महादेव की उपासना करके अस्त्रविद्या प्राप्त करेंगे जिनका विवाह बृहद्रथ की पुत्री पद्मादेवी के साथ होगा।"

जिस प्रकार सामान्य व्यावहारिक रूप में भविष्य में जन्म लेने वाले किसी भी व्यक्ति का नाम निश्चित करना असम्भव है उसी प्रकार उसके माता-पिता, जन्म स्थान और पत्नी को भी निश्चित करना असम्भव है। ध्यान देने योग्य यह है कि सभी अवतार, पैगम्बर, ईशदूत इत्यादि राजतन्त्र व्यवस्था काल में आये थे। जब कल्कि पुराण लिखा गया होगा तब राजतन्त्र व्यवस्था थी इसलिए भविष्य के कल्कि की कथा पूर्णतया उसी शैली में ही है जिस शैली में अन्य अवतारों की कथा है। विश्वमन के अंश की अनुभूति किसी भी व्यक्ति से व्यक्त हो सकती है जिसका प्रक्षेपण या प्रस्तुतिकरण उस समय और व्यक्ति की अपनी संस्कृति के माध्यम से ही होता है। फिर भी कल्कि कथा के भी कुछ न कुछ अर्थ तो अवश्य है।

सम्भल

कल्कि अवतार के कलियुग में हिन्दुस्तान के सम्भल में होने पर सभी हिन्दू सहमत हैं परन्तु सम्भल कहाँ है इसमें अनेक मतभेद हैं। कुछ विद्वान सम्भल को उड़ीसा, हिमालय, पंजाब, बंगाल और शंकरपुर में मानते हैं। कुछ सम्भल को चीन के गोभी मरूस्थल में मानते हैं जहाँ मनुष्य पहुँच ही नहीं सकता। कुछ वृन्दावन में मानते हैं। कुछ सम्भल को मुरादाबाद (उ0प्र0) जिले में मानते हैं जहाँ कल्कि अवतार मन्दिर भी है। विचारणीय विषय ये है कि "सम्भल में कल्कि अवतार होगा या जहाँ कल्कि अवतार होगा वही सम्भल होगा।" सम्भल का शाब्दिक अर्थ समान रूप से भला या शान्ति करना या शान्ति होना अर्थात जहाँ शान्ति व अमन हो या शान्ति फैलाने वाला हो, होता है। कल्कि पुराण में सम्भल में 68 तीर्थो का वास बताया गया है। कलियुग में केवल सम्भल ही एक मात्र ऐसा तीर्थ स्थान होगा जो कल्याण दायक और शान्ति प्रदान करने वाला होगा। तीर्थ का अर्थ- पवित्र स्थान, दर्शन, दिल, मन, हृदय, घाट, तालाब, पानी का स्थान, अमर जीवन दाता जल, लोगों के आने जाने और जमघट के स्थान के अर्थ में होता है।

ब्राह्मण पिता विष्णुयश और माता सुमति

कल्कि पुराण के अनुसार कल्कि अवतार के पिता व माता का नाम विष्णुयश व सुमति होगा, जो नाम नहीं बल्कि गुणों को निर्देशित करता है। ब्राह्मण अर्थात जो वेद, पुराण और शुद्ध परम चैतन्य को जानता हो। विष्णु अर्थात परमेश्वर, सर्वव्यापक ईश जो सब स्थानों में उपस्थित है, ब्रह्माण्ड को पैदा करने वाला सृष्टा। यश अर्थात स्तुति या प्रशंसा करने वाला। इस प्रकार पिता विष्णुयश का अर्थ हुआ, ऐसा पिता जो सर्वव्यापक परमात्मा की स्तुति एवं प्रशंसा करने वाला व सबका भला करने वाला हितैषी है। इसी प्रकार सुमति का अर्थ होता है- सुन्दर या अच्छा मत या विचार रखना।

कल्कि अवतार की पत्नी

कल्कि पुराण में "कल्कि" अवतार के विषय में कहा गया है कि- "उनका विवाह बृहद्रथ की पुत्री पद्मादेवी के साथ होगा।" परन्तु कटरा-जम्मू (भारत) में वैष्णों देवी की कथा के सम्बन्ध में बिकने वाली पुस्तिका, इन्टरनेट पर उपलब्ध कथा और गुलशन कुमार कृत "माँ वैष्णों देवी" प्रदर्शित फिल्म पर आधारित कथा के अनुसार "त्रिकुटा ने श्रीराम से कहा- उसने उन्हें पति रूप में स्वीकार किया है। श्रीराम ने उसे बताया कि उन्होंने इस अवतार

में केवल सीता के प्रति निष्ठावान रहने का वचन लिया है लेकिन भगवान श्रीराम ने उसे आश्वासन दिया कि कलियुग में वे कल्कि के रूप में प्रकट होंगे और उससे विवाह करेगें।" श्रीरामचरितमानस के किष्किन्धाकाण्ड में एक देवी का वर्णन मिलता है। इन्होंने श्रीहनुमानजी तथा अन्य वानर वीरों को जल व फल दिया था तथा उन्हें गुफा से निकालकर सागर के तट पर पहुँचाया था। ये देवी स्वयंप्रभा हैं। यही देवी माता वैष्णव के रूप में प्रतिष्ठित हैं। कलयुग के अंतिम चरण में भगवान का कल्कि अवतार होगा। तब ये कल्कि भगवान दुष्टों को दण्डित करेंगे और धरती पर धर्म की स्थापना करेंगे। तथा देवी स्वयंप्रभा से श्रीरामावतार में दिए गए वचनानुसार विवाह करेंगे। अर्थात वैष्णों देवी जो युगों से पिण्ड रूप में हैं उन्हें कल्कि अवतार एक साकार रूप प्रदान करेंगे जो "माँ वैष्णों देवी" के साकार रूप "माँ कल्कि देवी" होंगी। (पूर्ण विवरण के लिए देखें-माता वैष्णों देवी श्राइन बोर्ड पब्लिकेशन)

शरीर रूप

महर्षि व्यास रचित और ईश्वर के आठवें अवतार श्री कृष्ण के मुख से व्यक्त श्रीमद्भगवद्गीता में भी अवतार के होने का प्रमाण मिलता है-

यदा-यदा हि धर्मस्य ग्लानिर्भवति भारतः।
अभियुत्थानम् धर्मस्य तदात्मानं सृजाम्यहम्।।

(श्रीमद्भगवद्गीता, अध्याय-4, श्लोक-7)

अर्थात हे भारत! जिस काल में धर्म की हानि होती है, और अधर्म की अधिकता होती है। उस काल में ही मैं अपनी आत्मा को प्रकट करता हूँ।

इस प्रकार कल्कि अवतार का शरीर मानव का ही होगा जिससे आत्मा का रूप प्रकट होगा और कृष्ण रूप होगा।

कर्म रूप

कल्कि महाअवतार सफेद घोड़े पर सवार होकर हाथ में तलवार लेकर समस्त बुराईयों का नाश करेंगे। किसी भी धर्म शास्त्रों में विचारों के निरूपण के लिए प्रतीकों का प्रयोग किया जाता रहा है क्योंकि विचार की कोई आकृति नहीं होती। इस प्रकार कल्कि अवतार के अर्थ को स्पष्ट करने पर हम पाते हैं कि सफेद घोड़ा अर्थात शान्ति का प्रतीक या अहिंसक मार्ग, तलवार अर्थात ज्ञान अर्थात सार्वभौम सत्य-सिद्धान्त जिससे सभी का मानसिक वध होगा। अगर हम इन प्रतीकों को उसी रूप में लें तो क्या आज के एक से एक विज्ञान आधारित शस्त्र अर्थात औजार के युग में तलवार से कितने लोगों का वध सम्भव है और वह व्यक्ति कितना शारीरिक शक्ति से युक्त होगा, यह विचारणीय विषय है? परिणाम सिर्फ एक है केवल मानसिक वध जो मात्र सार्वभौम सत्य-सिद्धान्त से ही सम्भव है। और पिछले अवतारों द्वारा शारीरिक व आर्थिक कारणों का प्रयोग कर धर्म स्थापना हो चुका है। कल्कि पुराण कथा रचनाकार तब ये सोच भी नहीं पाये होंगे कि भविष्य में दृश्य पदार्थ विज्ञान आधारित दृश्य काल और निराकार संविधान आधारित एक नई व्यवस्था भी आ जायेगी और उस वक्त राजा और राजतन्त्र नहीं होगा तब कल्कि अवतार किसका वध करेगें? ध्यान रहे कि अवतारों के विकास का मार्ग पूर्ण प्रत्यक्ष से पूर्ण प्रेरक की ओर होता है। व्यक्तिगत प्रमाणित से सार्वजनिक प्रमाणित की ओर होता है।

दिव्य या विश्व रूप

कल्कि अवतार के गुणों के अनुसार कर्म करने के सत्य रूप को एक कदम बढ़ाते हुये तथा अनेक कर्म के प्रतीक अनेक हाथों वाला दिखाया गया है। इससे यह स्पष्ट होता है कि कल्कि अवतार द्वारा एक कर्म सम्पन्न होगा और उसके कारण अनेक हाथों से कर्म होने लगेगें अर्थात वे यह कहने में सक्षम होंगे कि "मैं अनेक हाथों से कर्म कर रहा हूँ और सभी मेरे ही कर्मज्ञान से कर्म को कर रहे हैं। "सार्वभौम सत्य ज्ञान के शास्त्र गीता" के बाद

सार्वभौम कर्मज्ञान के शास्त्र की आवश्यकता है जो कल्कि अवतार के कार्यो का ही एक चरण है।

ज्ञान रूप

अन्तिम सार्वभौम सत्य-सिद्धान्त का ज्ञान ही अन्तिम अवतार का ज्ञान रूप होगा, जिसके निम्न कारण होंगे।

1. प्रकृति के तीन गुण- सत्व, रज, तम से मुक्त होकर ईश्वर से साक्षात्कार करने के "ज्ञान" का शास्त्र "श्रीमदभगवद्गीता या गीता या गीतोपनिषद्" उपल्ब्ध हो चुका था परन्तु साक्षात्कार के उपरान्त कर्म करने के ज्ञान अर्थात ईश्वर के मस्तिष्क का "कर्मज्ञान" का शास्त्र उपलब्ध नहीं हुआ था अर्थात ईश्वर के साक्षात्कार का शास्त्र तो उपलब्ध था परन्तु ईश्वर के कर्म करने की विधि का शास्त्र उपलब्ध नहीं था। मानव को ईश्वर से ज्यादा उसके मस्तिष्क की आवश्यकता है।
2. प्रकृति की व्याख्या का ज्ञान का शास्त्र "श्रीमदभगवद्गीता या गीता या गीतोपनिषद्" तो उपलब्ध था परन्तु ब्रह्माण्ड की व्याख्या का तन्त्र शास्त्र उपलब्ध नहीं था।
3. समाज में व्यष्टि (व्यक्तिगत प्रमाणित) धर्म शास्त्र (वेद, उपनिषद्, गीता, बाइबिल, कुरान इत्यादि) तो उपलब्ध था परन्तु समष्टि (सार्वजनिक प्रमाणित) धर्म शास्त्र उपलब्ध नहीं था जिससे मानव अपने-अपने धर्मो में रहते और दूसरे धर्म का सम्मान करते हुए राष्ट्र धर्म/समष्टि धर्म को भी समझ सके तथा उसके प्रति अपने कर्तव्य को जान सके।
4. शास्त्र-साहित्य से भरे इस संसार में कोई भी एक ऐसा मानक शास्त्र उपलब्ध नहीं था जिससे पूर्ण ज्ञान की उपलब्धि हो सके साथ ही मानव और उसके शासन प्रणाली के सत्यीकरण के लिए अनन्त काल तक के लिए मार्गदर्शन प्राप्त हो सके।
5. ईश्वर को समझने के अनेक भिन्न-भिन्न प्रकार के शास्त्र उपलब्ध थे परन्तु अवतार को समझने का शास्त्र उपलब्ध नहीं था।

कल्कि अवतार के गुरू

कल्कि पुराण के अनुसार "भगवान परशुराम, भगवान विष्णु के दसवें अवतार कल्कि के गुरू होंगे और उन्हें युद्ध की शिक्षा देगें। वे ही कल्कि को भगवान शिव की तपस्या करके दिव्य शस्त्र प्राप्त करने के लिए कहेंगे।" अदृश्य काल के व्यक्तिगत प्रमाणित काल में व्यक्तिगत प्रमाणित अदृश्य प्राकृतिक चेतना से युक्त सत्य आधारित सतयुग में छठवें अवतार -परशुराम अवतार तक अनेक असुरी राजाओं द्वारा राज्यों की स्थापना हो चुकी थी परिणामस्वरूप ऐसे परिस्थिति में एक पुरूष की आत्मा अदृश्य प्राकृतिक चेतना द्वारा निर्मित परिस्थितियों में प्राथमिकता से वर्तमान में कार्य करना, में स्थापित हो गयी और उसने कई राजाओं का वध कर डाला और असुरों तथा देवों के सह-अस्तित्व से एक नई व्यवस्था की स्थापना की। जो एक नई और अच्छी व्यवस्था थी। इसलिए उस पुरूष को कालान्तर में उनके नाम पर परशुराम अवतार से जाना गया तथा व्यवस्था "परशुराम परम्परा" के नाम से जाना गया जो साकार आधारित "लोकतन्त्र का जन्म" था, इसी साकार आधारित लोकतन्त्र व्यवस्था का श्रीराम द्वारा प्रसार हुआ था और इसी के असफल हो जाने पर द्वापर युग में श्रीकृष्ण ने महाभारत युद्ध के द्वारा समाप्त कर निराकार लोकतन्त्र व्यवस्था की नींव डाली थी जो भगवान बुद्ध द्वारा मजबूती पायी और वर्तमान में निराकार संविधान आधारित लोकतन्त्र सामने है। इसी व्यवस्था की पूर्णता के लिए कल्कि अवतार होंगे। जो मात्र शिव तन्त्र की समझ से ही हो सकता है अर्थात यही शिव का अस्त्र है तथा लोकतन्त्र को समझने के कारण परशुराम कल्कि के गुरू होंगे।

कल्कि अवतार मन्दिर

महाविष्णु के 24 अवतारों में 24वाँ तथा प्रमुख अवतारों में दसवाँ और अन्तिम कल्कि अवतार ही एक मात्र ऐसे अवतार हैं जिनके अवतरण से पूर्व ही सिद्धपीठों में मूर्तियाँ स्थापित हो रही है। यूँ तो जहाँ-जहाँ विष्णु के अवतारों को मन्दिर में स्थान दिया गया है वहाँ-वहाँ अन्य अवतारों के साथ कल्कि अवतार की भी प्रक्षेपित (अनुमानित) मूर्ति प्रतिष्ठित है। परन्तु विशेष रूप से निम्न स्थानों पर कल्कि भगवान का मन्दिर निर्मित है।

1. सम्भल (मुरादाबाद, उत्तर प्रदेश, भारत) में जहाँ कल्कि अवतार होना है, वहाँ पर कल्कि भगवान का मन्दिर 300 वर्ष पूर्व से ही निर्मित है। जहाँ प्रत्येक वर्ष अक्टुबर-नवम्बर माह में "कल्कि महोत्सव" भी धूम-धाम से मनाया जाता है।
2. गुलाबी नगरी-जयपुर (राजस्थान, भारत) की बड़ी चौपड़ से आमेर की ओर जानेवाली सड़क हवा महल के सामने भगवान कल्कि का प्राचीन मन्दिर अवस्थित है। जयपुर के संस्थापक सवाई जयसिंह ने पुराणों में वर्णित कथा के आधार पर कल्कि भगवान के मन्दिर का निर्माण सन् 1739 ई. में दक्षिणायन शिखर शैली में कराया था। संस्कृत विद्वान आचार्य देवर्षि कलानाथ शास्त्री के अनुसार, सवाई जय सिंह संसार के ऐसे पहले महाराजा रहें हैं जिन्होंने जिस देवता का अभी तक अवतार हुआ नहीं, उसके बारे में कल्पना कर कल्कि भगवान की मूर्ति बनवाकर मन्दिर में स्थापित करायी। सवाई जयसिंह के तत्काली दरबारी कवि श्रीकृष्ण भट्ट "कलानिधि" ने अपने "कल्कि काव्य" में मन्दिर के निर्माण और औचित्य का वर्णन किया है, तद्नुसार ऐसा उल्लेख है कि सवाई जय सिंह ने अपने पौत्र "कल्कि प्रसाद" (सवाई ईश्वरी सिंह के पुत्र) जिसकी असमय मृत्यु हो गई थी, उसकी स्मृति में मन्दिर स्थापित कराया। श्वेत अश्व की प्रतिमा संगमरमर की खड़े रूप में है जो बहुत ही सुन्दर, आकर्षक और सम्मोहित है। अश्व के चबूतरे पर लगे बोर्ड पर अंकित है-"अश्व श्री कल्कि महाराज-मान्यता-अश्व के बाएँ पैर में जो गड्ढा सा घाव है, जो स्वतः भर रहा है, उसके भरने पर ही कल्कि भगवान प्रकट होंगे।"
3. मथुरा (उत्तर प्रदेश, भारत) के गोवर्धन स्थित श्री गिरिराज मन्दिर परिसर में कल्कि भगवान का मन्दिर स्थापित है जहाँ के बोर्ड पर कलियुग की समाप्ति की सूचना अंकित है साथ ही श्रीकृष्ण को कल्कि का ही अवतार बताया गया है।
4. अन्य स्थानों पर सन् 1964 में श्री कल्कि जी नारायण मन्दिर, बी-211-ए, गिरीश रोड, लिलुआह, हावड़ा, कोलकाता (प0बं0), सन् 1968 में श्री कल्कि मन्दिर, रूक्मणि माई धर्मशाला, जीवनमई लेन, ऋषिकेश (उत्तराखण्ड), श्री कल्कि विष्णु मन्दिर, 815, चौक श्री कल्कि मन्दिर, कुण्डेवालान, अजमेरी गेट, दिल्ली, सन् 1982 में श्री वैद्यनाथ धाम, पटना (बिहार), सन् 1985 में श्री लक्ष्मी नारायण संस्थान, वसन्त क्लब के पास, बसन्त विहार, नई दिल्ली, सन् 1987 में योगमाया मन्दिर, महरौली, कुतुब मीनार के पास, नई दिल्ली, सन् 1996 श्री राम मन्दिर, सी-ब्लाक, सूर्य नगर, नई दिल्ली, सन् 1997 में श्री कल्कि मन्दिर, श्री रघुनाथ मन्दिर, मिल्क लेन, महरौली, नई दिल्ली, श्री महामाया देवी मन्दिर, चैक कसेरूवालान, पहाड़गंज, नई दिल्ली, सन् 1998 में श्री कल्कि मन्दिर, चैक सुखदेव मुनि, चौक शाह मुबारक, श्री कल्कि मार्ग, अजमेरी गेट, दिल्ली, सन् 1999 में सनातन धर्म संस्थान, विद्युत परिसर, राजपुर रोड, ट्रांसपोर्ट अथारीटी के आगे, दिल्ली-54, सन् 2001 में श्री हनुमान वाटिका, रामलीला मैदान, आसफ अली रोड, नई दिल्ली, श्री कल्कि विष्णु मन्दिर, मनोकामना तीर्थ, पूर्वी कोट, सम्भल, मुरादाबाद (उ0प्र0), सन् 2001 में श्री कल्कि मन्दिर, श्री राम मन्दिर, 85, त्रिलोक अपार्टमेन्ट, पटपड़गंज, दिल्ली-92, श्री कल्कि नारायण मन्दिर, पंचायती धर्मशाला, कूँचापतिराम, दिल्ली-6, श्री कल्कि विष्णु नारायण मन्दिर, प्राचीन शिव मन्दिर, जी-88, जगतपुरी, दिल्ली-92, सन् 2002 में श्री कल्कि मन्दिर, काली मन्दिर, नई दिल्ली-1, सन् 2004 में श्री कालकाजी मन्दिर, लोटस टेम्पल के सामने, नेहरू प्लेस के पास, नई दिल्ली-65, सन् 2005 में श्री शिव मन्दिर, श्री गुलशन कुमार लंगर के पास, बाण गंगा, कटरा, जम्मू, सन् 2006 में श्री कल्कि मन्दिर, सेक्टर-26, नोएडा-201301, श्री रघुनाथ मन्दिर, लाल क्वार्टर के पास, कृष्णा नगर, दिल्ली, वैष्णों देवी मन्दिर, गुलाबी बाग, शास्त्री नगर के पास, शक्ति नगर, दिल्ली, सन् 2007 में अमृत परिसर, शिवगंगापुरम्, बृजघाट (हरियाणा)-245205, काली मन्दिर, ए.जी. ब्लाक, साल्ट लेक,

कोलकाता - 64, श्री कल्कि मन्दिर, शिव मन्दिर, गुरू अंगद नगर एक्सटेंशन, लक्ष्मी नगर, दिल्ली-92, सन् 2008 में श्री गौरी शंकर मन्दिर, चाँदनी चैक, लाल किला के सामने, दिल्ली-6, प्राचीन पाण्डव कालीन शिव मन्दिर, पश्चिम पंजाबी बाग, दिल्ली-26, सन् 2009 में श्री कल्कि मन्दिर, चन्दौसी (उ0प्र0), श्री कल्कि मन्दिर, श्री दुर्गा प्रेमी मन्दिर, सब्जी मण्डी, घंण्टाघर, दिल्ली, विष्णुपाद मन्दिर, गया धाम, गया (बिहार), श्री शिवशक्ति मन्दिर, दिल्ली दरबार गली, भजनपुरा, दिल्ली, सन् 2010 में माँ ललिता मन्दिर, नैमिष्यारण्य तीर्थ, सीतापुर (उ0प्र0) प्राचीन शिव मन्दिर, बिड़ला मिल, द्वारका रेस्टोरेण्ट के सामने, कमला नगर, दिल्ली, सन् 2011 में श्री कल्कि हनुमान मन्दिर, चन्दौसी (उ0प्र0) श्री हनुमान मन्दिर, कनाट प्लेस, नई दिल्ली, माँ राणीसती मन्दिर, काकुरगाछी, कोलकाता (प0बं0), श्री रघुनाथ मन्दिर, दयानन्द विहार, दिल्ली, श्री गौरीशंकर मन्दिर, करावल नगर, दिल्ली, श्री हनुमान मन्दिर, दिल्ली विश्वविद्यालय, दिल्ली, मन्दिर गिड़ोदियान अग्रवाल, सदर बाजार, दिल्ली, वैष्णों देवी मन्दिर, शुभमूर्ति माँ छत्ताशाहजी, दिल्ली, श्री महाशक्ति दुर्गा मन्दिर, गगन विहार, दिल्ली-12, काली घाट, कोलकाता (प0बं0), सन् 2012 में श्री दुर्गा मन्दिर परिसर, दुर्गा कुण्ड, वाराणसी (उ0प्र0), श्री हनुमान मन्दिर सभा, गेट नं0-6, फिल्मीस्तान के सामने, माडल बस्ती, दिल्ली-5, श्री राधा मन्दिर, श्रीनिवासपुरी, आश्रम चौक, नई दिल्ली, तीस हजारी, सिवील लाइन्स, भार्गव लेन, दिल्ली, श्री हनुमान मन्दिर, मेट्रो गेट नं0-2 के सामने, ग्रीन पार्क, नई दिल्ली, श्री सनातन धर्म मन्दिर, गीता भवन, बी-1, यमुना विहार, दिल्ली-53, सन् 2013 में श्री हनुमान मन्दिर, पासवान लेन, चरखेवालान, दिल्ली-6, माँ चामुण्डा मन्दिर, हल्लु सराय, सम्भल (उ0प्र0), शिव मन्दिर, 2330, चिप्पीवड़ा, धर्मपुरा, दिल्ली-6, श्री कल्किधाम मन्दिर, बहादुरगढ़ (हरियाणा), श्री श्यामबाबा मन्दिर, गल्ला मण्डी, रूद्रपुर (उत्तराखण्ड), श्री शिव-हनुमान मन्दिर, आर.टी.ओ. रोड, कुसुमखेड़ा, हल्द्वानी (उत्तराखण्ड), ओमश्री महाकालेश्वर शक्तिपीठ, 56-बी, न्यू लायलपुर एक्सटेन्सन, नई दिल्ली, श्री सनातन धर्म सभा, शिव मन्दिर, ग्रीन पार्क, के-ब्लाक, नई दिल्ली, श्री लक्ष्मी नारायण मन्दिर, गंगोरीवाला, नेहरिया बाजार, सिरसा (हरियाणा)-125055, अग्रोहाधाम, हिसार (हरियाणा), अन्न क्षेत्र, काशी, वाराणसी (उ0प्र0), बड़ी शीतला माँ, दशाश्वमेध घाट, काशी, वाराणसी (उ0प्र0), मुक्तेश्वर, नैनीताल (उत्तराखण्ड), शोवा बाजार, कोलकाता (प0बं0), वराही मन्दिर, गोण्डा (उ0प्र0), सन् 2014 में सर्वदर्शन सेवाश्रम, भूपतवाला रोड, ललिताश्रम के पास, हरिद्वार (उत्तराखण्ड), महेस्तला शिव मन्दिर, मजेरहाट ब्रिज के पास, अलीपुर, कोलकाता (प0बं0), नागेश्वर महादेव मन्दिर, अयोध्या (उ0प्र0), श्री शिव मन्दिर सेवा समिति, ऊँचागाँव, शामली (उ0प्र0), श्री संकटमोचन धाम, सेक्टा-6, आर.के.पुरम्, नई दिल्ली-66, श्री गौरीशंकर मन्दिर, डी-147, श्याम पार्क एक्सटेंशन, साहिबाबाद (उ0प्र0), माता मन्दिर, महिला कालोनी, झील चौक के आगे, गाँधी नगर, दिल्ली-31, श्री कल्कि नारायण मन्दिर, चटिला, राष्ट्रीय राज मार्ग नं0-5, कटक (उड़ीसा), गोलूदेव महाराज मन्दिर, घोड़ाखाल रोड, भुवाली (उत्तराखण्ड), श्री कल्कि मन्दिर, वसुन्धरा, कल्कि चैक, धाप्सी गवीस-9, काठमाण्डु (नेपाल), माता वैष्णों देवी मन्दिर, दिवान हाल रोड, पुरानी लाजपतराय मार्केट, दिल्ली-6, श्री काशी विश्वनाथ मन्दिर, वटवृक्ष, वाराणसी (उ0प्र0), बाबा भूतनाथ आश्रम, भूतनाथ मन्दिर, सेक्टर-बी, इन्दिरा नगर, लखनऊ (उ0प्र0), प्राचीन शिव मन्दिर, साढ़े पाँच पुस्ता, भजनपुरा गावड़ी, सिग्नेचर ब्रिज के पास, नई दिल्ली, झण्डेवाली माता मन्दिर, 447/बी, गली नं.-2, रामनगर, रघुपुरा मेन रोड, गाँधी नगर, दिल्ली-31, श्री कल्कि नारायण मन्दिर, ग्राम वल्लभ, तहसील महाम, रोहतक (हरियाणा), राज सिंह नगर, श्री गंगानगर (राजस्थान), श्री भारतमाता मन्दिर, हरिद्वार (उत्तराखण्ड), श्री कल्कि मन्दिर, बिड़ला मन्दिर, बेलीगंज, कोलकाता (प0बं0), वात्सल्य मन्दिर, रोहीणी, सेक्टर-7, नई दिल्ली, श्री कल्कि विशाल मन्दिर, दिल्ली-जयपुर हाइवे रोड, मानेसर, (गुड़गाँव, हरियाणा) इत्यादि में भी कल्कि अवतार की मूर्ति स्थापित की गई है जो निरंतर जारी है।

5. श्री कल्कि मन्दिर वसुंधरा, कल्कि चैक, धापासी गाविस, 9, काठमाण्डु और सम्भलपुरी कल्कि तीर्थ धाम, नेपाल प्रजापति अंचल, प्यूठान सारी गाविस, 1, नेपाल में भी कल्कि भगवान की मूर्ति स्थापित हो चुकी है। कल्कि भगवान के नाम पर नेपाल में विश्व का पहला सरकारी बैंक "श्री कल्कि बैंक" खुल चुका है।

6. कल्कि अवतार व कल्कि माता से सम्बन्धित वर्तमान समय में कथा, गीत, कल्कि चालीसा, कल्कि गायत्री मन्त्र, कल्कि मन्त्र-यन्त्र-तन्त्र, स्तुति, फिल्म इत्यादि भी बन चुके हैं। "कल्कि पीठ", "कल्कि पीठाधीश्वर", "कल्कि अवतार फाउण्डेशन इण्टरनेशनल", "श्री कल्कि बाल वाटिका" इत्यादि की भी स्थापना भिन्न-भिन्न व्यक्तियों/संस्थाओं द्वारा की जा चुकी है।
7. राजस्थान, मध्यप्रदेश और गुजरात की त्रिवेणी संगम स्थल राजस्थान के वांगड़ अंचल (दक्षिण में जनजाति बहुल बांसवाड़ा एवं डूंगरपुर जिले में) के डूंगरपुर जिले के साबला गांव में हरि मंदिर है जहां कल्कि अवतार की पूजा हो रही है। हरि मंदिर के गर्भगृह में श्याम रंग की अश्वारूढ़ निष्कलंक मूर्ति है, जो लाखों भक्तों की श्रद्धा और विश्वास का केंद्र है। भगवान के भावी अवतार निष्कलंक भगवान की यह अद्भुत मूर्ति घोड़े पर सवार है। इस घोड़े के तीन पैर भूमि पर टिके हुए हैं जबकि एक पैर सतह से थोड़ा ऊँचा है। मान्यता है कि यह पैर धीरे-धीरे भूमि की तरफ झुकने लगा है। जब यह पैर पूरी तरह जमीन पर टिक जाएगा तब दुनिया में परिवर्तन का दौर आरंभ हो जाएगा। संत मावजी रचित ग्रंथों एवं वाणी में इसे स्पष्ट किया गया है। यहां बाकायदा कई मंदिर बने हुए हैं, जिनमें विष्णु के भावी अवतार कल्कि की मूर्तियां स्थापित हैं और इनकी रोजाना पूजा-अर्चना भी होती है। संत मावजी महाराज के अनुयायी पिछले पौने तीन सौ वर्षों से ज्यादा समय से इस भावी अवतार की प्रतीक्षा में जुटे हुए हैं। संत मावजी महाराज लाखों लोगों की आस्थाओं से जुडे बेणेश्वर धाम के आद्य पीठाधीश्वर रहे हैं। भक्तों की मान्यता है कि वे जिस देवता की पूजा कर रहे हैं वे ही कलयुग में भगवान विष्णु के कल्कि अवतार के रूप में अवतरित होंगे और पृथ्वी का उद्धार करेंगे। इन्हीं निष्कलंक अवतार के उपासक होने से संत मावजी के भक्त अपने उपास्य को प्रिय ऐसी ही श्वेत वेश-भूषा धारण करते हैं। निष्कलंक सम्प्रदाय के विश्व पीठ हरि मंदिर सहित वागड़ अंचल और देश के विभिन्न हिस्सों में स्थापित निष्कलंक धामों में भी इसी स्वरूप की पूजा-अर्चना जारी है। देश के विभिन्न हिस्सों में फैले लाखों माव भक्तों द्वारा अपने उपास्य के रूप में इन्हीं निष्कलंक भगवान का पूजन-अर्चन किया जाता रहा है। विभिन्न निष्कलंक धाम मंदिर के स्वरूप में हैं जबकि निष्कलंक सम्प्रदाय के विश्व पीठ हरि मंदिर पर न तो कोई गुम्बद है और न ही मंदिर की आति, बल्कि यह गुरु आश्रम के रूप में ही अपनी प्राचीन शैली में बना हुआ है। निष्कलंक सम्प्रदाय के मंदिर साबला, पुंजपुर, वमासा, पालोदा, शेषपुर, बांसवाड़ा, फतेहपुरा, घूघरा, पारडा, इटिवार, संतरामपुर आदि गांवों में अवस्थित हैं। इन सभी मंदिरों में शंख, चक्र, गदा, पद्म सहित श्वेत घोड़े पर सवार भावी अवतार निष्कलंक भगवान की चतुर्भुज मूर्तियां हैं। मावजी की पुत्रवधू जनकुंवरी ने ही बेणेश्वर धाम पर सर्वधर्म समभाव के प्रतीक विष्णु मंदिर का निर्माण करवाया। इसके बारे में मावजी की वाणी में स्पष्ट कहा गया है-सब देवन का डेरा उठसे, निष्कलंक का डेरा रहेसे, अर्थात मंदिर, मस्जिद, गिरजाघर आदि सब टूट जाएंगे, लेकिन कलियुग में अवतार लेने वाले निष्कलंक भगवान का एक मंदिर रहेगा जहाँ सभी धर्मों के लोगों को आश्रय प्राप्त होगा। सभी लोग इसे प्रेम से अपना मानेंगे।
8. मावजी महाराज का जन्म साबला गाँव में विक्रम संवत् 1771 में माघ शुक्ल पंचमी को हुआ। इसके बाद लीलावतार के रूप में मावजी का प्राकट्य संवत् 1784 में माघ शुक्ल एकादशी को हुआ। उन्हें भगवान श्रीकृष्ण का लीलावतार माना जाता है। संत मावजी की स्मृति में आज भी बांसवाड़ा एवं डूंगरपुर जिलों के बीच माही, सोम एवं जाखम नदियों के बीच विशाल टापू पर बेणेश्वर में हर साल माघ पूर्णिमा पर दस दिन का विशाल मेला लगता है। इसे आदिवासियों का महाकुंभ भी कहा जाता है। स्वयं मावजी महाराज की भविष्यवाणी के अनुसार "संतन के सुख करन को, हरन भूमि को भार, ह्वै हैं कलियुग अन्त में निष्कलंक अवतार" अर्थात् सज्जनों को सुख प्रदान करने और पृथ्वी के सिर से पाप का भार उतारने के लिए कलियुग के अंत में भगवान का निष्कलंक अवतार होगा। संत मावजी महाराज ने स्पष्ट लिखा है-"श्याम चढ़ाई करी आखरी गरुड़ ऊपर असवार, दुष्टि कालिंगो सेंधवा असुरनी करवा हाण, कलिकाल व्याप्यो घणो, कलि मचावत धूम, गौ ब्राह्मण नी रक्षा करवा बाल स्त्री करवा प्रतिपाल...।" मावजी की वाणी में कहा गया है कि निष्कलंक अवतार के साथ एक चैतन्य पुरुष रहेगा जो दैत्य-दानवों व चैदह मस्तकधारी कालिंगा का नाश कर चारों युगों के बंधनों को तोड़ कर सतयुग की

स्थापना करेगा। इस पुरुष की लम्बाई 32 हाथ लिखी हुई है। यह अवतार गौ, ब्राह्मण प्रतिपाल होगा तथा धर्म की स्थापना करेगा। इसके बाद सर्वत्र शांति, आनन्द और समृद्धि का प्रभाव होगा। निष्कलंक अवतार के स्वरूप में बारे में संत मावजी के चैपड़ों में अंकित है-"धोलो वस्त्र ने धोलो शणगार, धोले घोडीले घूघर माला, राय निकलंगजी होय असवार...बोलो देश में नारायण जी नु निष्कलंकी नाम, क्षेत्र साबला, पुरी पाटन ग्राम।" इसमें साबला पुरी पाटन ग्राम का नाम अंकित है।

कल्कि अवतार के इस पद पर अनेक स्वघोषित दावेदार हैं जो समय-समय पर भविष्यवाणियों के अनुसार स्वयं को सिद्ध करने की कोशिश और कल्कि अवतार के सम्बन्ध में अनेक भविष्यवाणी करते रहते हैं जिन्हें इन्टरनेट (google.com, youtube.com इत्यादि) पर "कल्कि अवतार (KALKI AVATAR)" सर्च कर देखा जा सकता है परन्तु यह जानना चाहिए कि काल और युग परिवर्तन से परिचय कराने के लिए युगानुसार आत्मतत्व को व्यक्त करना पड़ता है। उसी सार्वभौम सत्य को युगानुसार योग कराया जाता है केवल भीड़ इकट्ठा हो जाने से कुछ भी नहीं होता। अवतारों को पहचानने के लिए सबसे मूल विषय यह होता है कि वह नया क्या दे रहा है जो उस समय के समाज के बहुमत मानव के शान्ति, एकता, स्थिरता व विकास को प्रभावित करता हो। सार्वभौम सत्य को व्यक्त करने वाला प्रत्येक मानव शरीरधारी अवतार ही है परन्तु युग के सर्वोच्च स्तर के सार्वभौम सत्य को व्यक्त करने वाला ही युगावतार कहलाता है।

07. कल्कि अवतार और लव कुश सिंह "विश्वमानव"

जिस प्रकार पुनर्जन्म केवल मानसिक आधार पर ही सिद्ध हो पाता है उसी प्रकार अवतार भी केवल मानसिक आधार पर ही पहचाने जाते हैं। वे अपने से पिछले अवतार के गुण से युक्त तो होते हैं परन्तु पिछले अवतार की धर्मस्थापना की कला से अलग एक नई कला का प्रयोग करते हैं और वह प्रयोग कर देने के उपरान्त ही मानव समाज को ज्ञात होता है अर्थात् प्रत्येक अवतार का शरीर अलग-अलग व समाज के सत्यीकरण की कला अलग-अलग होती है। इस सम्बन्ध में आचार्य रजनीश "ओशो" का कहना है कि - "एक तरह का सिद्ध एक ही बार होता है, दोबारा नहीं होता। क्योकि जो सिद्ध हो गया, फिर नही लौटता। गया फिर वापस नहीं आता। एक ही बार तुम उसकी झलक पाते हो- बुद्ध की, महावीर की, क्राइस्ट की, मुहम्मद की, एक ही बार झलक पाते हो, फिर गये सो गये। फिर विराट में लीन हो गये। फिर दोबारा उनके जैसा आदमी नहीं होगा, नहीं हो सकता। मगर बहुत लोग नकलची होंगे। उनको तुम साधु कहते हो। उन नकलीची का बड़ा सम्मान है। क्योंकि वे तुम्हारे शास्त्र के अनुसार मालूम पड़ते हैं। जब भी सिद्ध आयेगा सब अस्त व्यस्त कर देगा सिद्ध आता ही है क्रान्ति की तरह ! प्रत्येक सिद्ध बगावत लेकर आता है, एक क्रान्ति का संदेश लेकर आता है एक आग की तरह आता है- एक तुफान रोशनी का! लेकिन जो अँधेरे में पड़े हैं। उनकी आँखे अगर एकदम से उतनी रोशनी न झेल सके और नाराज हो जाय तो कुछ आश्चर्य नहीं। जो एक गुरू बोल रहा है, वह अनन्त सिद्धों की वाणी है। अभिव्यक्ति में भेद होगा, शब्द अलग होंगे, प्रतीक अलग होंगे मगर जो एक सिद्ध बोलता है, वह सभी सिद्धों की वाणी है। इनसे अन्यथा नहीं हो सकता है। इसलिए जिसने एक सिद्ध को पा लिया, उसने सारे सिद्धों की परम्परा को पा लिया। क्योंकि उनका सूत्र एक ही है। कुंजी तो एक ही है, जिसमें ताला खुलता है अस्तित्व का।"

जिस प्रकार सुबह में कोई व्यक्ति यह कहे कि रात होगी तो वह कोई नई बात नहीं कह रहा। रात तो होनी है चाहे वह कहे या ना कहे और रात आ गई तो उस रात को लाने वाला भी वह व्यक्ति नहीं होता क्योंकि वह प्रकृति का नियम है। इसी प्रकार कोई यह कहे कि "सतयुग आयेगा, सतयुग आयेगा" तो वह उसको लाने वाला नहीं होता। वह नहीं भी बोलेगा तो भी सतयुग आयेगा क्योंकि वह अवतारों का नियम है। सुबह से रात लाने का माध्यम प्रकृति है। युग बदलने का माध्यम अवतार होते हैं। जिस प्रकार त्रेतायुग से द्वापरयुग में परिवर्तन के लिए वाल्मिकि रचित "रामायण" आया, जिस प्रकार द्वापरयुग से कलियुग में परिवर्तन के लिए महर्षि व्यास रचित "महाभारत"आया। उसी प्रकार प्रथम अदृश्य काल से द्वितीय और अन्तिम दृश्य काल व चौथे युग-कलियुग से पाँचवें

युग-स्वर्णयुग में परिवर्तन के लिए शेष समष्टि कार्य का शास्त्र "विश्वशास्त्र" सत्यकाशी क्षेत्र जो वाराणसी-विन्ध्याचल-शिवद्वार-सोनभद्र के बीच का क्षेत्र है, से भारत और विश्व को अन्तिम महावतार श्री लव कुश सिंह "विश्वमानव" द्वारा मानवों के अनन्त काल तक के विकास के लिए व्यक्त किया गया है।

कारण, अन्तिम महावतार श्री लव कुश सिंह "विश्वमानव" और "आध्यात्मिक सत्य" आधारित क्रिया "विश्वशास्त्र" से उन सभी ईश्वर के अवतारों और शास्त्रों, धर्माचार्यों, सिद्धों, संतों, महापुरूषों, भविष्यवक्ताओं, तपस्वीयों, विद्वानों, बुद्धिजिवीयों, व्यापारीयों, दृश्य व अदृश्य विज्ञान के वैज्ञानिकों, सहयोगीयों, विरोधीयों, रक्त-रिश्ता-देश सम्बन्धियों, उन सभी मानवों, समाज व राज्य के नेतृत्वकर्ताओं और विश्व के सबसे बड़े लोकतन्त्र के संविधान को पूर्णता और सत्यता की एक नई दिशा प्राप्त हो चुकी है जिसके कारण वे अधूरे थे। इस प्रकार अन्तिम महावतार के रूप में "विश्वशास्त्र" के द्वारा स्वयं को स्थापित करने वाले श्री लव कुश सिंह "विश्वमानव" पूर्णतया योग्य सिद्ध होते हैं और शास्त्रों व अनेक भविष्यवक्ताओं के भविष्यवाणीयों को पूर्णतया सिद्ध करते हैं। भविष्यवाणीयों के अनुसार ही जन्म, कार्य प्रारम्भ और पूर्ण करने का समय और जीवन है। जिन्हें इन्टरनेट पर लव कुश सिंह "विश्वमानव", सत्यकाशी, विश्वशास्त्र, विश्वमानव (LAVA KUSH SINGH "VISHWMANAV", SATYAKASHI, VISHWSHASTRA, VISHWMANAV) इत्यादि से सर्च कर पाया जा सकता है।

व्यक्तिगत प्रमाणित अदृश्य सार्वभौम सत्य-सिद्धान्त से सार्वजनिक या ब्रह्माण्डीय प्रमाणित दृश्य सार्वभौम सत्य-सिद्धान्त तक व्यक्त होने की पूर्ण प्रक्रिया में- विष्णु के प्रथम छः अवतार एकात्म कर्म की प्रधानता लेकर प्रत्यक्ष अंशावतार के रुप में, सातवां- एकात्म ज्ञान की प्रधानता लेकर प्रत्यक्ष अंशावतार के रुप में, आठवां- एकात्म-ज्ञान और एकात्म-कर्म की प्रधानता लेकर अदृश्य व्यक्तिगत प्रमाणित प्रत्यक्ष एवं प्रेरक पूर्णावतार के रुप में, नौवां- एकात्म कर्म और एकात्म ध्यान की प्रधानता लेकर आठवें अवतार के प्रेरक अंशावतार के रुप में। ब्रह्मा अर्थात् एकात्म ज्ञान के अनेक अवतार तथा शंकर अर्थात् एकात्म-ध्यान के 21 अवतार अदृश्य व्यक्तिगत प्रमाणित काल मानव समाज के वर्तमान श्रृंखला के समक्ष व्यक्त हो चुके हैं। दृश्य सार्वजनिक प्रमाणित काल में मानव समाज के वर्तमान श्रृंखला के समक्ष-ब्रह्मा अर्थात् एकात्म-ज्ञान के अन्तिम, विष्णु अर्थात् एकात्म कर्म के दसवें अन्तिम निष्कलंक कल्कि तथा शंकर अर्थात् एकात्म ध्यान के बाइसवें अन्तिम भोगेश्वर सहित शिव-आत्मा-ईश्वर-ब्रह्म के दृश्य सार्वजनिक या ब्रह्माण्डीय प्रमाणित सिद्धान्त से युक्त पूर्ण दृश्य सार्वजनिक या ब्रह्माण्डीय प्रमाणित प्रथम एवं अन्तिम प्रेरक पूर्ण अवतार या दृश्य शिव-आत्मा-ईश्वर-ब्रह्म व्यक्त हो चुके हैं। इस प्रकार ईश्वर और ईश्वर के अवतारों की श्रृंखला समाप्त होती है। और अब सम्पूर्ण मानव जाति को शिवमय होकर इस ब्रह्माण्ड को स्वर्ग में परिवर्तित करने की ओर कर्म द्वारा अग्रसर होना है। यही उसके कल्याण का अन्तिम मार्ग है।

व्यक्तिगत प्रमाणित अदृश्य सार्वभौम सत्य-सिद्धान्त से सार्वजनिक या ब्रह्माण्डीय प्रमाणित दृश्य सार्वभौम सत्य-सिद्धान्त तक व्यक्त होने का मार्ग ही अवतार का मार्ग है जो अलग-अलग समय में एक या एक ही समय में अनेक भी हो सकते हैं। प्रत्येक अवतार का मूल समष्टि धर्म की स्थापना रहा है। व्यष्टि धर्म (व्यक्ति-परिवार) केन्द्रित धर्म, सदैव अवतारों द्वारा या आत्मीय/प्राकृतिक बल द्वारा अवनति को प्राप्त होते रहते हैं।

अदृश्य काल के व्यक्तिगत प्रमाणित अदृश्य काल में प्रमाणित प्राकृतिक चेतना से युक्त विष्णु के प्रथम छः मत्स्य, कर्म, वाराह, नृसिंह, वामन और परशुराम अंशावतार एकात्म कर्म से युक्त होकर व्यक्त के सार्वजनिक प्रमाणित अदृश्य काल के सार्वजनिक प्रमाणित प्राकृतिक चेतना से विष्णु के सातवें-श्रीराम अंशावतार एकात्मज्ञान से युक्त हुये। दृश्य काल के व्यक्तिगत प्रमाणित दृश्य काल में व्यक्तिगत प्रमाणित सत्य चेतना से युक्त विष्णु के आठवें- श्रीकृष्ण व्यक्तिगत प्रमाणित पूर्णावतार एकात्मज्ञान और एकात्मकर्म से तथा नवें-बुद्ध श्रीकृष्ण के अंशावतार एकात्मकर्म अैर एकात्मध्यान से युक्त हुये। सार्वजनिक या ब्रह्माण्डीय प्रमाणित वर्तमान सार्वजनिक प्रमाणित सत्य चेतना से विष्णु के दसवें और अन्तिम निष्कलंक कल्कि-श्री लव कुश सिंह "विश्वमानव" एकात्म ज्ञान, एकात्मकर्म, एकात्मध्यान से युक्त पूर्ण दृश्य पूर्णावतार के रूप में व्यक्त हुये हैं।

श्री विष्णु पुराण (तृतीय अंश, अध्याय-दो) में लिखा है कि-स्थितिकारक भगवान विष्णु चारों युगों में इस प्रकार व्यवस्था करते हैं-समस्त प्राणियों के कल्याण में तत्पर वे सर्वभूतात्मा सत्ययुग में कपिल आदिरूप

धारणकर परम ज्ञान का उपदेश करते हैं। त्रेतायुग में वे सर्वसमर्थ प्रभु चक्रवर्ती भूपाल होकर दुष्टों का दमन करके त्रिलोक की रक्षा करते हैं। तदन्तर द्वापरयुग में वे वेदव्यास रूप धारण कर एक वेद के चार विभाग करते हैं और सैकड़ों शाखाओं में बाँटकर बहुत विस्तार कर देते हैं। इस प्रकार द्वापर में वेदों का विस्तार कर कलियुग के अन्त में भगवान कल्किरूप धारणकर दुराचारी लोगों को सन्मार्ग में प्रवृत्त करते हैं। इसी प्रकार, अनन्तात्मा प्रभु निरन्तर इस सम्पूर्ण जगत् के उत्पत्ति, पालन और नाश करते रहते हैं। इस संसार में ऐसी कोई वस्तु नहीं है जो उनसे भिन्न हो।

श्री विष्णु पुराण (तृतीय अंश, अध्याय-तीन) में लिखा है कि-वेद रूप वृक्ष के सहस्त्रों शाखा-भेद हैं, उनका विस्तार से वर्णन करने में तो कोई भी समर्थ नहीं है अत-संक्षेप यह है कि प्रत्येक द्वापरयुग में भगवान विष्णु व्यासरूप से अवतीर्ण होते हैं और संसार के कल्याण के लिए एक वेद के अनेक भेद कर देते हैं। मनुष्यों के बल, वीर्य और तेज को अलग जानकर वे समस्त प्राणियों के हित के लिए वेदों का विभाग करते हैं। जिस शरीर के द्वारा एक वेद के अनेक विभाग करते हैं भगवान मधुसूदन की उस मूर्ति का नाम वेदव्यास है।

सार्वभौम आत्मा पर केन्द्रित प्रवृत्ति मार्गी अवतारों का कार्य सकारात्मक व नकारात्मक दोनों के मनों को सार्वभौम आत्मीय केन्द्रित करना होता है। सकारात्मक मन बार-बार पुर्नजन्म लेकर सार्वभौम आत्मीय केन्द्र की ओर गति करता है। इस प्रकार जो भी अन्तिम अवतार होगा व सकारात्मक मन से आये सर्वोच्च अन्तिम मन का पुनर्जन्म भी होगा और अवतारों की श्रृंखला की अगली कड़ी भी होगा। साथ ही सर्वोच्च नकारात्मक मन की अगली कड़ी भी होगा। अर्थात् सकारात्मक मन की ओर से आये वर्तमान तक के अन्तिम सार्वभौम मन स्वामी विवेकानन्द हैं इसलिए अन्तिम कल्कि अवतार उनका पुनर्जन्म भी होगा। सार्वभौम आत्मा पर केन्द्रित प्रवृत्ति मार्ग की ओर से आये अन्तिम अवतार श्री कृष्ण हैं इसलिए अन्तिम कल्कि अवतार उनकी अगली कड़ी भी होगा। नकारात्मक मन की ओर से आये वर्तमान तक के अन्तिम रावण है इसलिए अन्तिम कल्कि अवतार उनकी अगली कड़ी भी होगा।

इसी प्रकार काल (समय) के दो रूप हैं- अदृश्य काल और दृश्य काल। अदृश्य काल व्यक्तिगत प्रमाणित आध्यात्म विज्ञान पर आधारित केन्द्रित मन है तो दृश्य काल सार्वजनिक प्रमाणित पदार्थ विज्ञान पर आधारित केन्द्रित मन है। दूसरे रूप में जब व्यक्ति का मन अन्तः विषयों पर केन्द्रित रहता है तब वह अदृश्य काल में तथा जब बाह्य विषय पर केन्द्रित रहता है तब वह दृश्य काल में स्थित रहता है। इस प्रकार अन्तिम अवतार का सम्बन्ध काल चक्र और पुनर्जन्म चक्र से निम्न प्रकार होगा-

प्रकृति चक्र

01. सत् मार्ग के श्रीकृष्ण
02. रज मार्ग के स्वामी विवेकानन्द
03. तम मार्ग के रावण

पुर्नजन्म चक्र

01. सत्व मार्ग से-श्रीकृष्ण और अन्तिम कल्कि अवतार
02. तम मार्ग से-रावण और अन्तिम कल्कि अवतार
03. रज मार्ग से-स्वामी विवेकानन्द और अन्तिम कल्कि अवतार

काल चक्र

01. प्रथम भाग-अदृश्य काल में विश्वात्मा का प्रथम जन्म-योगेश्वर श्रीकृष्ण
02. द्वितीय भाग-दृश्य काल में विश्वात्मा के जन्म का पहला भाग-स्वामी विवेकानन्द
03. द्वितीय भाग-दृश्य काल में विश्वात्मा के जन्म का अन्तिम भाग- अन्तिम कल्कि अवतार

जो भी अपने आप को कल्कि अवतार के रूप में व्यक्त करेगा वह उपरोक्त सार्वभौम सत्य-सिद्धान्त सम्बन्ध से युक्त होना चाहिए। यदि श्री लव कुश सिंह "विश्वमानव" कल्कि अवतार हैं तो उपरोक्त सम्बन्ध अवश्य होंगे और इसका विवरण "विश्वशास्त्र" में विस्तार से दिया गया है। सम्पूर्ण शास्त्र का संगठन इस पर ही आधारित है।

मनुष्य "पाने" में अधिक विश्वास करता है इसके लिए वह "दर्शन", "दान" इत्यादि का कार्य कर सब-कुछ पा लेना चाहता है जबकि जो "हो जाने या बन जाने" में विश्वास करते हैं वहीं अवतार, महापुरूष इत्यादि के रूप में व्यक्त होते हैं। शरीर प्राप्त कर, उसका पालन और संसाधन प्राप्त करना तथा पीढ़ी बढ़ाना ये सामान्य सी जैविक प्रक्रिया है, मनुष्य का शरीर पाने के कारण यह जीवन का एक अनिवार्य कर्म तो है ही परन्तु लक्ष्य नहीं। किसी अवतार, महापुरूष या कालानुसार प्रसिद्ध व्यक्ति का दर्शन या उनसे मिल लेने से कोई लाभ नहीं होता जब तक कि मनुष्य उन जैसा बनने का प्रयत्न ना करे या उनके द्वारा निर्धारित कार्य न करे।

उपरोक्त मुख्य मूल आविष्कार के उपरान्त अनेक आविष्कार पर आविष्कार होते गये और मनुष्य आविष्कारक के जीवन, ज्ञान व कर्म से सम्बन्धित व्यापार से अपने जीवन को विकास की ओर ले जा रहा है। कोई भी विचारधारा (आविष्कार) चाहे उसकी उपयोगिता कालानुसार समाज को हो या न हो, यदि वह संगठन का रूप लेकर अपना आय स्वयं संचालित करने लगती है तो उसके साथ व्यक्ति जीवकोपार्जन, श्रद्धा व विश्वास से जुड़ता है न कि ज्ञान के लिए।

अनिर्वचनीय कल्कि महाअवतार भोगेश्वर श्री लव कुश सिंह "विश्वमानव" के अवतरण से पुनः पूर्वानुसार उनके जीवन, कर्म व ज्ञान से अनेक दिशाओं में व्यष्टि व समष्टि केन्द्रित नये आविष्कार व व्यापार को दिशा मिली है।

सभी प्रकार के सत्व, रज और तम से युक्त मन और उनसे व्यक्त मनु, अवतार, संत, महापुरूष के मनों से युक्त अर्थात् "विश्व मन से युक्त आत्मा - एक पूर्ण मानव", विश्वात्मा मैं (लव कुश सिंह "विश्वमानव") ही हूँ।

भगवान श्री रामकृष्ण ने नरेन्द्र नाथ दत्त (स्वामी विवेकानन्द का पूर्व नाम) को सर्वस्व त्याग द्वारा पूर्णज्ञान दिये। नरेन्द्र नाथ दत्त द्वारा रामकृष्ण परमहंस से शरीर त्याग के अन्तिम दिनों में पूछे जाने पर कि आप कौन हैं। उन्होंने कहा- "जो राम है, जो कृष्ण है, अब दोनों ही इस शरीर में है" अर्थात् "जो एकात्म ज्ञान है, जो एकात्म ज्ञान सहित एकात्म कर्म है अब दोनों ही इस शरीर में है"। (स्वामी विवेकानन्द के संग में, पृष्ठ संख्या-54) तथा फिल्म "स्वामी विवेकानन्द" में फिल्मांकन भी किया गया है। स्वामी विवेकानन्द इस पूर्णज्ञान को 100 वर्ष पूर्व ही प्राप्त कर चुके थे लेकिन उसकी स्थापना नहीं कर सकते थे क्योंकि उस वक्त न तो भारत स्वतन्त्र था न ही समष्टि आधारित विश्व स्तरीय संगठन - संयुक्त राष्ट्र संघ का ही जन्म हुआ था परिणामस्वरूप उस समय के लिए जितना कार्य आवश्यक था पूर्ण करके अन्तिम इच्छा, सूक्ष्म शरीर के रूप में रही और समयानुसार आत्मा के दृश्य रूप और बहुरूप में प्रकाशित एक सत्ता- श्री लव कुश सिंह "विश्वमानव" के रूप में अब व्यक्त हुई है।

स्वामी विवेकानन्द के ये दो कथन - "सम्भव है काल के प्रवाह में, कभी कभी ऐसा भास होता है कि वेदान्त का महाप्रकाश अब बुझा और जब ऐसी स्थिति आती है, तब भगवान मानवदेह धारण कर, पृथ्वी पर आते है और फिर धर्म में पुनः एक ऐसी शक्ति ऐसे जीवन का संचार हो जाता है कि वह फिर एकाध युग तक अदम्य उत्साह से आगे बढ़ता जाता है। आज वही शक्ति और जीवन उसमें फिर आ गया है। (विवेकानन्द जी के सन्निध्य में, पृष्ठ संख्या-6) और मुझे अपनी मुक्ति की इच्छा अब बिल्कुल नहीं। सांसारिक भोग तो मैंने कभी चाहा नहीं। मुझे सिर्फ अपने यन्त्र को मजबूत और कार्योपयोगी देखना है और फिर निश्चित रूप से यह जानकर कि कम से कम भारत में मैंने मानव जाति के कल्याण का एक ऐसा यंत्र स्थापित कर दिया है, जिसका कोई शक्ति नाश नहीं कर सकती, मैं सो जाउँगा और आगे क्या होने वाला है, इसकी परवाह नहीं करूँगा। मेरी अभिलाषा है कि मैं बार बार जन्म लूँ और हजारों दुःख भोगता रहूँ, ताकि मैं उस एक मात्र सम्पूर्ण आत्माओं के समिष्टरूप ईश्वर की पूजा कर सकूँ जिसकी सचमुच सत्ता है और जिसका मुझे विश्वास है। सबसे बढ़कर सभी जातियों और वर्गों के पापी और दरिद्र रूपी ईश्वर ही मेरा विशेष उपास्य है।" (स्वामी विवेकानन्द का मानवतावाद, पृष्ठ संख्या-38) स्वंय प्रमाण है।

भविष्यवाणीयों के अनुसार ही आज विश्व में घटनाएँ घट रही हैं। युग परिवर्तन प्रकृति का अटल सिद्धान्त है। वैदिक दर्शन के अनुसार चार युगों- सतयुग, त्रेतायुग, द्वापरयुग और कलियुग की व्यवस्था है। जब पृथ्वी

पर पापियों का एक छत्र साम्राज्य हो जाता है, तब भगवान पृथ्वी पर मानव रूप में प्रकट होते हैं। मानवता के इस पूर्ण विकास का कार्य अनादि काल से भारत ही करता आया है। इसी पुण्य भूमि पर अवतारों का अवतरण अनादि काल से होता रहा है। लेकिन कैसी बिडम्बना है कि ऋषि-मुनियों, महापुरूषों व अवतारों के जीवन काल में उनके अधिकतम उपयोग के लिए उस समय के शासन व्यवस्था व जनता ने उनकी दिव्य बातों व आदर्शों पर ध्यान नहीं दिया और उनके अन्त्रतध्यान होने पर दुगने उत्साह से उनकी पूजा शुरू कर पूजने लग गये। यह भी एक बिडम्बना ही है कि हम जीवन व समय रहते उनकी नहीं मानते अपितु उनका विरोध व अपमान ही करते रहते हैं। कुल मिलाकर "कारवाँ गुजर गया, गुबार पूजते रह गये" वाली स्थिति मनुष्यों की रहती है।

सार्वभौम सत्य-सिद्धान्त अनुसार कथा

सार्वजनिक प्रमाणित दृश्य काल के समष्टि दृश्य काल में दृश्य सत्य चेतना के पूर्ण रुप से युक्त संघ और योजना आधारित कलियुग में ब्रम्हा के अन्तिम, विष्णु के दसवें और अन्तिम निष्कलंक कल्कि, शंकर के बाइसवें और अन्तिम भोगेश्वर तथा शिव के अन्तिम दृश्य सार्वजनिक अर्थात् ब्रह्माण्डीय प्रमाणित पूर्णावतार लव कुश सिंह "विश्वमानव" के अवतरित होने तक सर्वाधिक क्रान्ति वाले समाज में सभी विषय विकसित अवस्था को प्राप्त हो रहे थे। साथ ही अवनति, दुरुपयोग और विनाश की ओर भी बढ़ रहे थे।

विस्तार के लिए "विश्वशास्त्र" पढ़ें

08. ईश्वर, अवतार और मानव की शक्ति सीमा

इस ब्रह्माण्ड में सभी वस्तु की एक शक्ति सीमा है। उसके ज्ञान से युक्त होने पर मनुष्य अपने कर्म-इच्छा-उम्मीद को एक सही वस्तु के साथ योग करा सकता है। अन्यथा एक समय बाद उसे ना-उम्मीद होना पड़ता है और उसके विश्वास को आघात पहुँचता है। उदाहरणस्वरूप यदि आप बिजली विभाग का काम टेलिफोन विभाग से या टेलिफोन विभाग का काम जल विभाग से उम्मीद कर बैठेंगे तो वह कभी भी पूरा नहीं होने वाला। इसमें गलती आपके ज्ञान की ही होगी और अपने विश्वास को खोने वाले आप स्वयं ही होंगे। इसी प्रकार साइकिल, मोटरसाइकिल, कार, बस, रेलगाड़ी, हवाई जहाज की अपनी-अपनी गति सीमा है। यदि गति सीमा की जानकारी न हो और उसकी क्षमता से अधिक उससे उम्मीद कर बैठेंगे तो इसमें गलती आपके ज्ञान की ही होगी और अपने विश्वास को खोने वाले आप स्वयं ही होंगे। मनुष्य कर्म किये बिना बहुत सी उम्मीद "दूसरों से" और "दूसरों में" देखने लगता है। मनुष्य का उपयोग करने वाले भी दूसरों को उम्मीद दिखाकर उनका विभिन्न प्रकार से उपयोग-दुरूपयोग सनातन से करता आ रहा है। इस क्रम में ईश्वर, अवतार और मानव की शक्ति सीमा क्या है, यह जानना आवश्यक है।

ईश्वर की शक्ति सीमा

ईश्वर अर्थात् सार्वभौम सत्य-सिद्धान्त, ब्रह्माण्ड में कहीं भी अर्थात् उसके किसी भाग के भाग में अपने सतुलन-स्थिरता-एकता-शान्ति के लिए क्रम संकुचन (विनाश) और क्रम विकास (विकास) करता रहता है। यह कार्य रज या तम गुण के प्राथमिकता होने पर सत्व गुण के हस्तक्षेप द्वारा सम्पन्न होता है। पृथ्वी ग्रह पर यह अति-वृष्टि (अधिक वर्षा), अधिक सूखा, अधिक वर्फबारी, भूकम्प, महामारी इत्यादि द्वारा व्यक्त होता है। ईश्वर अपने उपस्थिति और इन क्रियाकलापों का सन्देश पृथ्वी के जीवों के माध्यम से व्यक्त करता है जो विकसित मस्तिष्क क्षमता के द्वारा ही समझा जा सकता है। ईश्वर के सब कार्य इतने विशाल हैं इसलिए ही उन्हें सर्वशक्तिमान कहा जाता है। ईश्वर के सभी क्रियाकलाप बिना किसी भेद-भाव के सम्पन्न होता है अर्थात् एक समान रूप से सभी के लिए सम्पन्न होता है। ईश्वर अपने सम्बन्धितों की सहायता, उनके साथ के मानवों के माध्यम से मार्गदर्शन द्वारा करता है, सम्बन्धित उसका लाभ कैसे लें, ये उनके बुद्धि पर निर्भर करता है।

अवतार की शक्ति सीमा

अवतार, सार्वभौम सत्य-सिद्धान्त को युगानुसार स्थापित करने के लिए व्यक्त होते हैं। इस स्थापना का क्रम सार्वभौम सत्य-सिद्धान्त के अंश-अंश संक्रमणीय-गुणात्मक-संग्रहणीय-रचनात्मक रूप के बढ़ते क्रम से होता है। और अन्त में पूर्ण रूप व्यक्त होता है। युगानुसार स्थापना के लिए विधि पूर्ण प्रत्यक्ष से पूर्ण प्रेरक तक का मार्ग होता है। प्रत्यक्ष अवतार वे होते हैं जो स्वयं अपनी शक्ति का प्रत्यक्ष प्रयोग कर समाज का सत्यीकरण करते हैं। यह कार्य विधि समाज में उस समय प्रयोग होता है जब अधर्म का नेतृत्व एक या कुछ मानवों पर केन्द्रित होता है। प्रेरक अवतार वे होते हैं जो स्वयं अपनी शक्ति का अप्रत्यक्ष प्रयोग कर समाज का सत्यीकरण जनता एवं नेतृत्वकर्ता के माध्यम से करते हैं। यह कार्य विधि समाज में उस समय प्रयोग होता है जब समाज में अधर्म का नेतृत्व अनेक मानवों और नेतृत्वकर्ताओं पर केन्द्रित होता है। कारण क्रम-शारीरिक, आर्थिक व मानसिक होता है। इन विधियों में से कुल मुख्य दस मुख्य अवतारों में से प्रथम सात (मत्स्य, कूर्म, वाराह, नृसिंह, वामन, परशुराम, श्रीराम) अवतारों ने समाज का सत्यीकरण प्रत्यक्ष विधि के प्रयोग द्वारा किया था। आठवें अवतार (श्रीकृष्ण) ने दोनों विधियों प्रत्यक्ष और प्रेरक का प्रयोग किया था। नवें (भगवान बुद्ध) और अन्तिम दसवें अवतार की कार्य विधि प्रेरक ही है। अवतार चूँकि सार्वभौम सत्य-सिद्धान्त को युगानुसार स्थापित करने के लिए प्रकट होते हैं इसलिए वे ईश्वर की शक्ति के सुर अर्थात् तालमेल में या समर्थित होते हैं। वे ईश्वर के किसी शक्ति सीमा को न तो रोक सकते हैं ना ही बदल सकते हैं और ना

ही प्रयोग कर उत्पन्न कर सकते हैं लेकिन वे इतने समयानुसार वर्तमान होते हैं कि ईश्वर की शक्ति उनका सदैव समर्थन करती रहती है। अवतार अपने उपस्थिति और इन क्रियाकलापों का सन्देश मानवों को और भी अच्छा करने के विचार प्रसार से व्यक्त करते रहते हैं जो विकसित मस्तिष्क क्षमता के द्वारा ही समझा जा सकता है। अवतार के सब कार्य उस समय के समाज के लिए सर्वव्यापक होते हैं इसलिए ही उन्हें अवतार कहा जाता है। अवतार के सभी क्रियाकलाप बिना किसी भेद-भाव के सम्पन्न होता है अर्थात् एक समान रूप से सभी के लिए सम्पन्न होता है।

मानव की शक्ति सीमा

मनुष्य अपनी शारीरिक-आर्थिक-मानसिक शक्ति से निर्माण और विनाश दोनों कर सकता है। वह ईश्वर और अवतार के द्वारा सम्पन्न किये जाने वाले कार्य को जान सकता है, उससे बचने का मार्ग निकाल सकता है परन्तु उसे सम्पन्न होने से रोक नहीं सकता। मनुष्य, ईश्वर और अवतार के कार्यों की इच्छा प्रकट कर सकता है, उसकी उम्मीद अन्य मनुष्य को दिखा सकता है परन्तु उसे सम्पन्न नहीं कर सकता क्योंकि वह मनुष्य के शक्ति सीमा के अन्तर्गत नहीं आता। मनुष्य अपने उपस्थिति और इन क्रियाकलापों का सन्देश मानवों को बीच विचार प्रसार से व्यक्त करते रहते हैं जो सामान्य मस्तिष्क क्षमता के द्वारा असानी से समझा जा सकता है। मनुष्य के सब कार्य उस समय के समाज के अंश-अंश के लिए उपयोगी होते हैं इसलिए ही उन्हें मनुष्य कहा जाता है। मनुष्य के सभी क्रियाकलाप भेद-भाव से सम्पन्न होता है अर्थात् एक समान रूप से सभी के लिए नहीं होता है।

व्याख्या

ईश्वर और अवतार के कार्य समष्टि (संयुक्त) कार्य कहे जाते हैं जबकि मनुष्य के कार्य व्यष्टि (व्यक्तिगत या अंश) कार्य कहे जाते हैं। इस समष्टि कार्य द्वारा ही काल व युग परिवर्तन होता है न कि सिर्फ चिल्लाने से कि "सतयुग आयेगा", "सतयुग आयेगा" से। यह समष्टि कार्य जिस शरीर से सम्पन्न होता है वही युगावतार के रूप में व्यक्त होता है। धर्म में स्थित वह अवतार चाहे जिस सम्प्रदाय (वर्तमान अर्थ में धर्म) का होगा उसका मूल लक्ष्य समष्टि कार्य होगा और स्थापना का माध्यम उसके सम्प्रदाय की परम्परा व संस्कृति होगी।

आध्यात्मिक सत्य, सार्वभौम सत्य-सिद्धान्त का ही दूसरा समानार्थी शब्द है इसलिए उस अनुसार राष्ट्र की व्यवस्था का सत्यीकरण अवतार के कार्य क्षेत्र व शक्ति सीमा के अन्तर्गत आता है। कोई मनुष्य इसकी इच्छा तो कर सकता है परन्तु उसको पूर्ण नहीं कर सकता। ये अवश्य है कि इच्छा करने वाला विकसित मस्तिस्क का ही होगा क्योंकि बिना विकसित मस्तिष्क के ये शब्द व्यक्त हो ही नहीं सकता। विकसित मस्तिष्क, समष्टि मस्तिष्क होता है। इच्छा व्यक्त होने पर अवतार उसे अवश्य पूर्ण करते हैं क्योंकि यही उनके प्रकट होने का योग्य वातावरण होता है।

09. शास्त्रार्थ, शास्त्र पर होता है, शास्त्राकार से और पर नहीं

व्यष्टि को व्यक्तिशः स्वतन्त्रता होती है या नहीं, और यदि होती है तो उसका नाम क्या होना चाहिए। व्यष्टि को समष्टि के लिए अपनी इच्छा और सुख का सम्पूर्ण त्याग करना चाहिए या नहीं, वे प्रत्येक समाज के लिए चिरन्तन समस्याएँ हैं। सब स्थानों में समाज इन समस्याओं के समाधान में संलग्न रहता है ये बड़ी-बड़ी तरंगों के समान आधुनिक पश्चिमी समाज में हलचल मचा रही हैं जो समाज के अधिपत्य के लिए व्यक्तिगत स्वतन्त्रता का त्याग चाहता है वह सिद्धान्त समाजवाद कहलाता है और जो व्यक्ति के पक्ष का समर्थन करता है वह व्यक्तिवाद कहलाता है।

- स्वामी विवेकानन्द

भविष्यवाणीयों के अनुसार ही आज विश्व में घटनाएँ घट रही हैं। युग परिवर्तन प्रकृति का अटल सिद्धान्त है। वैदिक दर्शन के अनुसार चार युगों- सतयुग, त्रेतायुग, द्वापरयुग और कलियुग की व्यवस्था है। जब पृथ्वी पर पापियों का एक छत्र साम्राज्य हो जाता है, तब भगवान पृथ्वी पर मानव रूप में प्रकट होते हैं। मानवता के इस पूर्ण विकास का कार्य अनादि काल से भारत ही करता आया है। इसी पुण्य भूमि पर अवतारों का अवतरण अनादि काल से होता रहा है। लेकिन कैसी बिडम्बना है कि ऋषि-मुनियों, महापुरूषों व अवतारों के जीवन काल में उनके अधिकतम उपयोग के लिए उस समय के शासन व्यवस्था व जनता ने उनके दिव्य बातों व आदर्शो पर ध्यान नहीं दिया और उनके अन्र्तध्यान होने पर दुगने उत्साह से उनकी पूजा शुरू कर पूजने लग गये। यह भी एक बिडम्बना ही है कि हम जीवन व समय रहते उनकी नहीं मानते अपितु उनका विरोध व अपमान ही करते रहते हैं। कुल मिलाकर "कारवाँ गुजर गया, गुबार पूजते रह गये" वाली स्थिति मनुष्यों की रहती है।

जिस प्रकार पुनर्जन्म केवल मानसिक आधार पर ही सिद्ध हो पाता है उसी प्रकार अवतार भी केवल मानसिक आधार पर ही पहचाने जाते हैं। वे अपने से पिछले अवतार के गुण से युक्त तो होते हैं परन्तु पिछले अवतार की धर्मस्थापना की कला से अलग एक नई कला का प्रयोग करते हैं और वह प्रयोग कर देने के उपरान्त ही मानव समाज को ज्ञात होता है अर्थात् प्रत्येक अवतार का शरीर अलग-अलग व समाज के सत्यीकरण की कला अलग-अलग होती है। इस सम्बन्ध में आचार्य रजनीश "ओशो" का कहना है कि -"एक तरह का सिद्ध एक ही बार होता है, दोबारा नहीं होता। क्योंकि जो सिद्ध हो गया, फिर नहीं लौटता। गया फिर वापस नहीं आता। एक ही बार तुम उसकी झलक पाते हो- बुद्ध की, महावीर की, क्राइस्ट ही, मुहम्मद की, एक ही बार झलक पाते हो, फिर गये सो गये। फिर विराट में लीन हो गये। फिर दोबारा उनके जैसा आदमी नहीं होगा, नहीं हो सकता। मगर बहुत लोग नकलची होंगे। उनको तुम साधु कहते हो। उन नकलीची का बड़ा सम्मान है। क्योंकि वे तुम्हारे शास्त्र के अनुसार मालूम पड़ते हैं। जब भी सिद्ध आयेगा सब अस्त व्यस्त कर देगा सिद्ध आता ही है क्रान्ति की तरह! प्रत्येक सिद्ध बगावत लेकर आता है, एक क्रान्ति का संदेश लेकर आता है एक आग की तरह आता है- एक तुफान रोशनी का! लेकिन जो अँधेरे में पड़े है। उनकी आँखे अगर एकदम से उतनी रोशनी न झेल सके और नाराज हो जाय तो कुछ आश्चर्य नहीं। जो एक गुरू बोल रहा है, वह अनन्त सिद्धों की वाणी है। अभिव्यक्ति में भेद होगा, शब्द अलग होंगे, प्रतीक अलग होंगे मगर जो एक सिद्ध बोलता है, वह सभी सिद्धों की वाणी है। इनसे अन्यथा नहीं हो सकता है। इसलिए जिसने एक सिद्ध को पा लिया, उसने सारे सिद्धों की परम्परा को पा लिया। क्योंकि उनका सूत्र एक ही है। कुंजी तो एक ही है, जिसमें ताला खुलता है अस्तित्व का।"

जिस प्रकार सुबह में कोई व्यक्ति यह कहे कि रात होगी तो वह कोई नई बात नहीं कह रहा। रात तो होनी है चाहे वह कहे या ना कहे और रात आ गई तो उस रात को लाने वाला भी वह व्यक्ति नहीं होता क्योंकि वह प्रकृति का नियम है। इसी प्रकार कोई यह कहे कि "सतयुग आयेगा, सतयुग आयेगा" तो वह उसको लाने वाला नहीं होता। वह नहीं भी बोलेगा तो भी सतयुग आयेगा क्योंकि वह अवतारों का नियम है। सुबह से रात लाने का माध्यम प्रकृति है। युग बदलने का माध्यम अवतार होते हैं। जिस प्रकार त्रेतायुग से द्वापरयुग में परिवर्तन के लिए वाल्मिकि

रचित "रामायण" आया, जिस प्रकार द्वापरयुग से कलियुग में परिवर्तन के लिए महर्षि व्यास रचित "महाभारत" आया। उसी प्रकार प्रथम अदृश्य काल से द्वितीय और अन्तिम दृश्य काल व चैथे युग-कलियुग से पाँचवें युग-स्वर्णयुग में परिवर्तन के लिए शेष समष्टि कार्य का शास्त्र "विश्वशास्त्र" सत्यकाशी क्षेत्र जो वाराणसी-विन्ध्याचल-शिवद्वार-सोनभद्र के बीच का क्षेत्र है, से भारत और विश्व को अन्तिम महावतार श्री लव कुश सिंह "विश्वमानव" द्वारा मानवों के अनन्त काल तक के विकास के लिए व्यक्त किया गया है।

प्राचीन समय में शास्त्रार्थ होते थे। जो आमने-सामने बैठकर वाणी द्वारा की जाती थी। इस शास्त्रार्थ में शास्त्र के अर्थ से अलग कुछ और गुण भी प्रदर्शित होते थे। जैसे - वाणी द्वारा व्यक्त करने की कला, त्वरित उत्तर देने की कला, शरीर सामने रहने से व्यक्तित्व का प्रभाव, समर्थन करने वाले अन्य व्यक्ति इत्यादि। ये कुछ अन्य गुण जो बताये गये ये गौण अर्थात् महत्वहीन विषय हैं। कोई व्यक्ति गूँगा हो तो उसके लिए वाणी और त्वरित उत्तर देना सम्भव नहीं। कोई व्यक्ति यदि कुरूप या दिव्यांग-विकलांग हो तो वह व्यक्तित्व से भी प्रभाव नहीं डाल सकता। कोई समर्थक भी साथ न हो तो क्या हो सकता है जबकि उसके द्वारा व्यक्त ज्ञान का लिखित शास्त्र "आध्यात्मिक सत्य" पर आधारित हो। ऐसी स्थिति में उस लिखित शास्त्र पर ही शास्त्रार्थ करना होगा। और यही शास्त्रार्थ का सत्य अर्थ है। शास्त्रार्थ, शास्त्र पर होता है, न कि शास्त्राकार से और उस पर। उपयोगी क्या है?, इस पर विचार करना उपयोगी होता है। शास्त्रार्थ, शास्त्राकार के जीवित रहने तक ही सम्भव होता है अन्त में शास्त्र पर ही शास्त्रार्थ करने का मार्ग शेष बचता है।

भाग-3
परिवर्तन

सीधी समझ

नये भारत में, नये मनुष्य के उदय के लिए

व्यवस्था के परिवर्तन या सत्यीकरण का पहला प्रारूप और उसकी कार्य विधि

वे शब्द जिसके बिना युग परिवर्तन सम्भव नहीं

उपाधियाँ मिलती है- पीएच0 डी0, डी0 लिट0 और डी0 फिल0 और उनका बड़ा सम्मान होता है। उनका काम क्या है? उनका काम यह है कि वे तय करते हैं कि गोरखनाथ कब पैदा हुए थे। कोई कहता है दसवीं सदी के अंत में, कोई कहता है ग्यारहवीं सदी के प्रारम्भ में। इस पर बड़ा विवाद चलता है। बड़े-बड़े विश्वविद्यालयों के ज्ञानी सिर खपा कर खोज में लगे रहते हैं। शास्त्रों की, प्रमाणों की, इसकी, उसकी। उनकी पूरी जिन्दगी इसी में जाती है। इससे बड़ा अज्ञान और क्या होगा? गोरख कब पैदा हुए, इसे जानकर करोगे क्या? इसे जान भी लिया तो पाओगे क्या? गोरख न भी पैदा हुए, यह भी सिद्ध हो जाये, तो भी क्या फायदा? हुए हों या न हुए हों, अर्थहीन है। गोरख ने क्या जिया उसका स्वाद लो। इसलिए तुम्हारे विश्वविद्यालय ऐसी व्यर्थता के कामों में संलग्न हैं कि बड़ा आश्चर्य होता है कि इन्हें विश्वविद्यालय कहो या न कहो। इनका काम ही........तुम्हारे विश्वविद्यालय में चलने वाली जितनी शोध है, सब कूड़ा-करकट है।

-आचार्य रजनीश "ओशो"

(अक्टुबर व नवम्बर 1978 में दिये गये प्रवचन का अंश)

FINAL KNOWLEDGE BOMB BLAST

AFTER FIRST NOBEL DISCOVERY OF ZERO BY INDIA AGAIN ZERO BASED FINAL DISCOVERY

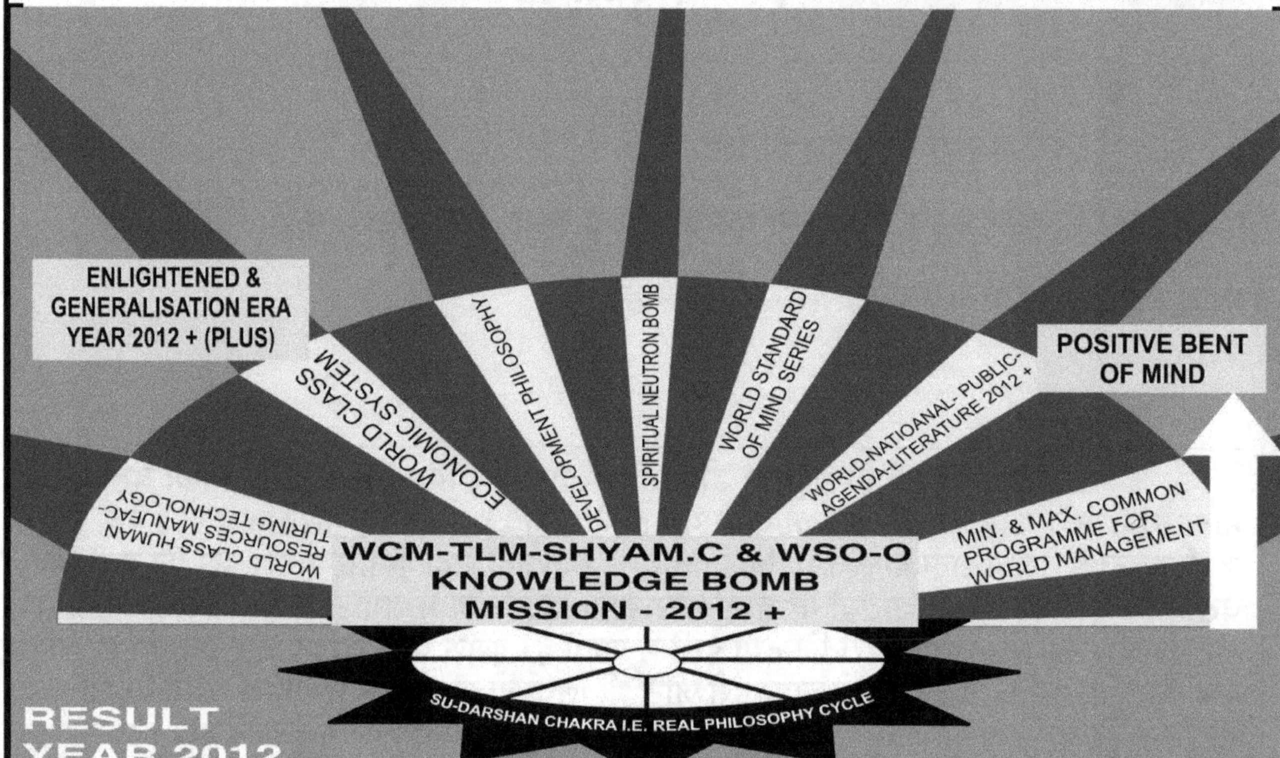

मैकाले शिक्षा पद्धति हम बदल नहीं सकते लेकिन अलग से "सत्य मानक शिक्षा" ग्रहण तो कर सकते हैं।
सरकारी पाठ्यक्रम बनाम नीजी पाठ्यक्रम / सार्वभौम आत्मीय पाठ्यक्रम / ईश्वरीय पाठ्यक्रम
ज्ञान के इस युग में ज्ञान की ओर चलें

FINAL KNOWLEDGE BOMB BLAST

यह चित्र **"FINAL KNOWLEDGE BOMB BLAST"** एक गहन वैचारिक मानचित्र है, जो मानव चेतना, ज्ञान, दर्शन और वैश्विक व्यवस्था के परिवर्तन को प्रतीकात्मक रूप में प्रस्तुत करता है।

इसमें यह दिखाया गया है कि वर्ष 2012 को एक *युग-संधि* के रूप में देखा गया है- जहाँ संघर्ष, विशेषज्ञता और विखंडन (2012–minus) से निकलकर मानवता को प्रबोधन, सामान्यीकरण और समन्वय (2012–plus) की ओर बढ़ना है।

चित्र के केंद्र में **WCM–TLM–SHYAM.C & WSO-O Knowledge Bomb Mission** और **सु-दर्शन चक्र (Real Philosophy Cycle)** को रखा गया है, जो यह संकेत देता है कि वास्तविक परिवर्तन शस्त्रों से नहीं, बल्कि दर्शन, विवेक और समग्र ज्ञान से आता है। ऊपर की ओर उठती संरचना *Positive Bent of Mind* को दर्शाती है, जहाँ विश्व-स्तरीय सोच, आध्यात्मिक दर्शन, मानवीय मूल्य, वैश्विक एजेंडा और कॉमन प्रोग्राम के माध्यम से मानव चेतना का विस्तार होता है।

चित्र के निचले भाग में पृथ्वी को केंद्र बनाकर मानव गतिविधियों-आध्यात्मिक, सामाजिक, वैज्ञानिक, अंतरराष्ट्रीय, शैक्षिक और प्रशासनिक-को दर्शाया गया है, जो यदि संतुलित हों तो उन्नति का मार्ग बनती हैं, और यदि असंतुलित हों तो *Negative* तथा *Destroyer Bent of Mind* की ओर ले जाती हैं।

वहीं नीचे की ओर गिरते तीर आतंकवाद, तानाशाही, जनसंख्या विस्फोट, अशिक्षा, भ्रष्टाचार, परमाणु खतरे और संकीर्ण सोच जैसे विनाशकारी तत्वों का प्रतिनिधित्व करते हैं। समग्र रूप से यह चित्र यह संदेश देता है कि वर्तमान युग में मानवता के सामने विकल्प स्पष्ट है-या तो संकीर्ण, नकारात्मक और विनाशकारी सोच, या फिर **"ज्ञान आधारित सार्वभौमिक दर्शन"** के माध्यम से पृथ्वी और मानव सभ्यता का संतुलित, शांतिपूर्ण और प्रबुद्ध भविष्य।

सीधी समझ

बड़ा वट वृक्ष (Big Banyan Tree), सैकड़ों वर्ष पुराना एक विशाल क्षेत्र में फैला वट वृक्ष है। जिसका मूल वृक्ष अब अस्तित्व में नहीं है उसके तनों से निकले सैंकड़ों जड़ वर्तमान में स्वयं एक वृक्ष, फिर उनके तनों से निकले सैंकड़ों जड़ भी वर्तमान में एक-एक वृक्ष के रूप में स्थापित हैं और सभी एक-दूसरे से जुड़े हुये हैं, बस जो नहीं है, वह है मूल वृक्ष। इस प्रकार सम्पूर्ण वृक्ष परिवार एक बड़े क्षेत्र में फैल चुका है और निरन्तर जारी भी है। प्रत्येक स्वयं स्वतन्त्र वृक्ष के रूप में स्थापित वृक्ष का अपने परिवार के रूप में तना, पत्ता, फूल और फल सब निकलते रहते हैं और जिसे जहाँ अर्थात् नजदीकी स्रोत से सुविधा अर्थात् खुराक मिल सकता हैं वहाँ से प्राप्त करते हुये विकास कर रहे हैं। इस कार्य में आपस में कोई विवाद नहीं है। कोई किसी पर अधिपत्य जमाना नहीं चाहता, ना ही अन्य के विकास में कोई बाधा पहुँचाता है। जिसको जिस ओर उचित वातावरण मिलता जाता है, उस ओर वह विकास कर रहा है। कुल मिलाकर स्व प्रेरित सुशासन की भाँति संचालित है। इस वट वृक्ष के सबसे बाद अर्थात् वर्तमान के तनों-पत्तों के लिए उसका जन्मदाता व पालनकर्ता के रूप में उसका नजदीकी जड़ ही है इसलिए उसकी कथा-कहानी वहीं से शुरू होती है और वहीं तक उसका ज्ञान है जो एक संकुचित और सीमित ज्ञान है। वह पूर्ण को नहीं जान रहा, उसका पूर्णत्व, सार्वभौम पूर्णत्व नहीं बल्कि सीमित पूर्णत्व है। सीमित पूर्णत्व में भी वह आनन्द में हैं और विकासशील है। उसका विकास होना सार्वभौम का ही विकास होना है परन्तु उसे उसका ज्ञान नहीं है और वह उस सार्वभौम के विकास में अपने योगदान को करते हुये भी स्वयं को गौरवान्वित नहीं अनुभव कर रहा है। सार्वभौम से युक्त होने के बाद भी उसे अपने परिवार से ही जुड़ा रहना उसकी विवशता भी है और इसके अलावा कोई अन्य मार्ग भी नहीं हैं। उसके सार्वभौम का मार्ग भी उसके अपने परिवार के ही मार्ग से होकर जाता है। वृक्ष के साथ यह मजबूरी भी है कि क्योंकि वह स्थिर है इसलिए उसका छोटा परिवार केवल पड़ोस तक के ही दायरे के सम्पर्क में है। दूसरे छोर के परिवार का क्या हाल है उसे कुछ नहीं पता।

हे मानवों, ये संसार भी उपरोक्त वट वृक्ष के सामन ही फैला हुआ है। परन्तु उस भाँति विकास नहीं कर रहा है। मनुष्य के अन्दर बीमारी की भाँति अधिकतम "शक्ति और लाभ (पावर और प्राफिट)" की दौड़ ने उसे अधिपत्य, अत्याचार, दूसरे को दबाना इत्यादि से युक्त कर दिया है। और जो इस दौड़ में नहीं हैं वे सीमित पूर्णत्व में आनन्द के साथ विकासशील हैं। उन्हें और भी तेज विकास की इच्छा है परन्तु उनके बुद्धि का दायरा ही सीमित है इसलिए उन्हें मार्ग नहीं मिल रहा है। यदि उनको मार्ग भी मिल रहा हो तो वट वृक्ष की भाँति उसके नजदीकी जन्मदाता ने उसे यह बता रखा है कि जब उस सार्वभौम का मार्ग मेरे ही रास्ते से जाता है तो जो मैं कह रहा हूँ उसे करो। और इसके लिए वे अपने परिवार के लिए अनेक प्रकार की प्रणाली दे रखे हैं। जबकि ये प्रणाली देने वाले उनके नजदीकी जन्मदाता स्वयं कहाँ से आये हैं स्वयं उन्हे भी नहीं पता। क्योंकि वे स्वयं भी उस वट वृक्ष के खो गये मूल जड़ की तरह अपने मूल जड़ को नहीं जानते। वे भी अपने नजदीकी जन्मदाता का ही अनुसरण कर रहे होते हैं। ये प्रणालीयाँ अनेक प्रकार की हैं उदाहरणस्वरूप कुछ मुख्य निम्नवत् हैं-

1 उनके द्वारा प्रस्तुत कुछ पुस्तकें होती हैं जिन्हें नियमानुसार प्रतिदिन पढ़ना होता है। पढ़ने के पूर्व शुद्धता की भी प्रक्रिया अनिवार्य होती है अन्यथा पुस्तकें परिणाम नहीं दे पायेंगी, ये भी शर्त होती हैं।
2 उनके द्वारा भोजन से सम्बन्धित कुछ नियम बना दिये जाते हैं कि क्या खाना है और क्या नहीं खाना है।
3 उनके द्वारा कोई मन्त्र दे कर उसे नियमानुसार जपने के लिए दे दिया जाता है।
4 उनके द्वारा किसी यन्त्र-तन्त्र द्वारा समस्या मुक्ति का उपाय बता दिया जाता है।
5 उनके द्वारा किसी विशेष प्रकार के रंग और ढ़ग के वस्त्र निर्धारित कर दी जाती है जिससे उनकी पहचान एक अलग रूप में हो। अर्थात् समाज का एक और विभाजन कर उसे प्रस्तुत कर देते हैं।

सामान्य रूप से सभी द्वारा अनिवार्य रूप से ये भी निर्धारित कर दी जाती है कि किसी दूसरे के नियमों को न तो जानना है, न सुनना है, न पढ़ना है और न ही उसमें शामिल होना है। अर्थात् एक गतिशील प्राणी मनुष्य को जिसे सदैव श्रेष्ठ से, श्रेष्ठतम और सर्वोच्च तक उठने-विकास करने के लिए निर्मित किया गया था, उसे एक सीमित

दायरे में बुद्धिबद्ध कर दिया गया। मनुष्य जिसका निर्माण अपनी मस्तिष्क को असीम क्षमता को विकसित कर ईश्वर रूप में व्यक्त होना था, उसे जड़ (स्थिर) बना दिया गया।

हे मानवों, मनुष्यों की सबसे बड़ी कमजोरी "स्वयं में गुणों का विकास कर स्वयं बन जाने या हो जाने" में नहीं बल्कि "पाने" की इच्छा है। इस पाने की इच्छा की कमजोरी का परिणाम ही है उपरोक्त अनेक प्रकार के बुद्धिबद्ध करने की विधियाँ।

हे मानवों, उपरोक्त के पृष्ठभूमि में उनका उद्देश्य केवल अपने स्वार्थ की पूर्ति के सिवाय कुछ नहीं होता। क्योंकि मार्गदर्शक या प्रेरक या शिक्षक का उद्देश्य स्वयं से श्रेष्ठ मानव का निर्माण होता है न कि सदैव जीवन भर एक ही प्रणाली या प्रक्रिया या कक्षा में पढ़ते-दुहराते रहने के लिए विवश करना। उपरोक्त के पृष्ठभूमि में शारीरिक-आर्थिक-मानसिक शोषण का ही कार्य विभिन्न प्रकार से चल रहा है। कोई अपने कृषि कार्य को मुफ्त में हल करवा रहा है, तो कोई अपने नाम के उत्पादों को सिर्फ उन्हें ही खरीदने के लिए बुद्धिबद्ध कर दिया है।

हे मानवों, इन सबको आस्था का व्यापार कहते हैं। जबकि मैं देख रहा हूँ कि प्रत्येक संस्कारित करने की क्रिया जो उस काल के लिए आस्था का विषय था। उसके अगले काल के लिए संस्कारित करने की नयी क्रिया उपलब्ध हो जाने के बावजूद, मानव शरीर पिछले काल के संस्कारित करने वाली क्रिया के प्रति आस्था रखते हुये मूर्खता का स्पष्ट प्रदर्शन कर रहा है। सभी कालों में, सभी संस्कारित करने की क्रियाओं में मैं (सार्वभौम आत्मा) ही आस्था का विषय था परन्तु क्रिया के प्रति आस्था रखना मूर्खता का स्पष्ट प्रमाण ही तो है। चाहे वह व्यक्तिगत इच्छा से हो या सामाजिक प्रदर्शन की इच्छा से। इन समस्त संस्कारित करने के क्रिया के पीछे जो रहस्य आज तक गोपनीय था उसे मैंने तुम्हारें समक्ष सार्वजनिक प्रकाशित कर दिया है। अब कुछ भी गोपनीय नहीं। बावजूद इसके प्रत्येक मनुष्य अपनी मूर्खता रूपी आस्था को प्रदर्शित करने के लिए स्वतन्त्र है। परन्तु वह मुझ (सार्वभौम आत्मा) को प्राप्त नहीं कर सकता। हे मानवों, ईश्वर बहुमत से नहीं निर्धारित किया जाता इसलिए ही उसे अनिवर्चनीय कहा गया है। किसी भी वस्तु के प्रति आस्था के विकास से और समस्त मानवों को उसके प्रति आस्थावान् बना देने से वह वस्तु गुण प्रकट कर वैसा नहीं बन सकती जैसा आप उम्मीद करते हो।

हे मानवों, एक तरह से देखा जाये तो उपरोक्त व्यवस्था से कोई समस्या है ही नहीं क्योंकि जिसकी इच्छा जहाँ से पूर्ति हो रही है और विकास का मार्ग मिल रहा है, वह वहाँ से जुडा हुआ है। इसलिए मानव सभ्यता पर आया यह दसवाँ और अन्तिम संकट, संकट होते हुये भी संकट जैसा नहीं दिखता। इस व्यवस्था से हमें कोई समस्या भी नहीं है। समस्या ये है कि धर्म को जिस उद्देश्य के लिए निर्मित किया गया था वही धर्म, संकट में है। यह धर्म ही उस वट वृक्ष का मूल है, सार्वभौम है, समष्टि है। इसके ज्ञान से युक्त दोनों को अर्थात् विशाल संसार रूपी वट वृक्ष के छोटे-छोटे परिवार के नेतृत्वकर्ता मुखिया सहित उसके सदस्यों को होना आवश्यक है। तभी परिवार के नेतृत्वकर्ता मुखिया द्वारा बनाये गये उपरोक्त प्रणाली-नियम परिणाम-फल दे पायेंगे जिसकी इच्छा परिवार के सदस्य करते हैं।

हमारी उत्पत्ति ज्ञान से हुई है। जिन्हें ज्ञान है वही अपने आप को संघर्ष में पाते हैं और सर्वश्रेष्ठता के लिए कर्मशील हैं। शेष सभी तो प्रकृति के अनुसार आते-जाते रहते हैं। इस ज्ञान को ही ब्रह्म (सार्वभौम एकात्म ज्ञान) कहते हैं। देवता रूप में इस ज्ञान को ब्रह्मा के रूप में प्रक्षेपित किया गया है। यह ज्ञान जिस-जिस अंगो द्वारा प्राथमिकता से अनुभव में आता है उतने प्रकार के मानव अपने-आप को उत्पन्न समझते हैं।

पुराण रचनाकार महर्षि व्यास ने ब्रह्मा अर्थात ज्ञान के पुत्रों का प्रक्षेपण किये हैं। ब्रह्मा के 10 मानस पुत्रों

01.मन (विचार) से ज्ञान प्राप्त करने वाले मरीचि

02.नेत्रों (देखकर) ज्ञान प्राप्त करने वाले अत्रि

03.मुख (वाणी) से ज्ञान प्राप्त करने वाले अंगिरा

04.कान (सुन) कर ज्ञान प्राप्त करने वाले पुलस्त्य

05.नाभि (केन्द्र) से ज्ञान प्राप्त करने वाले पुलह

06.हाथ (कर्म) से ज्ञान प्राप्त करने वाले कृतु

07.त्वचा (स्पर्श) से ज्ञान प्राप्त करने वाले भृगु

08.प्राण (श्वास) से ज्ञान प्राप्त करने वाले वशिष्ठ

09.अँगूठे (आत्मा) से ज्ञान प्राप्त करने वाले दक्ष

10.गोद (प्रेम) से ज्ञान प्राप्त करने वाले नारद

ये दस प्रकार ज्ञान से उत्पन्न है और इतने प्रकार के मानव निर्मित होकर संसार में विचरण कर रहे हैं। इसे ये न समझना चाहिए कि मन या नेत्र इत्यादि से कैसे ब्रह्मा ने अपने पुत्रों को उत्पन्न किया? चूंकि शरीर का अस्तित्व अस्थायी है इसलिए विचार के आधार पर ये मनुष्य के वर्ग या श्रेणी का निर्धारण है। इसे मानकीकरण (Standardization) या वर्गीकरण (Classification) भी कहा जा सकता है। जिस प्रकार आजकल मानकीकरण के शब्द ISOऔर ISI मार्का दिये जाते हैं।

नये भारत में, नये मनुष्य के उदय के लिए

आप लंगोट से जौकी पर आ गये...पायजामे से पतलून पर आ गये...नाड़े से बेल्ट पर आ गये...खड़ाऊँ से बूट पर आ गये...कलम से कीबोर्ड पर आ गये। पगडंडियों से एक्सप्रेस वे पर आ गये...चूल्हे से इंडक्शन कुकर पर आ गये...जंगलो से अपार्टमेंट तक आ गये। हल से ट्रैक्टर पर आ गये...पैदल से लक्ज़री जहाज़ों पर आ गये...दीये-मशाल से एलईडी पर आ गये...आप लैंडलाइन से ओरियो एंड्रॉयड तक आ गये...तीर-कमान और गदा से ऑटोमैटिक बंदूकों और मिसाइलों पर आ गये। दुनियां चाँद पे चली गई...मंगल की छाती पर नासा ने रोबोट उतार दिया....शनि मंगल सूर्यग्रहण-चन्द्रग्रहण के हर रहस्य से पर्दा उठ गया!

आप पाँच हज़ार ईसापूर्व और पाँचवी-छठवीं शताब्दी से इक्कीसवी शताब्दी में आ गये...आप लगातार अपडेट होते रहे हैं!!! मगर फिर भी तुम ग्रह-नक्षत्रों को...शनि-मंगल को जन्मकुंडली में देख-देख कर काँप रहे हो। अपना भविष्य सुधारने के लिए बाबा-बाबियों का रास्ता नाप रहे हो। क्या इसी दिन के लिए तुमने बी.एससी, एम.एससी पीएच.डी की थी?? कि तुम पढ़े-लिखे जाहिलों की फौज में शामिल हो जाना! क्या इसी दिन के लिए तुम डॉक्टर, इंजीनियर, वकील, मजिस्ट्रेट या प्रोफेसर बने थे? कि बंगले पर काली हांडी टांगना! निम्बू मिर्ची टांगना! नजर न लगने से एक पैर में काला धागा बांधना?? और अपने उज्ज्वल भविष्य की भीख किसी बाबा-बाबी के दर पर नाक रगड़ के मांगना?

देश आजाद हो गया! दुनिया आजाद हो गई! आखिर कब मिलेगी तुम्हें आजादी?? इस अंधी मानसिक गुलामी से? दुनिया रोज नए-नए आविष्कार कर रही है! तुम हजारों साल पुरानी भाषा, संस्कृति, रीति, रिवाजो की वैज्ञानिक व्याख्या करने में लगे हो! क्या भारत पुनः विश्वगुरु तुम्हारे जैसे मनोरोगियों की वजह से कभी बन पाएगा? बंद कमरे में तुम्हारी चोटी कट जाती! अँधेरे में अकेले में तुम्हें भूत-पलीत सताते हैं! तुम्हें ही सारी दुनिया की नजर लगती है! डायन तो तुम्हारे हर घर में मौजूद है!! तुम्हारे तंत्र-मंत्र-यंत्र काम क्यों नहीं करते हैं? एक पैर में काले धागे वाला रक्षा सूत्र तुम्हारी चोंटी क्यों नहीं बचाता है? आखिर कब तक तुम मानसिक गुलाम रहोगे?

तुम्हारी समस्याएं लौकिक है। मगर तुम्हें हर समस्या का हल परलोक में नजर आता है! संसार तुम्हारे लिए स्वप्नवत् है माया है! भगवान की लीला है! नाटक है! भ्रम है! आखिर तुम्हें इस सपने से कौन जगाए? कब तक शब्दों के साथ बलात्कार करोगे? कब तक धोखे में रहोगे? कब तक हर सिद्धान्त हर आविष्कार को शास्त्रों ऋषि-मुनियों के माथे मड़ोगे??

तुम लोग को जो जगाए वही धर्मद्रोही, देशद्रोही, जातिवादी या नास्तिक है? चारुवाक, बुद्ध, महावीर, कपिल, कणाद गौतम, नागसेन, अश्वघोष, कबीर, नानक, रविदास, ओशो, फुले, शाहू, पेरियार, भीम, भगतसिंह, कोवूर, राहुल संस्कृत्यायन, दयानन्द, विवेकानंद, सबने विवेक लगाया! मगर फिर भी तुम्हारा विवेक नहीं जागा!

तुम्हारा धर्म कब अपडेट (Update) होगा?
तुम्हारी आस्था कब अपडेट (Update) होगी?
तुम्हारा ईश्वर कब अपडेट (Update) होगा?
तुम्हारी सोच कब अपडेट (Update) होगी?
तुम्हारे धर्म की किताबें कब अपडेट (Update) होंगी?

कम्प्यूटर और मोबाइल का साफ्टवेयर तो तुरन्त करते हो, तुम्हारे मस्तिष्क का साफ्टवेयर कब अपडेट (Update) होगा?

क्योंकि तुम विश्वगुरु के अहंकार की दारू पीकर गरीबी, अनपढ़ता, लिंगभेद, जातिभेद, भाषाभेद, क्षेत्रभेद, साम्प्रदायिकता की नाली में पड़े हो! आखिर तुम्हें कब मिलेगी आजादी? इस उम्दा मानसिक गुलामी से?

सोच के बता देना!!
आओ एक कदम शब्दों के उँचाइयों की ओर..........

IDEAS + ACTION = CHANGE

व्यवस्था के परिवर्तन या सत्यीकरण का पहला प्रारूप और उसकी कार्य विधि

उदाहरण के रूप में, यदि किसी शिक्षित व्यक्ति जिसे अंकगणित का ज्ञान हो, उसके समक्ष संख्या 5 लिख दिया जाये और उससे कहा जाये कि इस संख्या के आगे और पीछे की संख्या लिखें तो वह आसानी से उसे लिख देगा परन्तु अंकगणित का अज्ञानी ऐसा नहीं कर पायेगा। उसका सारा ध्यान केवल संख्या 5 पर ही टिका रह जायेगा क्योंकि वह संख्या पद्धति से अपरिचित है। अगर वह कुछ लिख भी देगा तो वह आवश्यक नहीं कि सत्य हो और उसमें सुधार की पूरी सम्भावना बनी रहेगी। समाज सुधार के क्षेत्र में भी यही बात है। हम एक समस्या देखते हैं फिर उसमें कुछ सुधार कर देते हैं। फल यह होता है कि कुछ समय बाद पुनः उसमें सुधार की आवश्यकता आ जाती है।

जितने अधिक आकड़ों को विश्लेषित कर हम परिणाम को खोजेंगे उतने ही सत्य परिणाम हमारे सामने आयेंगे। प्रस्तुत शास्त्र व्यक्त अधिकतम आकड़ों के व्यवस्थित प्रस्तुतीकरण का शास्त्र है। दूसरे रूप में इसे धर्म ज्ञान का बैलेन्ससीट भी कह सकते है। इन सम्पूर्ण आकड़ों पर आधारित होकर व्यक्ति, समाज और विश्व राष्ट्र के लिए लिया गया निर्णय ही एक सत्य निर्णय हो सकता है। समाज सुधार के सम्बन्ध में स्वामी विवेकानन्द का कहना है कि-"तथाकथित समाज-सुधार के विषय में हस्तक्षेप न करना क्योंकि पहले आध्यात्मिक सुधार हुये बिना अन्य किसी भी प्रकार का सुधार हो नहीं सकता (राम पृष्ठ मिशन, पत्रावली भाग-1, पृष्ठ-29), भारत के शिक्षित समाज से मैं इस बात पर सहमत हूँ कि समाज का आमूल परिवर्तन करना आवश्यक है। पर यह किया किस तरह जाये? सुधारकों की सब कुछ नष्ट कर डालने की रीति व्यर्थ सिद्ध हो चुकी है। मेरी योजना यह है, हमने अतीत में कुछ बुरा नहीं किया। निश्चय ही नहीं किया। हमारा समाज खराब नहीं, बल्कि अच्छा है। मैं केवल चाहता हूँ कि वह और भी अच्छा हो। हमें असत्य से सत्य तक अथवा बुरे से अच्छे तक पहुँचना नहीं है। वरन् सत्य से उच्चतर सत्य तक, श्रेष्ठ से श्रेष्ठतर और श्रेष्ठतम तक पहुँचना है। मैं अपने देशवासियों से कहता हूँ कि अब तक जो तुमने किया, सो अच्छा ही किया है, अब इस समय और भी अच्छा करने का मौका आ गया है।"-(राम पृष्ठ मिशन, जितने मत उतने पथ, पृष्ठ-46)

व्यक्ति हो या ज्ञानी, समाज हो या राज्य, देश हो या विश्व, समाज नेता हों या राजनेता सभी को अब यह जान लेना चाहिए कि विश्व एक परिवार है और उस परिवार का शास्त्र-"विश्वशास्त्र" है। जब तक यह शास्त्र उपलब्ध नहीं था तब तक इस विश्व परिवार के एकीकरण का मार्ग नहीं खुला था, अब वह मार्ग मिल चुका है। कोई भी समाज निर्माण या युग परिवर्तन का कार्य एक क्षण का कार्य नहीं है। यह एक लम्बी अवधि की प्रक्रिया का कार्य है। इसे हम उन समाज सुधारकों के संस्थाओं के कार्य को देख कर अनुभव कर सकते हैं।

व्यवस्था परिवर्तन, एक राजनीतिक लुभावना वाला शब्द है। वह कैसे होगा, इसके लिए एक प्रारूप की आवश्यकता होती है अगर वह नहीं है तो व्यवस्था परिवर्तन चिल्लाने से नहीं होता। फिर व्यवस्था परिवर्तन किस बात का? मानव समाज को संचालित करने के लिए तो सिर्फ दो ही मूल व्यवस्था है-एक राजतन्त्र, जिसका युग जा चुका है। दूसरा-लोकतन्त्र, जिसका युग चल रहा है और यही अन्तिम व्यवस्था भी बनी रहेगी क्योंकि ब्रह्माण्डीय व्यवस्था भी लोकतन्त्र से ही चल रहा है और मनुष्य के मस्तिष्क से अन्ततः वही व्यक्त हो रहा है। लोकतन्त्र से हम राजतन्त्र में नहीं जा सकते इसलिए व्यवस्था परिवर्तन का अर्थ ही निरर्थक है।

आवश्यकता है वर्तमान लोकतन्त्र व्यवस्था को ही सत्य आधारित करने की जिसे व्यवस्था सत्यीकरण कहा जा सकता है। इस कार्य में हमें मानकशास्त्र की आवश्यकता है जिससे तोल कर यह देख सके कि इस लोकतन्त्र व्यवस्था में कहाँ सुधार करने से सत्यीकरण हो जायेगा। यह मानकशास्त्र ही "विश्वशास्त्र" है। सिर्फ मतदाता बनने व वोट डालने से ही लोकतन्त्र स्वस्थ नहीं हो सकता। उसके लिए देश व विश्व के पूर्ण ज्ञान की आवश्यकता होगी। इसलिए आवश्यक है कि प्रत्येक मतदाता "विश्वशास्त्र" के ज्ञान से युक्त हो।

अच्छा होता कि हमारे राजनेतागण कुछ दिनों के लिए सन्यास लेकर थोड़ा कुछ अध्ययन-चिंतन करते रहते ताकि उन्हें बार-बार लक्ष्य के लिए शब्दों का परिवर्तन न करना पड़ता। एक ही स्थिति में बहुत समय तक रहने पर बुद्धि, बद्ध हो जाती है। एक-एक सीढ़ी चढ़कर, पहुँच गये-पहुँच गये चिल्लाने से अच्छा है कि अन्तिम सीढ़ी पर पर बैठकर चिल्लाना कि पहुँच गये।

चाहे कुछ हो यदि प्रारूप नहीं, तो न तो व्यवस्था परिवर्तन हो सकता है, न ही व्यवस्था सत्यीकरण हो सकता है, न ही सम्पूर्ण क्रान्ति। भीड़ से क्रान्ति नहीं सिर्फ हंगामा होता है। भीड़ में जोश होता है, होश नहीं।

इस मानक शास्त्र के प्रस्तुत हो जाने से व्यवस्था परिवर्तन की नहीं बल्कि व्यवस्था के सत्यीकरण का मार्ग खुल चुका है। जिसका व्यक्ति, समाज और विश्व राष्ट्र को आवश्यकता भी है। किसी एक विषय पर बहुत अधिक पुस्तक मस्तिष्क को भ्रमित ही करती है। यह शास्त्र प्रारम्भ से अन्त तक के विकास को क्रमबद्ध प्रस्तुत करता है जिससे हम सभी एक सत्य निर्णय करने में सक्षम हों और पूर्ण ज्ञान से युक्त हो जायें और हमारा कोई भी सुधार एक स्थायी, अच्छा और दूरगामी परिणाम देने वाला हो।

प्रश्न यह भी उठता है कि परिवार का मुखिया जिसके द्वारा परिवार का संचालन होता है, यदि वह परिवार के हित व विकास के विषय में कर्म न करता हो तो क्या परिवार का सदस्य उसमें हस्तक्षेप करने का अधिकारी है या नहीं? यही बात देश को चलाने वाले संसद के विषय में भी है। यदि संसद स्वयं देशहित व जनहित के प्रति उदासीन हो जाये तो क्या जनता संसद को मार्गदर्शन देने का अधिकार नहीं रखती? यदि नहीं तो संविधान की धारा-51(ए) के अन्तर्गत नागरिक का मौलिक कर्तव्य की उपयोगिता क्या है? ध्यान रखने योग्य विषय यह है कि कोई भी चुना हुआ प्रतिनिधि सिर्फ उतने ही बड़े क्षेत्र का प्रतिनिधि होता है जिस क्षेत्र से वह चुना जाता है। भारत में ऐसा कोई प्रतिनिधि जनता से नहीं चुना जाता जो भारत का प्रतिनिधित्व करता हो और जब तक भारत का प्रतिनिधित्व करने वाला चुनाव नहीं होता या भारत की जनता का राष्ट्रीय मुद्दों पर विचार कर संसद के कर्तव्य का बोध कराने वाली स्वतन्त्र संस्था नहीं बन जाती, तब तक जनता को संसद को संविधान की धारा-51(ए) के अन्तर्गत नागरिक का मौलिक कर्तव्य के अनुसार न्यायालय व संसद के माध्यम से सरकार को मार्गदर्शन देने का कर्तव्य करना चाहिए जो उसका अधिकार भी है।

वे शब्द जिसके बिना युग परिवर्तन सम्भव नहीं

सन् 1893 से सन् 1993 के 100 वर्षों के समय में विश्व के बौद्धिक शक्ति को जिन्होंने सबसे अधिक हलचल दी वे हैं-धर्म की ओर से स्वामी विवेकानन्द और धार्मिकता की ओर से आचार्य रजनीश"ओशो"। मनुष्य जिस प्रकार भौतिक विज्ञान के नवीन आविष्कारों को आसानी से ग्रहण करता है उसी प्रकार धर्म-आध्यात्म-दर्शन के नवीन आविष्कारों को भी मनुष्य को ग्रहण करना चाहिए, तभी मानसिक-आध्यात्मिक स्वतन्त्रता का अनुभव हो सकेगा। अन्यथा पूर्ण शारीरिक गुलामी का समय बीत चुका, आर्थिक गुलामी का काल चल रहा है और मानसिक गुलामी के काल चक्र में मनुष्य फँस जायेगा।

स्वामी विवेकानन्द जी का कहना था-

- "उसी मूल सत्य की फिर से शिक्षा ग्रहण करनी होगी, जो केवल यहीं से, हमारी इसी मातृभूमि से प्रचारित हुआ था। फिर एक बार भारत को संसार में इसी मूल तत्व का-इसी सत्य का प्रचार करना होगा। ऐसा क्यों है? इसलिए नहीं कि यह सत्य हमारे शास्त्रों में लिखा है वरन् हमारे राष्ट्रीय साहित्य का प्रत्येक विभाग और हमारा राष्ट्रीय जीवन उससे पूर्णतः ओत-प्रोत है। इस धार्मिक सहिष्णुता की तथा इस सहानुभूति की, मातृभाव की महान शिक्षा प्रत्येक बालक, स्त्री, पुरुष, शिक्षित, अशिक्षित सब जाति और वर्ण वाले सीख सकते हैं। तुमको अनेक नामों से पुकारा जाता है, पर तुम एक हो।" (जितने मत उतने पथ, राम कृष्ण मिशन, पृष्ठ-39)।
- "अत: यदि भारत को महान बनाना है, तो इसके लिए आवश्यकता है संगठन की, शक्ति संग्रह की और बिखरी हुई इच्छाशक्ति को एकत्र कर उसमें समन्वय लाने की। अथर्ववेद संहिता की एक विलक्षण ऋचा याद आ गयी जिसमें कहा गया है, "तुम सब लोग एक मन हो जाओ, सब लोग एक ही विचार के बन जाओ। एक मन हो जाना ही समाज गठन का रहस्य है बस इच्छाशक्ति का संचय और उनका समन्वय कर उन्हें एकमुखी करना ही सारा रहस्य है।" (देखें "नया भारत गढ़ो" पृष्ठ संख्या-55)
- "यह भी न भूलना चाहिए कि हमारे बाद जो लोग आएंगे, वे उसी तरह हमारे धर्म और ईश्वर सम्बन्धी धारणा पर हँसेंगे, जिस तरह हम प्राचीन लोगों के धर्म और ईश्वर की धारणा पर हँसते हैं। यह सब होने पर भी, इन सब ईश्वर सम्बन्धित धारणाओं का संयोग करने वाला एक स्वर्ण सूत्र है और वेदान्त का उद्देश्य है-इस सूत्र की खोज करना। भागवान कृष्ण ने कहा है-""भिन्न भिन्न मणियाँ जिस प्रकार एक सूत्र में पिरोयी जा सकती हैं, उसी प्रकार इन सब विभिन्न भावों के भीतर भी एक सूत्र विद्यमान है।" (देखें "ज्ञानयोग", पृष्ठ संख्या-65) ,
- "एक शब्द में वेदान्त का आदर्श है-मनुष्य के सच्चे स्वरूप को जानना।" (देखें "विवेकानन्द राष्ट्र को आह्वान", पृष्ठ सं0-48)।
- यदि हम अपने व्यक्तिगत एवं सामूहिक जीवन में वैज्ञानिक चेतना सम्पन्न एवं आध्यात्मिक एक साथ न हो पाए, तो मानवजाति का अर्थपूर्ण अस्तित्व ही संशय का विषय हो जाएगा। (विज्ञान और आध्यात्मिकता, पृष्ठ-9)
- हमेशा यूरोप से सामाजिक तथा एशिया से आध्यात्मिक शक्तियों का उद्भव होता रहा है एवं इन दोनों शक्तियों के विभिन्न प्रकार के सम्मिश्रण से ही जगत का इतिहास बना है। वर्तमान मानवेतिहास का एक और नवीन पृष्ठ धीरे-धीरे विकसित हो रहा है एवं चारो ओर उसी का चिन्ह दिखाई दे रहा है। कितनी ही नवीन योजनाओं का उद्भव तथा नाश होगा, किन्तु योग्यतम वस्तु की प्रतिष्ठा सुनिश्चित है, सत्य और शिव की अपेक्षा योग्यतम वस्तु और हो ही क्या सकती है? (पत्रावली भाग-1, पृष्ठ-310)

स्वामी विवेकानन्द के अनुसार शब्द से सृष्टि का रहस्य

01. बृहत् ब्रह्माण्ड में भी ब्रह्मा, हिरण्यगर्भ या समष्टि महत् ने पहले अपने आप को नाम के, और फिर बाद में रुप के आकार में अर्थात् इस परिदृश्यमान जगत के आकार में अभिव्यक्त किया। (भक्ति योग, पृष्ठ-44)
02. यह सारा व्यक्त इन्द्रियग्राह्य जगत रुप है, और इसके पीछे है अनन्त अव्यक्त स्फोट। स्फोट का अर्थ-समस्त जगत की अभिव्यक्ति का कारण शब्द-ब्रह्म है। समस्त नामों अर्थात् भावों की नित्य समवायी उपादान स्वरुप यह नित्य स्फोट ही वह शक्ति है, जिससे भगवान इस विश्व की सृष्टि करते हैं। यही नहीं बल्कि भगवान पहले स्फोट रुप में परिणत हो जाते हैं और तत्पश्चात् अपने को उससे भी स्थूल इस इन्द्रियग्राह्य जगत के रुप में परिणत कर लेते हैं। (भक्ति योग, पृष्ठ-45)
03. इस स्फोट का एक मात्र वाचक शब्द है-"ऊँ"। और चूँकि हम किसी भी उपाय से शब्द को भाव से अलग नहीं कर सकते, इसलिए यह "ऊँ" भी इस नित्य स्फोट से नित्य संयुक्त है। (भक्ति योग, पृष्ठ-45)
04. एकमेव यह "ऊँ" ही इस प्रकार सर्वभावाव्यापी वाचक शब्द है, अन्य कोई भी इसके समान नहीं। स्फोट ही सारे भावों का उपादान है, फिर भी वह स्वयं पूर्ण रुप से विकसित कोई विशिष्ट भाव नहीं है। अर्थात् यदि उन सब भेदों को, जो एक भाव को दूसरे से अलग करते हैं, निकाल दिया जाय, तो जो कुछ बचा रहता है, वही स्फोट है। इसलिए इस स्फोट को "नादब्रह्म" कहते हैं। (भक्ति योग, पृष्ठ-45)
05. जो वाचक शब्द उसे सब से कम विशेषभावापन्न करेगा, पर साथ ही उसके स्वरुप को यथासम्भव पूरी तरह प्रकाशित करेगा, वही उसका सबसे सच्चा वाचक होगा। और यह वाचक शब्द है-एकमात्र "ऊँ" क्योंकि ये तीनों अक्षर अ, उ और म्, जिनका एक साथ उच्चारण करने से "ऊँ" होता है, समान शब्दों के साधारण वाचक के तौर पर लिये जा सकते हैं। (भक्ति योग पृष्ठ, पृष्ठ-46)
06. अक्षर "अ" सारे अक्षरों में सबसे कम विशेषभावापन्न है। इसीलिए भगवान श्रीकृष्ण गीता में कहते हैं-"अक्षरों में मैं "अ" कार हूँ। " (गीता,10/33) स्पष्ट रुप से उच्चारित जितने भी शब्द हैं, उनकी उच्चारण क्रिया मुख में जिह्वा के मूल से आरम्भ होती है और ओठों में आकर समाप्त हो जाती है। "अ" जिह्वा मूल अर्थात् कण्ठ से उच्चारित होता है, और "म" ओठों से होने वाला अन्तिम शब्द है। और "उ" उस शक्ति का सूचक है, जो जिह्वा मूल से आरम्भ होकर मुँह भर में लुढ़कती हुई ओठों में आकर समाप्त हो जाती है। यदि "ऊँ" का उच्चारण ठीक ढंग से किया जाय, तो इसके शब्दोच्चारण की सम्पूर्ण क्रिया सम्पन्न हो जाती है-दूसरे किसी भी शब्द में यह शक्ति नहीं। (भक्ति योग, पृष्ठ-46)
07. जिस प्रकार अल्पतम् विशेष भावात्मक तथा सार्वभौमिक वाचक शब्द "ऊँ" के सम्बन्ध में वाच्य और वाचक आपस में अभेद्य रुप से सम्बद्ध हैं उसी प्रकार वाच्य और वाचक का यह अविच्छिन्न सम्बन्ध भगवान और विश्व के विभिन्न खण्ड भावों पर भी लागू है, अतएव उनमें से प्रत्येक का एक विशिष्ट वाचक शब्द होना आवश्यक है। (भक्ति योग, पृष्ठ-47)
08. ये वाचक शब्द ऋषियों की गम्भीरतम आध्यात्मिक अनुभूति से उत्पन्न हुए हैं और वे भगवान तथा विश्व के जिन विशेष-विशेष खण्ड भाव के वाचक हैं, उन विशेष भावों को यथासम्भव प्रकाशित करते हैं। जिस प्रकार "ऊँ" अखण्ड ब्रह्म का वाचक है, उसी प्रकार अन्यान्य मंत्र भी उसी परम पुरुष के खण्ड-खण्ड भावों के वाचक हैं। ये सभी ईश्वर के ध्यान और प्रकृत ज्ञान की प्राप्ति में सहायक हैं। (भक्ति योग, पृष्ठ-47)
09. सृष्टि के पूर्व ब्रह्म शब्दात्मक बनते है, फिर ओंकारात्मक या नादात्मक होते है। तत्पश्चात पहले कल्पों के विशेष शब्द जैसे-भूः, भुवः, स्व-अथवा गो, मानव, घट, पट इत्यादि का प्रकाश उसी ओंकार से होता है। सिद्ध संकल्प ब्रह्म में क्रमश-एक-एक शब्द के होते ही उसी क्षण उन सब पदार्थो का भी प्रकाश हो जाता है और इस विचित्र जगत् का विकास हो उठता है। अब समझे न कि कैसे शब्द ही सृष्टि का मूल है। -स्वामी विवेकानन्द (विवेकानन्द जी के संग में पृष्ठ-62)
10. यह सारा व्यक्त इन्द्रिय ग्राह्य जगत रूप है, और इसके पीछे है अनन्त अव्यक्त स्फोट। स्फोट का अर्थ-समस्त जगत की अभिव्यक्ति का कारण शब्द-ब्रह्म। समस्त नामों अर्थात् भावों की नित्य समवायी उपादान स्वरूप यह नित्य स्फोट ही वह शक्ति है, जिससे भगवान इस विश्व की सृष्टि करते है। यही नहीं बल्कि भगवान पहले स्फोट-रूप में परिणत हो जाते है और तत्पश्चात अपने को उससे भी स्थूल इस इन्द्रिय ग्राह्य जगत् के रूप में परिणत कर लेते है। -स्वामी विवेकानन्द (राजयोग-पृष्ठ-45)

आचार्य रजनीश"ओशो" का कहना था-

- "श्रीकृष्ण का महत्व अतीत के लिए कम भविष्य के लिए ज्यादा है। सच ऐसा है कि कृष्ण अपने समय से कम से कम पाँच हजार वर्ष पहले पैदा हुये। सभी महत्वपूर्ण व्यक्ति अपने समय से पहले पैदा होते हैं और

सभी गैर महत्वपूर्ण व्यक्ति अपने समय के बाद पैदा होते हैं। बस महत्वपूर्ण और गैर महत्वपूर्ण में इतना फर्क है और सभी साधारण व्यक्ति अपने समय के साथ पैदा होते हैं महत्वपूर्ण व्यक्ति को समझना आसान नहीं होता। उसका वर्तमान और अतीत उसे समझने में असमर्थता अनुभव करता है जब हम समझने योग्य नहीं हो पाते तब हम उसकी पूजा शुरु कर देते हैं या तो हम उसका विरोध करते हैं। दोनों पूजाएं हैं एक मित्र की एक शत्रु की।"

- उसके लिए सब हंसी खेल है, सब लीला है। इसलिए हमने कृष्ण को पूर्णावतार कहा। राम गम्भीर हैं छोटी-छोटी बात का हिसाब रखते हैं। नियम मर्यादा से चलते हैं- मर्यादा पुरूषोत्तम हैं। कृष्ण अमर्याद हैं न कोई नियम है न कोई मर्यादा। कृष्ण के लिए जीवन लीला है।
- धर्म कोई विषय थोड़े ही है। धर्म की कोई सीमा थोड़े ही है। धर्म तो समस्त जीवन का नाम है। जीवन में जो कुछ भी समाविष्ट है, धर्म उस सभी के सम्बन्ध में वक्तव्य देने का हकदार है। राजनीतिज्ञ, धर्म के सम्बन्ध में वक्तव्य नहीं दे सकता क्योंकि राजनीति की सीमा है। लेकिन धार्मिक व्यक्ति, राजनीति के सम्बन्ध में वक्तव्य दे सकता है क्योंकि धर्म की कोई सीमा नही है धर्म असीम है, धर्म तो पूरे जीवन को घेरता है जैसे आकाश घेरता है। धर्म से तो कोई भी चीज छोड़ी नहीं जा सकती। धार्मिक व्यक्ति की दृष्टि तो सब सम्बन्धों में होगी।
- जो एक गुरू बोल रहा है, वह अनन्त सिद्धों की वाणी है। अभिव्यक्ति में भेद होगा, शब्द अलग होंगे, प्रतीक अलग होंगे मगर जो एक सिद्ध बोलता है, वह सभी सिद्धों की वाणी है। इनसे अन्यथा नहीं हो सकता है। इसलिए जिसने एक सिद्ध को पा लिया, उसने सारे सिद्धों की परम्परा को पा लिया। क्योंकि उनका सूत्र एक ही है। कुंजी तो एक ही है, जिसमें ताला खुलता है अस्तित्व का।
- "इस देश को कुछ बाते समझनी होगी। एक तो इस देश को यह बात समझनी होगी कि तुम्हारी परेशानियों, तुम्हारी गरीबी, तुम्हारी मुसीबतों, तुम्हारी दीनता के बहुत कुछ कारण तुम्हारे अंध विश्वासों में है, भारत कम से कम डेढ़ हजार साल पिछे घिसट रहा है। ये डेढ़ हजार साल पूरे होने जरूरी है। भारत को खिंचकर आधुनिक बनाना जरूरी है। मेरी उत्सुकता है कि इस देश का सौभाग्य खुले, यह देश भी खुशहाल हो, यह देश भी समृद्ध हो। क्योंकि समृद्ध हो यह देश तो फिर राम की धुन गुंजे, समृद्ध हो यह देश तो फिर लोग गीत गाँये, प्रभु की प्रार्थना करें। समृद्ध हो यह देश तो मंदिर की घंटिया फिर बजे, पूजा के थाल फिर सजे। समृद्ध हो यह देश तो फिर बाँसुरी बजे कृष्ण की, फिर रास रचे! यह दीन दरिद्र देश, अभी तुम इसमें कृष्ण को भी ले आओंगे तो राधा कहाँ पाओगे नाचनेवाली? अभी तुम कृष्ण को भी ले आओगे, तो कृष्ण बड़ी मुश्किल में पड़ जायेंगे, माखन कहाँ चुरायेगें? माखन है कहाँ? दूध दही की मटकिया कैसे तोड़ोगे? दूध दही की कहाँ, पानी तक की मटकिया मुश्किल है। नलों पर इतनी भीड़ है! और एक आध गोपी की मटकी फोड़ दी, जो नल से पानी भरकर लौट रही थी, तो पुलिस में रिपोर्ट दर्ज करा देगी कृष्ण की, तीन बजे रात से पानी भरने खड़ी थी नौ बजते बजते पानी भर पायी और इन सज्जन ने कंकड़ी मार दी। धर्म का जन्म होता है जब देश समृद्ध होता है। धर्म समृद्ध की सुवास है। तो मैं जरूर चाहता हूँ यह देश सौभाग्यशाली हो लेकिन सबसे बड़ी अड़चन इसी देश की मान्यताएं है। इसलिए मैं तुमसे लड़ रहा हूँ। तुम्हारे लिए।"

व्यक्ति-समाज-राज्य-विश्व की आवश्यकता, भविष्यवक्ताओं की भविष्यवाणीयां, ग्रहों के चालों, सूर्य व चन्द्र ग्रहण, सामाजिक-राजनीतिक विचारकों के विचार-सपनें-उम्मीद इत्यादि युग परिवर्तन की ओर दिशा निर्देश कर रहीं हैं। ऐसे में सृष्टि के लिए सार्वभौम सर्वोच्च अन्तिम अर्थों वाले शब्दों (जिसकी सूची अगले पृष्ठ पर दी गई है।) **पर चर्चा ही एक मात्र युग परिवर्तन का मार्ग है।**

वे सार्वभौम एकात्म शब्द जिसके बिना युग परिवर्तन सम्भव नहीं (सर्वोच्च, अन्तिम और दृश्य)

क्र.सं. विषय क्षेत्र	सम्बन्धित क्षेत्र से मुख्य नाम
01. विश्व क्षेत्र	विश्व संविधान / साहित्य / विचार / सिद्धान्त / प्रबन्ध / दर्शन / मत / मानव / एकता / शान्ति / विकास / स्थिरता / आत्मा / अभिनेता / बुद्धि / राजनीति / क्रांति
02. राज्य क्षेत्र	विश्व (राष्ट्र) ऐजेण्डा–2012+ (WORLD NATION AGENDA-2012+) विश्व व्यवस्था का अधिकतम एवं न्यूनतम साझा कार्यक्रम
03. समाज क्षेत्र	लोक / गण / जन ऐजेण्डा–2012+ (PUBLIC AGENDA-2000+)
04. धर्म क्षेत्र	वेदान्त धर्म स्थापना
05. साहित्य क्षेत्र	विश्व साहित्य–"विश्वभारत" समाहित "विश्वशास्त्र" साहित्य– आदर्श वैश्विक व्यक्ति चरित्र कथा साहित्य
06. सामाज शास्त्र	मानक / जन / गण / लोक शास्त्र
07. धर्मशास्त्र	धर्मयुक्त नाम – कर्मवेदः प्रथम, अन्तिम और पंचम वेद और आधारित उपनिषद् (व्यष्टि एवं समष्टि) सर्वधर्मसमभाव / धर्मनिरपेक्ष नाम – मन की गुणवत्ता का विश्व मानक : शून्य श्रृंखला (व्यष्टि एवं समष्टि)
08. मानक क्षेत्र	मन की गुणवत्ता का विश्व मानक : शून्य श्रृंखला
09. अदृश्य विज्ञान	दृश्य आध्यात्म विज्ञान
10. दृश्य विज्ञान	धर्म विज्ञान या एकात्म विज्ञान (Integration Science)
11. इंजीनियरिंग	सत्य सामाजिक अभियंत्रण (Real Social Engineering)
12. तकनीकी	सत्य सामाजिक तकनीकी (Real Social Technology) : WCM-TLM-SHYAM.C Technology
13. संविधान	विवादमुक्त तन्त्रों पर आधारित संविधान
14. राजनीति	सत्य राजनीति / राजनीति–2012+ (POLITICS-2012+)
15. संगठन	विश्व राजनीतिक पार्टी संघ (World Political Party Organisation- WPPO)
16. शिक्षा	पूर्णज्ञान / पूर्ण शिक्षा प्रणाली / शिक्षा -2012+ (EDUCATION-2012+)
17. राष्ट्र सम्बन्ध	आदर्श राष्ट्रीय नागरिक
18. वेदान्त	कर्म वेदान्त : वेदान्त की अन्तिम शाखा
19. मतवाद	एकात्म कर्मवाद : एकात्म मानवतावाद का व्यावहारिक रुप
20. दार्शनिक	विकास दर्शन (Development Philosophy)
21. क्रांति	संपूर्ण क्रांति (Complete Revolution) : प्रलय, स्थिति एवं सृष्टि
22. सांस्कृतिक	भोगेश्वरः भोग (पाश्चात्य) + ईश्वर (प्राच्य) = एकात्म या ईश्वरत्व भाव से भोग
23. मन	विश्व मन (WOLD MIND)
24. मानव	विश्वमानव (विश्वमन से युक्त)
25. मनु	8वें मनु – सावर्णि मनु
26. अवतार	भगवान विष्णु के 10वें और अन्तिम तथा भगवान शंकर के 22वें और अन्तिम संयुक्तावतार (निष्कलंक कल्कि एवं भोगेश्वर)
27. निराकार ब्रह्म	सार्वभौम सत्य–सिद्धान्त (UNIVERSAL TRUTH-THEORY) : विश्व–बन्धुत्व का सिद्धान्त
28. साकार ब्रह्म	लव कुश सिंह
29. पुनर्जन्म–सत् मार्ग से	बुड्ढा कृष्ण (कृष्ण भाग – 2 और अन्तिम) – कृष्ण की अगली और अन्तिम कड़ी
30. पुनर्जन्म–रज मार्ग से	स्वामी विवेकानन्द का पुनर्जन्म
31. पुनर्जन्म–तम मार्ग से	रावण की अगली कड़ी
32. आत्मा	दृश्य विश्वात्मा / शिव / ब्रह्म / मैं
33. अभिनय	वास्तविक जीवन का अभिनेता (Real Life Actor)
34. बम	ज्ञान बम – आध्यात्मिक न्यूट्रान बम
35. अस्त्र	अनियन्त्रित पशुपास्त्र (नारायणास्त्र या सु–दर्शन चक्र व ब्रह्मास्त्र समाहित)
36. माया	योग माया समाहित भोगमाया
37. ज्ञान	एकात्म कर्मज्ञान (शास्वत) : व्यष्टि एवं समष्टि
38. बुद्धि	विश्व बुद्धि व चेतना या सत्य चेतना : पूर्व व्यक्त सत्य चेतना
39. ध्यान व योग	दृश्य सत्य–क्रियाकलाप–एकात्म योग व ध्यान (अन्तिम योग व अन्तिम ध्यान)
40. मिशन	प्राकृतिक सत्य मिशन (Natural Truth Mission)–सर्वोच्च और अन्तिम मिशन
41. धार्मिक नगर	एकात्म काशी– जीवनदायिनी सत्यकाशी : पंचम, अन्तिम तथा सप्तम काशी
42. शक्ति	आत्मशक्ति (SPIRIT POWER),मस्तिष्क शक्ति (BRAIN POWER), मन शक्ति (MIND POWER),सत्य शक्ति (TRUTH POWER)
43. जीवन कथा	विश्वमानव लीला / दर्पण : दो विपरीत दिशाओं के साथ प्रथम एवं अन्तिम कथा
44. प्रेम और कर्म	शास्वत प्रेम और कर्म
45. समन्वय	अन्तिम समन्वय–सिद्धान्त
46. आचार्य	अन्तिम समन्वयाचार्य
47. कला	विश्वमानव कला (कृष्ण कला समाहित)
48. परिचालन प्रणाली	अवतार का परिचालन प्रणाली : मानव–10 (Avatar's Operating System-AOS : Human-10)
49. शंकराचार्य पीठ	सत्यकाशी पीठ : पंचम और अन्तिम शंकराचार्य पीठ

भाग-4

केन्द्र या मध्य (भारत) में पांचवां और अन्तिम सत्यकाशी पीठ

सत्यकाशी पीठः स्थान

सत्यकाशी पीठः इतिहास और उद्देश्य

पाँचवाँ और अंतिम शंकराचार्य पीठः इसकी विशेषता

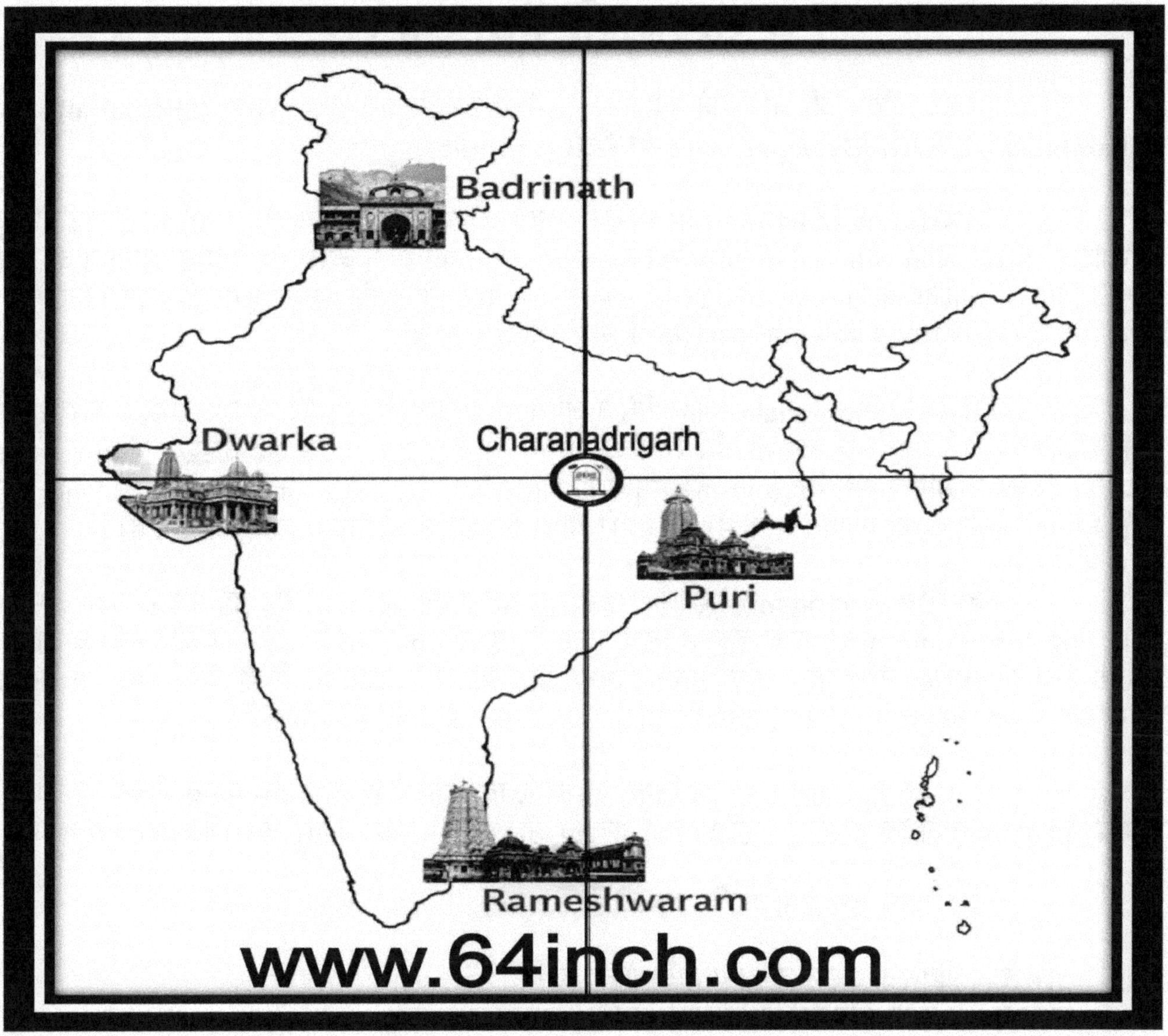

दिशा	पीठ का नाम/ स्थान	उद्देश्य	संबंधित वेद	महावाक्य	तत्व
उत्तर	बदरी ज्योतिर्मठ पीठ उत्तराखंड, जोशीमठ	ज्ञान और विवेक	अथर्ववेद	अयमात्मा ब्रह्म (यह आत्मा ब्रह्म है)	वायु
दक्षिण	श्रीगेरी शारदा पीठ कर्नाटक, श्रीगेरी	स्थिरता और परंपरा	यजुर्वेद	अहम् ब्रह्मास्मि (मैं ब्रह्म हूँ)	पृथ्वी
पूर्व	पुरी गोवर्धनमठ पीठ ओडिशा, पुरी	भक्ति और समर्पण	ऋग्वेद	प्रज्ञानं ब्रह्म (चेतना ब्रह्म है)	जल
पश्चिम	द्वारका शारदा पीठ गुजरात, द्वारका	कर्म और संकल्प	सामवेद	तत्त्वमसि (तू ब्रह्म है)	अग्नि
केन्द्र या मध्य	सत्यकाशी पीठ उत्तर प्रदेश, चरणाद्रिगढ़	चेतना और एकत्व	कर्मवेद	सर्वे ब्रह्म (सभी ब्रह्म हैं)	आकाश

क्षिति, जल, पावक, गगन, समीरा। पंच तत्व मिलि बनेहु शरीरा ।।

सत्यकाशी पीठ: स्थान

मानव जीवन की यात्रा को हम चार स्तरों में देख सकते हैं - **संभल (Shambhal), संभला (Shambhala), ज्ञानगंज (Gyanganj) और संगरीला (Sangrila)**

संभल (Shambhal) को हम भौतिक जगत का प्रतीक मान सकते हैं। यह धरती पर बसा हुआ वास्तविक नगर है, जहाँ लोग रहते हैं, संघर्ष करते हैं और जीवन की यात्रा करते हैं। धार्मिक मान्यता के अनुसार यहाँ भविष्य में कल्कि अवतार का जन्म होगा। इसका अर्थ यह भी है कि संभल हमें यह याद दिलाता है कि परिवर्तन और नवजागरण हमेशा इसी सांसारिक धरती से प्रारंभ होता है।

संभला (Shambhala) आध्यात्मिक जगत का प्रतीक है। यह उस आदर्श समाज और चेतना की ओर संकेत करता है, जहाँ धर्म, करुणा और सत्य का शासन है। बौद्ध ग्रंथों में इसे एक अदृश्य, पवित्र राज्य बताया गया है। इसका दार्शनिक अर्थ यह है कि हर मनुष्य के भीतर एक संभला है - एक ऐसा क्षेत्र जहाँ शांति, संतुलन और धर्म की शक्ति हमेशा जीवित रहती है। यह हमारे भीतर के आदर्श और परम लक्ष्य का रूप है।

ज्ञानगंज (Gyanganj) गूढ़ और रहस्यमय चेतना का प्रतीक है। यह वह क्षेत्र है, जहाँ अमर योगी और सिद्ध रहते हैं, और जो साधारण दृष्टि से छिपा हुआ है। इसका अर्थ यह है कि सत्य और सर्वोच्च ज्ञान कभी सतही रूप में उपलब्ध नहीं होते, बल्कि गहन साधना और आंतरिक परिवर्तन से ही प्राप्त किए जा सकते हैं। ज्ञानगंज हमें यह सिखाता है कि परम सत्य अदृश्य है, परंतु साधना से प्रकट हो सकता है।

इस प्रकार, ये चारों स्तर - **भौतिक, आध्यात्मिक, गूढ़ और आदर्श** - मानव जीवन और चेतना की समग्र यात्रा का प्रतिनिधित्व करते हैं, जहाँ साधना, अनुभव और ज्ञान मिलकर आत्मा को पूर्णता की ओर ले जाते हैं।

इस प्रकार, इन तीनों को मिलाकर देखा जाए तो:

- **संभल** = जीवन और समाज का यथार्थ (भौतिक जगत)
- **संभला** = आदर्श और धर्म का उच्च स्वरूप (आध्यात्मिक जगत)
- **ज्ञानगंज** = रहस्यमय सत्य और अमर ज्ञान (गूढ़ जगत)

ये तीनों मिलकर मानव जीवन की पूर्ण यात्रा का संकेत देते हैं - भौतिक से आध्यात्मिक और फिर गूढ़ एवं परम सत्य तक।

संगरीला (Sangrila/Shangri-La) एक कल्पित पर्वतीय स्थल है, जिसे आदर्श समाज और शांति का प्रतीक माना जाता है। यह जगह सामान्य दृष्टि से अदृश्य या दूरस्थ मानी जाती है, जहाँ जीवन सुखमय, स्वस्थ और सामंजस्यपूर्ण होता है। दार्शनिक रूप से इसे मानव चेतना के उच्चतम स्तर, आत्मा की शांति और आदर्श जीवन का प्रतीक माना जाता है। **संगरीला (Sangrila)** का अर्थ यह भी है कि सच्ची खुशी और संतुलन केवल भीतर की यात्रा और साधना से ही प्राप्त होते हैं, बाहरी समृद्धि से नहीं।

1. **शब्द-संदर्भ में**: "Sangrila" अक्सर "Shangri-La" का रूपांतर होता है, जो कि एक कल्पित, आदर्श, रहस्यमयी और शांति-पूर्ण स्थान है।
2. **दार्शनिक/आध्यात्मिक संदर्भ में**: इसे ज्ञानगंज या संभला जैसे गूढ़ और रहस्यमयी क्षेत्रों के समान माना जा सकता है।
3. **अन्य संदर्भ**: यदि यह किसी किताब, स्थान या परियोजना का नाम है, तो उसका अलग अर्थ हो सकता है।

पीठ (Peeth) स्थापित करने की योजना

उद्देश्य और दर्शन तय करना

- पहले यह स्पष्ट करें कि पीठ का उद्देश्य क्या होगा:
    - **अद्वैत वेदांत का प्रचार**
    - **साधकों का प्रशिक्षण और मोक्ष की ओर मार्गदर्शन**
    - **धार्मिक शिक्षा, योग और ध्यान केंद्रित करना**
- पीठ का नाम "Satyakashi" इसलिए चुना गया है क्योंकि यह **सत्य और ज्ञान के प्रकाश का प्रतीक** है।

गुरु या आध्यात्मिक मार्गदर्शक

- पीठ को वैध और आध्यात्मिक मान्यता प्राप्त करने के लिए **एक योग्य गुरु या शिष्य परंपरा वाला व्यक्ति** आवश्यक है।
- गुरु का कार्य होगा:
    - **साधकों का प्रशिक्षण**
    - **धर्म और वेदांत का प्रचार**
    - **पीठ की प्रतिष्ठा बनाना**

स्थान और इमारत का चयन

- स्थान चुनते समय ध्यान दें:
    - **शांत और आध्यात्मिक वातावरण**
    - **साधकों के लिए आवास और साधना स्थल**
    - **भक्तों और पर्यटकों के आने-जाने की सुविधा**
- इमारत में हो सकते हैं:
    - मुख्य मंदिर / पूजा स्थल
    - ध्यान और साधना कक्ष
    - वेदांत शिक्षण कक्ष
    - गुरुकुल या आश्रम

धार्मिक और आध्यात्मिक गतिविधियाँ

- नियमित क्रियाएँ:

- **साधना, ध्यान और कीर्तन**
    - **वेदांत और शास्त्र अध्ययन**
    - **धार्मिक कार्यशालाएँ और प्रवचन**
- विशेष आयोजन:
    - **अस्थायी या वार्षिक उत्सव**
    - **अद्वैत वेदांत पर सेमिनार**
    - **साधक प्रशिक्षण शिविर**

समुदाय और साधकों का निर्माण

- पीठ केवल इमारत नहीं, **साधकों और भक्तों का केंद्र** होना चाहिए।
- इसके लिए करें:
    - सामाजिक और आध्यात्मिक गतिविधियों का आयोजन
    - साधकों के लिए निवास और शिक्षा सुविधाएँ
    - पीठ का प्रचार: पुस्तकों, वेबसाइट और सामाजिक मंचों के माध्यम से

आधिकारिक मान्यता और नेटवर्क

- भारत में शंकराचार्य परंपरा के मुख्य पीठों के साथ **संपर्क और मार्गदर्शन**।
- नए पीठ को स्थानीय प्रशासन और धार्मिक संस्थानों से **मान्यता और सहयोग** दिलाना।
- अन्य पीठों और गुरु परिषदों के साथ **संवाद और सहयोग**।

दीर्घकालीन योजना

- पीठ को स्थायी और प्रतिष्ठित बनाने के लिए:
    - नियमित साधना और शिक्षा कार्यक्रम
    - नए साधकों और भक्तों को जोड़ना
    - पीठ के **अध्यात्मिक, सामाजिक और शैक्षिक प्रभाव** को बढ़ाना

निष्कर्ष:

नया **Satyakashi Peeth** बनाया जा सकता है, लेकिन यह केवल इमारत नहीं, बल्कि **ज्ञान, साधना और आध्यात्मिक मार्गदर्शन का केंद्र** होना चाहिए। एक योग्य गुरु, साधक समुदाय और सही दृष्टिकोण इसके लिए अनिवार्य हैं।

अन्तिम अवतार कल्कि
का संभल (Shambhal), संभला (Shambhala), ज्ञानगंज (Gyanganj) और संगरीला (Sangrila) से सम्बन्ध

इसका उत्तर गहराई से समझा जाए तो यह केवल भूगोल या कथा का नहीं, बल्कि चेतना के विकास का रहस्य है।

1. संभल (Shambhal) - अवतार का धरातल

हिन्दू ग्रन्थों में कहा गया है कि **कल्कि अवतार का जन्म 'संभल' नामक स्थान पर होगा।** यह स्थान भौतिक जगत में मौजूद है - उत्तर प्रदेश का एक नगर, परंतु प्रतीक रूप से यह मानवता के भीतर जन्म लेती दिव्यता का संकेत है। जब धर्म क्षीण होता है, तब वही संभल - अर्थात् "संभलने का बिंदु" - अवतार का आधार बनता है।

संभल = पृथ्वी पर दिव्यता का उद्भव बिंदु।

2. संभला (Shambhala) - धर्मराज्य या दिव्य व्यवस्था

बौद्ध और हिन्दू दोनों परम्पराओं में **Shambhala** को धर्म का गुप्त राज्य माना गया है। बौद्ध ग्रंथ 'कालचक्र तंत्र' में कहा गया है कि जब अधर्म चरम पर होगा, तब Shambhala से एक राजा प्रकट होगा जो अधर्म का अंत करेगा - यह प्रतीक रूप से **कल्कि अवतार का ही वर्णन** है।

संभला = दिव्य शासन या धर्मराज्य, जहाँ से कल्कि की प्रेरणा उठती है।

3. ज्ञानगंज (Gyanganj) - सिद्धों का अदृश्य लोक

ज्ञानगंज को अमर योगियों का क्षेत्र कहा जाता है, जहाँ से विश्व के आध्यात्मिक प्रवाह को दिशा मिलती है। कई सिद्ध परंपराएँ मानती हैं कि कल्कि का आध्यात्मिक मार्गदर्शन इन्हीं योगियों द्वारा किया जाएगा।

ज्ञानगंज = दिव्य ऊर्जा और योगिक शक्ति का स्रोत, जहाँ से कल्कि को आत्मिक बल प्राप्त होगा।

4. संगरीला (Sangrila / Shangri-La) - आदर्श समाज या चेतना का चरम स्वरूप

संगरीला का विचार पश्चिमी और तिब्बती रहस्य परंपराओं में आता है - एक अमर, शांति-पूर्ण, आदर्श स्थान, जहाँ कोई रोग, संघर्ष या अधर्म नहीं होता। यह उस अवस्था का प्रतीक है जो **कल्कि युग के बाद की सृष्टि** होगी - अर्थात सत्ययुग का पुनर्स्थापन।

संगरीला = वह दिव्य युग या चेतना का चरम, जो कल्कि अवतार के कार्य का परिणाम है।

सारांश (संक्षेप में सम्बन्ध)

स्तर	प्रतीक	सम्बन्ध कल्कि से
संभल (Shambhal)	भौतिक जन्मभूमि	कल्कि अवतार का पृथ्वी पर अवतरण
संभला (Shambhala)	दिव्य धर्मराज्य	धर्म का पुनःस्थापन करने की शक्ति का उद्गम
ज्ञानगंज (Gyanganj)	गूढ़ योगिक लोक	कल्कि को आत्मिक दिशा और सिद्ध शक्ति का आधार
संगरीला (Sangrila)	आदर्श चेतना का युग	कल्कि कार्य का अंतिम परिणाम - पुनः सत्ययुग

अर्थात् -

संभल में कल्कि अवतरित होते हैं, संभला से उन्हें धर्म की प्रेरणा मिलती है, ज्ञानगंज से योगिक शक्ति, और संगरीला उनके कार्य का लक्ष्य है - सत्य और शांति का पुनर्स्थापन।

सत्यकाशी पीठ: योग्य स्थान

इस संसार को अन्तिम सन्देश देने से पहले आपको उस क्षेत्र से परिचय कराना चाहता हूँ जिस क्षेत्र से यह सन्देश देने का साहस किया गया है क्योंकि कोई भी क्रिया बिना कारण के नहीं होती।

समस्त मूल कार्य जिस क्षेत्र से सम्पूर्ण हुआ, उस क्षेत्र को सत्यकाशी क्षेत्र कहता हूँ और जिस ग्राम का निवासी हूँ वह काशी (वाराणसी) के चौरासी कोस यात्रा तथा सत्यकाशी क्षेत्र का उभय क्षेत्र में स्थित है। इसलिए जितना काशी (वाराणसी) का हूँ उतना ही सत्यकाशी का हूँ। इस प्रकार यह सन्देश काशी-सत्यकाशी का संयुक्त सन्देश है।

सत्यकाशी क्षेत्र जो काशी (वाराणसी), विन्ध्याचल, शिवद्वार और सोनभद्र के बीच का क्षेत्र है, एक पौराणिक-आध्यात्मिक और साधना के लिए उपयुक्त क्षेत्र के रूप में प्राचीन काल से आकर्षण में रहा है। इस क्षेत्र का हृदय क्षेत्र चुनार है। चुनार का किला राजा विक्रमादित्य ने अपने भाई भर्तहरि के तपस्या में हिंसक जानवरों द्वारा व्यवधान न उत्पन्न हो इसके लिए बनवाया था। ये राजा विक्रमादित्य वही हैं जिनके नाम से विक्रम सम्वत् कैलेण्डर स्थापित है। चुनार ईश्वर के पाँचवें अवतार-वामन अवतार का क्षेत्र है जिनसे समाज की शक्ति का प्रथम जन्म हुआ था।

सत्यकाशी क्षेत्र के चारों कोण पर स्थित

1. काशी (वाराणसी) का अपना प्राचीन और पुरातन इतिहास है जो सर्वविदित है।
2. विन्ध्याचल, जो शिव-शक्ति के उपासना का अद्भुत केन्द्र है। यशोदा से उत्पन्न पुत्री (जिनके बदले श्रीकृष्ण प्राप्त हुये थे) महासरस्वती अष्टभुजा देवी के नाम से यहीं स्थापित हैं। भारत देश का मानक समय माँ विन्ध्यवासिनी धाम से तय होता है। पुराणों के अनुसार रावण ने भी इसे मानक समय स्थल मानकर यहाँ शिवलिंग की स्थापना की थी।
3. शिवद्वार, त्रिकोणीय तान्त्रिक साधना के लिए जगत विख्यात था और साधना की राजधानी था। इसे ही मीरजापुर गजेटियर में गुप्तकाशी की संज्ञा से अभिकल्पित किया गया है।
4. सोनभद्र, सोन संस्कृति की पौराणिक पृष्ठभूमि वैदिककालीन सभ्यता की पराकाष्ठापरक ऐतिहासिकता से सम्बद्ध है। सन्त परम्पराओं का एक महत्वपूर्ण परिव्रजन इस क्षेत्र में हुआ जिसमें शैव व शाक्त प्रमुख थे। शैव सम्प्रदाय से जुड़े अघोर तन्त्र ने इसे बहुत सराहा और इसे अपनी कर्मभूमि बना लिया। सोन नद के तट पर शव छेदन क्रिया की भी प्रशिक्षा आयुर्वेद के जिज्ञासुओं को दी जाती थी। शैव तन्त्र से प्रभावित अघोर तन्त्र शव-साधना में सिद्धहस्त था और शव में इकार की प्राण प्रतिष्ठा का जीवन्त रूप शिव को दे देना इनकी अलौकिक साधना का चरमोत्कर्ष है। अघोरपन्थी नाम के पश्चात् "राम" का प्रयोग करते थे। इस क्षेत्र में सवर्ण वर्ग में प्रायः ब्राह्मण वर्ग भी राम का प्रयोग अपने नाम में करता है। इस क्षेत्र में पाशुपात तन्त्र के महान साधक लोरिक का नाम विशेष है।

उपरोक्त तो अति संक्षिप्त परिचय है विस्तार से "विश्वशास्त्र" के अध्याय-दो में प्रकाशित है, जिस क्षेत्र से ये विश्व ऐतिहासिक अन्तिम, अपरिवर्तनीय और अटलनीय सन्देश देने का साहस किया गया है।

भौतिक रूप से सत्यकाशी पीठ के लिए योग्य स्थान सत्यकाशी क्षेत्र ही है। सत्यकाशी पीठ उसी अद्वैत वेदान्त पर आधारित है। जिस के आधार पर आदि शंकाराचार्य द्वारा चार पीठों की स्थापना की थी। युग परिवर्तन के लिए आदि शंकाराचार्य द्वारा स्थापित चार पीठों के वर्तमान शंकाराचार्यों का यह दायित्व है कि वे इस श्रृंखला को आगे बढ़ाते हुये धर्म के वैश्विक स्थापना के लिए आगे आयें।

सत्यकाशी पीठः इतिहास और उद्देश्य

भारत का इतिहास केवल राजाओं और युद्धों का इतिहास नहीं है,
बल्कि यह **चेतना के विकास का इतिहास** है।
हर युग में जब धर्म और राजनीति के बीच संतुलन बिगड़ता है,
तो कोई न कोई पीठ उस संतुलन को पुनर्स्थापित करने के लिए जन्म लेती है।

ऐसा ही एक अद्वितीय उदय है -
"सत्यकाशी पीठ" का,
जो मानवता के अगले अध्याय की भूमिका बन चुका है।

"जहाँ ज्ञान शासन को दिशा देता है,
वहीं शासन धर्म का साधन बन जाता है।"

काशी से सत्यकाशी तकः चेतना की यात्रा

प्राचीन काशी को "मोक्षभूमि" कहा गया,
क्योंकि वहाँ ज्ञान और मृत्यु - दोनों के रहस्य सिखाए जाते थे।
पर सत्यकाशी - ज्ञान का अगला आयाम है।
यह मृत्यु से मुक्ति नहीं, बल्कि **अज्ञान से मुक्ति** की भूमि है।

तीन चरणों में यह यात्रा समझी जा सकती है:

1. **काशी** - व्यक्तिगत मुक्ति का केंद्र।
2. **महाकाशी** - सार्वभौमिक चेतना का केंद्र।
3. **सत्यकाशी** - वैश्विक एकत्व और अद्वैत शासन का केंद्र।

"काशी आत्मा की दीक्षा है,
सत्यकाशी आत्मा का शासन है।"

स्थापना का उद्देश्य

सत्यकाशी पीठ का जन्म केवल धार्मिक नहीं,
बल्कि आध्यात्मिक-राजनीतिक समन्वय की आवश्यकता से हुआ।
विश्व में बढ़ती भौतिकता, असमानता, और नैतिक संकट के बीच
इस पीठ का उद्देश्य है -

1. **धर्म और शासन के बीच अद्वैत संबंध पुनः स्थापित करना।**
2. **राजनीति को आत्मा से जोड़ना।**
3. **विज्ञान, धर्म, और समाज - तीनों का एक समग्र मॉडल प्रस्तुत करना।**

इसके चार प्रमुख सूत्र:

- **धर्म = चेतना की नीति**
- **राजनीति = सेवा की क्रिया**
- **अर्थनीति = संतुलन की व्यवस्था**
- **विज्ञान = सत्य की खोज**

सत्यकाशी की परंपरा और वंश

सत्यकाशी पीठ किसी व्यक्ति द्वारा स्थापित संस्था नहीं है -
यह **ब्रह्म परंपरा का विस्तार** है।
आदि शंकराचार्य ने चार दिशाओं में चार पीठें स्थापित कीं -
पूर्व, पश्चिम, उत्तर, दक्षिण -
जो वेद, धर्म और आत्मज्ञान के केंद्र बने।

परंतु कालान्तर में जब राजनीति धर्म से अलग और धर्म समाज से अलग हुआ,
तो **पाँचवीं पीठ** की आवश्यकता पड़ी -
जो अद्वैत दर्शन को शासन की नीतियों में उतार सके।

"चार पीठों ने धर्म को जीवित रखा,
पाँचवीं पीठ उसे जीवन में उतारेगी।"

सत्यकाशी का उद्देश्य – धर्म का पुनर्निर्माण, शासन का पुनर्जागरण

आज की मानवता धर्म को या तो संप्रदाय मानती है या अनुष्ठान।
पर सत्यकाशी कहता है -

"धर्म = जीवन की वैज्ञानिक व्यवस्था।"

इस पीठ का उद्देश्य है -
धर्म को **व्यवहार में**, राजनीति को **सेवा में**,
और विज्ञान को **चेतना में** बदलना।

इसके तीन प्रमुख लक्ष्य:

1. **आध्यात्मिक शासन (Spiritual Governance):**
   जहाँ नीतियाँ करुणा और सत्य पर आधारित हों।
2. **चेतना आधारित शिक्षा (Conscious Education):**
   जहाँ बच्चों को ज्ञान नहीं, आत्मा से जोड़ने की विधि सिखाई जाए।
3. **वैश्विक समरसता (Global Oneness):**
   जहाँ राष्ट्रवाद का स्थान "मानववाद" ले ले।

सत्यकाशी और मानवता का भविष्य

सत्यकाशी केवल एक धार्मिक केंद्र नहीं,
बल्कि मानवता का भविष्य मॉडल है।

यह वह स्थान है जहाँ -

- विज्ञान और वेदांत मिलते हैं,
- राजनीति और करुणा जुड़ते हैं,
- और व्यक्ति स्वयं में "राजऋषि" बनता है।

"जब शासक साधक बन जाएगा,
तब ही पृथ्वी पर धर्मराज्य स्थापित होगा।"

निष्कर्ष

सत्यकाशी पीठ का इतिहास कोई कालखंड नहीं,
बल्कि एक **युग की उद्घोषणा** है।
यह उस समय का प्रतीक है
जब ब्रह्मज्ञान शासन का केंद्र बनेगा,
और शासन ब्रह्म की सेवा बन जाएगा।

"सत्यकाशी केवल एक स्थान नहीं -
वह चेतना की वह ज्योति है
जो युगों से अंधकार में जलती रही है।"

पाँचवाँ और अंतिम शंकराचार्य पीठ: इसकी विशेषता

आदि शंकराचार्य ने चार दिशाओं में चार पीठों की स्थापना की -
उत्तर में **ज्योतिर्मठ (बद्रीनाथ)**,
दक्षिण में **श्रृंगेरी पीठ**,
पूर्व में **गौड़पीठ (पुरी)**,
और पश्चिम में **द्वारका शारदापीठ**।

इन चारों पीठों ने धर्म की लौ को जलाए रखा -
ज्ञान, भक्ति, कर्म और योग - चारों मार्गों के संतुलन से।
परंतु जैसे-जैसे युग आगे बढ़ा,
मानवता की चुनौती केवल धर्म रक्षा नहीं रही,
बल्कि **धर्म को शासन, विज्ञान और समाज में जीवित रखना** बन गई।

इसी आवश्यकता से जन्म लेता है -
पाँचवाँ और अंतिम शंकराचार्य पीठ - "सत्यकाशी पीठ।"

"चार पीठों ने धर्म को सुरक्षित रखा,
पाँचवाँ पीठ धर्म को सार्वभौमिक बना देगा।"

पाँचवाँ पीठ क्यों आवश्यक हुआ

शंकराचार्य का कार्य केवल धार्मिक पुनर्जागरण नहीं था;
वह चेतना की क्रांति थी।
उनकी परंपरा ने अद्वैत का सिद्धांत दिया -
कि **सभी भिन्नताएँ एक ही परमसत्य की लहरें हैं।**

परंतु आधुनिक युग में -

- धर्म राजनीति से अलग हुआ,
- ज्ञान आस्था से अलग हुआ,

- और मनुष्य स्वयं अपने अस्तित्व से अलग हो गया।

ऐसे समय में आवश्यक था
कि अद्वैत केवल दर्शनशास्त्र न रह जाए,
बल्कि राजनीति और जीवन का सिद्धांत बन जाए।
इसी हेतु स्थापित हुआ -
सत्यकाशी पीठ - पाँचवाँ और अंतिम शंकराचार्य पीठ।

इसकी स्थापना का प्रतीकात्मक अर्थ

चार पीठें **चार तत्वों (पृथ्वी, जल, अग्नि, वायु)** से संबंधित हैं,
जबकि पाँचवाँ पीठ **आकाश तत्व** का प्रतीक है -
अर्थात् सर्वव्यापक चेतना।

दिशा	पीठ	तत्व	उद्देश्य
पूर्व	पुरी (गौड़)	जल	भक्ति और समर्पण
पश्चिम	द्वारका	अग्नि	कर्म और संकल्प
उत्तर	ज्योतिर्मठ	वायु	ज्ञान और विवेक
दक्षिण	श्रृंगेरी	पृथ्वी	स्थिरता और परंपरा
केंद्र	**सत्यकाशी**	**आकाश**	**चेतना और एकत्व**

"आकाश सबको जोड़ता है -
उसी तरह सत्यकाशी सभी परंपराओं को एक चेतना में जोड़ता है।"

पाँचवाँ पीठ - अद्वैत का आधुनिक रूप

सत्यकाशी पीठ का लक्ष्य अद्वैत को केवल ध्यान या उपनिषद तक सीमित नहीं रखना,
बल्कि उसे शासन और समाज की नीतियों में उतारना है।

इसका सार है -
"अद्वैत शासन" = ऐसा तंत्र जहाँ आत्मा और राज्य में कोई विभाजन न हो।
यह पीठ आत्मा-केन्द्रित राजनीति का सिद्धांत प्रस्तुत करती है -
जहाँ सत्ता साधना है,
शासन सेवा है,
और नेतृत्व तप है।

सत्यकाशी पीठ की पाँच विशेषताएँ

1. अद्वैत का संस्थागत रूप

यह पीठ अद्वैत को केवल तत्वज्ञान नहीं,
बल्कि संस्थागत चेतना बनाती है।
धर्म, शिक्षा, राजनीति, अर्थ और विज्ञान -
सभी को एकसूत्र में बाँधती है।

2. राजऋषि परंपरा का पुनर्जागरण

आदर्श शासक वही है जो साधक भी हो।
सत्यकाशी इस परंपरा को पुनर्जीवित करता है -
जहाँ राज्य का मार्गदर्शन ऋषियों द्वारा होता है।

3. विज्ञान और अध्यात्म का संगम

यह पीठ "Consciousness Studies" और "Spiritual Technology"
को एक साथ लाकर मानव चेतना के विकास को वैज्ञानिक दृष्टि देती है।

4. वैश्विक धर्म - Beyond Religion

सत्यकाशी का धर्म किसी संप्रदाय का नहीं,
बल्कि "मानवता की आत्मा" का है।
यह कहता है -

"जो सत्य को खोजता है, वही सनातन है।"

5. राज्य और आत्मा का समन्वय

यह पीठ बताती है कि शासन तंत्र तभी स्थायी है
जब वह आत्मिक अनुशासन पर आधारित हो।
यह "राजनीति का आध्यात्मिकीकरण" है,
जिसे भविष्य की सभ्यता का आधार माना गया है।

"अंतिम शंकराचार्य पीठ" क्यों कहा गया

चार पीठें धर्म की दिशा का प्रतीक थीं,
पाँचवाँ पीठ **धर्म की दिशा से परे उसकी पूर्णता** का प्रतीक है।
यह अब किसी भौगोलिक क्षेत्र के लिए नहीं,
बल्कि पूरे विश्व की चेतना के लिए है।

"जब मनुष्य का धर्म मानवता होगा,
तब सत्यकाशी पाँचवाँ ही नहीं, अंतिम पीठ सिद्ध होगा।"

सत्यकाशी पीठ का दार्शनिक आधार

इस पीठ की जड़ें तीन सूत्रों पर टिकी हैं -

1. **ब्रह्म सत्यम्** - सत्य सर्वत्र है।
2. **जगत् मिथ्या** - भेद, संप्रदाय और हिंसा केवल अज्ञान की छाया हैं।
3. **जीवो ब्रह्मैव नापरः** - प्रत्येक व्यक्ति ब्रह्म का ही अंश है।

यही दर्शन राजनीति में यह रूप लेता है -

दर्शन	राजनीतिक रूप
ब्रह्म सत्यम्	राज्य का आधार सत्य और नीति
जगत मिथ्या	जाति, रंग, धर्म से ऊपर समानता
जीवो ब्रह्मैव	प्रत्येक नागरिक में दिव्यता का सम्मान

निष्कर्ष

सत्यकाशी पीठ शंकराचार्य की परंपरा का समापन नहीं,
बल्कि उसका परिपूर्ण रूप है।
यह धर्म, राजनीति, और चेतना -
तीनों के संगम से एक नया युग **आरंभ करता है।**

"पहले चार पीठों ने दिशा दी,
पाँचवें ने दिशा को प्रकाश बना दिया।"

सत्यकाशी पीठ इसलिए अंतिम है -
क्योंकि यह अद्वैत को सिद्धांत नहीं,
बल्कि जीवित अनुभव बना देता है।

भाग-5

सत्यकाशी पीठ के कार्य

धारा-उद्धार: धर्म की पुनर्स्थापना

मनुष्य चेतना का रूपांतरण

साधना, दीक्षा और आध्यात्मिक अनुष्ठान

वैश्विक कार्य: मानवता के लिए संदेश

शिव-तत्व और कल्कि-तत्व का मिलन

"सार्वभौम सत्य-सिद्धान्त" पर आधारित "युग परिवर्तन श्रृंखला" के नवयुग के शास्त्र-साहित्य

धारा-उद्धारः धर्म की पुनर्स्थापना

सत्यकाशी पीठ का प्रथम और सर्वोपरि कार्य है-**धारा-उद्धार**, अर्थात वह दिव्य धारा जो युगों से मलीन, विभ्रांत या विकृत हो चुकी है, उसे पुनः शुद्ध स्वरूप में प्रवाहित करना। "धर्म" शब्द यहाँ किसी संप्रदाय, पद्धति या विचारधारा का नाम नहीं; धर्म का अर्थ है-**जगत की अंतर्निहित समरसता, सत्य और सृष्टि-नियम**।

जब युग बदलता है, धर्म की धारा अवरुद्ध हो जाती है।
सत्य केवल ग्रंथों में रह जाता है, इसके प्रयोग का बल खो जाता है।
लोग अनुष्ठान तो करते हैं, पररस के बिना;
मंत्र तो बोलते हैं, पर अर्थ के बिना;
धर्म का नाम तो लेते हैं, पर धर्म का जीवन नहीं जीते।

सत्यकाशी पीठ इस जड़ता को तोड़ता है।

यह धारा-उद्धार तीन प्रकार से होता है:

1. सत्य-दृष्टि का पुनर्जागरण

लोगों में सत्य को पहचानने और जीने की क्षमता पुनः सक्रिय होती है।
यह क्षमता बिना किसी प्रवचन-केवल चेतना-संक्रमण से जगती है।

2. धर्म का प्रयोगशाला-रूप

सत्यकाशी पीठ धर्म को जीवन के केंद्र में स्थापित करता है।
धर्म यहाँ सिद्धांत नहीं-व्यवहार और चरित्र का प्रवाह है।

3. युग-धर्म की घोषणा

हर युग का धर्म अलग होता है।
कलियुग से सतयुग में प्रवेश के लिए जो धर्म आवश्यक है-योग, करुणा, सत्य, उच्च चेतना, मानव-एकत्व-उसका पुनःस्थापन पीठ के मुख्य कार्यों में है।

इस प्रकार, धारा-उद्धार वह बीज है जिससे नए युग की पूरी फसल अंकुरित होती है।

मनुष्य चेतना का रूपांतरण

युग परिवर्तन का मूल आधार मनुष्य की बाहरी परिस्थितियाँ नहीं-उसकी **भीतर की चेतना** है। सत्यकाशी पीठ का दूसरा मुख्य कार्य इसी रूपांतरण से जुड़ा है।

मनुष्य आज बुद्धि में प्रबल है, पर चेतना में सुप्त।
ज्ञान बहुत है, पर विवेक कम।
सूचना बहुत है, पर अनुभूति नहीं।
असंतोष बहुत है, पर दिशा नहीं।

पीठ का उद्देश्य मनुष्य को बाहरी उपलब्धियों से हटाकर भीतर की यात्रा में प्रवेश कराना है।

रूपांतरण के चार चरण

1. जागरण (Awakening)

मनुष्य स्वयं से पहला प्रश्न पूछता है-"मैं कौन हूँ?"
यह प्रश्न जन्म देता है।

2. शुद्धि (Purification)

पुराने संस्कार, भय, भ्रम और अहंकार टूटने लगते हैं।

3. विस्तार (Expansion)

चेतना शरीर-मन से आगे बढ़कर सूक्ष्म और कारण-स्तरों को अनुभव करने लगती है।

4. परिणति (Realization)

मनुष्य अपने भीतर स्थित दिव्य-सत्ता को पहचान लेता है।
यही "नया मनुष्य" है-युग परिवर्तन का वाहक।

पीठ का कार्य प्रत्येक साधक को इन चार चरणों के मार्ग से गुज़ारना है-धीरे, सहज, और सामूहिक ऊर्जा के साथ।

साधना, दीक्षा और आध्यात्मिक अनुष्ठान

हर परिवर्तन की जड़ अनुशासन और साधना है।
सत्यकाशी पीठ में साधना केवल ध्यान या मंत्र नहीं-यह एक पूर्ण जीवन-शास्त्र है।

1. साधना (Spiritual Practice)

- आंतरिक शांति
- चेतना का विस्तार
- ऊर्जा का स्थिरीकरण
- स्मृति-शोधन
- आत्म-प्रकाश

पीठ की साधना आधुनिक मन के अनुसार सरल, गहरी और प्रभावकारी है।
यह शरीर, मन, प्राण और चेतना-सभी स्तरों पर काम करती है।

2. दीक्षा (Initiation)

दीक्षा बाहरी कर्म नहीं-ऊर्जा का आंतरिक स्थानांतरण है।
यह वह क्षण है जब साधक की चेतना में युग-ऊर्जा का बीज रोपा जाता है।
यह बीज धीरे-धीरे जागता है और साधक स्वयं एक "चेतना-केंद्र" बन जाता है।

3. अनुष्ठान (Rituals)

अनुष्ठान ब्रह्मांडीय ऊर्जा को पृथ्वी पर स्थिर करने के उपकरण हैं।
सत्यकाशी पीठ में अनुष्ठान प्राचीन और आधुनिक दोनों हैं-
वे बाहरी प्रतीकों से अधिक आंतरिक परिवर्तन पर आधारित हैं।

अनुष्ठान केवल पूजा नहीं-वे प्रकाश का आह्वान हैं।

वैश्विक कार्य - मानवता के लिए संदेश

सत्यकाशी पीठ का कार्य किसी एक देश, संस्कृति या समुदाय तक सीमित नहीं।
युग परिवर्तन हमेशा वैश्विक होता है-इसलिए उसका संदेश भी वैश्विक होता है।

आज मानवता कई स्तरों पर विभाजित है-
भाषा, धर्म, राजनीति, अर्थव्यवस्था, जाति, विचार।
पर चेतना का सत्य इन सभी से ऊपर है।

सत्यकाशी पीठ का वैश्विक संदेश यही है:

1. मानव एक है

भिन्नता केवल बाहरी है; भीतर सबमें एक ही प्रकाश विद्यमान है।

2. पृथ्वी हमारा साझा आश्रम है

मानवता को पृथ्वी-चेतना के साथ सुसंगत होना होगा।

3. धर्म संघर्ष नहीं-एकता का मार्ग है

सभी पवित्र परंपराएँ एक ही सत्य के भिन्न द्वार हैं।

4. विज्ञान और अध्यात्म एक-दूसरे के पूरक हैं

दुनिया का नया युग तभी जन्म लेगा जब विज्ञान चेतना को समझेगा, और अध्यात्म विज्ञान को अपनाएगा।

5. कल्कि-ऊर्जा सार्वभौमिक है

यह ऊर्जा किसी राष्ट्र का, पंथ का, या समूह का स्वामित्व नहीं;
यह सम्पूर्ण मानवता का जन्मसिद्ध अधिकार है।

सत्यकाशी पीठ का उद्देश्य इसी संदेश को विश्व तक पहुँचाना है-शब्द, कला, ध्यान, साधना, विज्ञान और ऊर्जा के माध्यम से।

शिव-तत्व और कल्कि-तत्व का मिलन

युग परिवर्तन का अंतिम रहस्य दो महाशक्तियों के मिलन में निहित है-
शिव-तत्व और **कल्कि-तत्व**।

शिव-तत्व

संहार, मौन, तत्त्व-ज्ञान, समाधि और शून्य का प्रतिनिधि।
यह सभी रूपों का विसर्जन है-स्रोत में लौटना।

कल्कि-तत्व

नव-सृष्टि, धर्मस्थापन, ऊर्जा का उत्थान और युग-चक्र का पुनर्मूल्यांकन।
यह समय को पुनः संतुलित करने वाली शक्ति है।

दोनों का मिलन तब होता है जब:

- पुराना युग समाप्त हो रहा हो
- नया युग जन्म ले रहा हो
- पृथ्वी अपनी चेतना बदल रही हो
- मानवता परिवर्तन की पुकार कर रही हो

शिव-तत्व पुरातन को शून्य करता है,
और उसी शून्य में कल्कि-तत्व नया ब्रह्मांडीय क्रम स्थापित करता है।

सत्यकाशी पीठ इसी मिलन का केंद्र है-
जहाँ **शिव का मौन** और **कल्कि का उदय**
एक साथ कार्य करते हैं।

यही मिलन युग के नये चक्र की शुरुआत है-
यहीं से सतयुग का नया सूर्योदय होता है।

"सार्वभौम सत्य-सिद्धान्त" पर आधारित "युग परिवर्तन श्रृंखला" के नवयुग के शास्त्र-साहित्य

विभिन्न सम्प्रदाय (धर्म), जाति, मत, दर्शन इत्यादि में विभाजित इस मानव समाज में वर्तमान तथा आने वाले भविष्य के समय की मूल आवश्यकता है- मानव के मनो का एकीकरण अर्थात मानव मन का भूमण्डलीकरण एवं ब्रह्माण्डीयकरण। इसकी आवश्यकता इसलिए भी है क्योंकि मानव अपने विज्ञान व तकनीकी ज्ञान से प्राप्त संसाधनो का प्रयोग करते हुये, एक तरफ तो ब्रह्माण्ड की ओर चल पड़ा है तो दुसरी तरफ विध्वंस के लिए अनेक हथियारों का भी निर्माण कर चुका है। ऐसी स्थिति में हमें निश्चित रूप से ऐसे एकीकरण की आवश्यकता है जिससे हम इस पृथ्वी से मानसिक स्तर के विवादों को समाप्त कर सकें।

माया सभ्यता के अनुसार विश्व के मानव समाज यह भी मान रहें हैं कि 21 दिसम्बर, 2012 को दुनिया का अन्त हो जायेगा। जबकि हिन्दू धर्म शास्त्र विष्णु पुराण, भागवत पुराण, अग्नि पुराण, गरूड़ पुराण, पद्म पुराण इत्यादि में भगवान के दसवें और महाअवतार "कल्कि" का होना अभी शेष है। जिनसे कलियुग के अंधकार व विनाश को समाप्त करने का कार्य सम्पन्न होगा, साथ ही सत्ययुग का आरम्भ होगा। सिक्ख धर्म के पवित्र ग्रन्थ "दशम् ग्रन्थ" में भी "कल्कि अवतार" का वर्णन मिलता है।

सृजन और विनाश, का स्तर शारीरिक, आर्थिक व मानसिक होता है। जो एक व्यक्ति, समाज, देश और विश्व राष्ट्र के लिए होता है। व्यक्ति पर हुये शारीरिक, आर्थिक व मानसिक सृजन और विनाश को व्यक्ति ही अनुभव करता है परन्तु समाज, देश और विश्व राष्ट्र पर हुये शारीरिक, आर्थिक व मानसिक सृजन व विनाश को सार्वजनिक रूप से सभी देखते है। समाज, देश और विश्व राष्ट्र पर शारीरिक व आर्थिक सृजन और विनाश वर्तमान में तो चल ही रहा है जिसे सार्वजनिक रूप से मानव समाज देख रहा है।

भौतिकवादी पश्चिमी संस्कृति किसी भी सृजन व विनाश को मानसिक स्तर पर सोच ही नहीं सकता क्योंकि वह समस्त क्रियाकलाप को बाह्य जगत में ही घटित होता समझाता है जबकि वर्तमान समय मानसिक स्तर पर विनाश व सृजन का है। इस आधार पर यह कहा जा सकता है कि माया सभ्यता के अनुसार 21 दिसम्बर, 2012 को जो विनाश व सृजन होगा, वह मानसिक स्तर का ही होगा। जिसके परिणामस्वरूप सभी सम्प्रदाय, मत, दर्शन एक उच्च स्तर के विचार या सत्य में विलीन अर्थात विनाश को प्राप्त करेगा। फलस्वरूप उच्च स्तर के विचार या सत्य में स्थापित होने से सृजन होगा। कुल मिलाकर माया सभ्यता के कैलेण्डर का अन्त तिथि 21 दिसम्बर, 2012, दुनिया के अन्त की तिथि नहीं बल्कि वह वर्तमान युग के अन्त की अन्तिम तिथि का अनुमान है जिसके बाद नये युग का आरम्भ होगा।

ईश्वर भी इतना मूर्ख व अज्ञानी नहीं है कि वह स्वयं को इस मानव षरीर में पूर्ण व्यक्त किये बिना ही दुनिया को नष्ट कर दे। इसके सम्बन्ध में हिन्दू धर्म शास्त्रों में सृष्टि के प्रारम्भ के सम्बन्ध में कहा गया है कि- "ईश्वर ने इच्छा व्यक्त की कि मैं एक हूँ, अनेक हो जाऊँ"। इस प्रकार जब वही ईश्वर सभी में है तब निश्चित रूप से जब तक सभी मानव ईश्वर नहीं हो जाते तब तक दुनिया के अन्त होने का कोई प्रश्न ही नहीं उठता। और विकास क्रम चलता रहेगा।

21 दिसम्बर, 2012 के बाद का समय नये युग के प्रारम्भ का समय है जिसमें ज्ञान, ध्यान, चेतना, भाव, जन, देश, विश्व राष्ट्र, आध्यात्मिक जागरण, मानवता इत्यादि का विश्वव्यापी विकास होगा। परिणामस्वरूप सभी मानव को ईश्वर रूप में स्थापित होने का अवसर प्राप्त होगा। और यही विश्व मानव समाज की मूल आवश्यकता है। प्राचीन वैदिक काल में समाज को नियंत्रित करने के लिए ज्ञानार्जन सबके लिए खुला नहीं था परन्तु वर्तमान और भविष्य की आवश्यकता यह है कि समाज को नियंत्रित करने के लिए सभी को पूर्ण ज्ञान से युक्त कर सभी के लिए ज्ञान को खोल दिया जाय। यही कारण था कि वेद को प्रतीकात्मक रूप में लिख कर गुरू-शिष्य परम्परा द्वारा उसकी व्याख्या की जाती रही थी जिससे राजा और समाज को नियंत्रण में रखा जा सके।

सभी मानव को ईश्वर रूप में स्थापित होने के लिए जो माध्यम चाहिए वह है-"एकात्म विज्ञान" व "ईश्वर शास्त्र" विषय से मानव को शिक्षित करना और शिक्षा पाठ्यक्रम में अनिवार्य रूप से अध्ययन के लिए शामिल कराया जा सके।

"सार्वभौम सत्य-सिद्धांत"पर आधारित "युग परिवर्तन श्रृंखला" मानवता के अगली पीढ़ी के उदय के लिए

"नये युग" में "नये भारत" के लिए "नवीन मान-राग-प्राण" पर आधारित क्रियान्वयन प्रणाली (Operation System)-मानव-10 (MANAV-10) की पुस्तकें

यह नई पीढ़ी (Gen-Z) के लिए "विकसित भारत" और "मानव-10 प्रणाली" (MANAV-10 System) को प्रोत्साहित करने वाली श्रृंखला का हिस्सा है। अर्थात् यह पुस्तक किसी धर्म, जाति या मत से ऊपर उठकर "Universal Truth Principles" की ओर संकेत करती है।

मुद्रित (Printed Hard Copy) पुस्तक के लिए लिंक(Link)

https://notionpress.com/author/lava_kush

E_Book के लिए

www.64inch.com

द्वापर युग में आठवें अवतार श्रीकृष्ण द्वारा प्रारम्भ किया गया कार्य नवसृजन के प्रथम भाग सार्वभौम ज्ञान के शास्त्र “गीता” के बाद कलियुग में द्वितीय और अन्तिम भाग “सार्वभौम कर्मज्ञान” और “पूर्णज्ञान का पूरक शास्त्र”

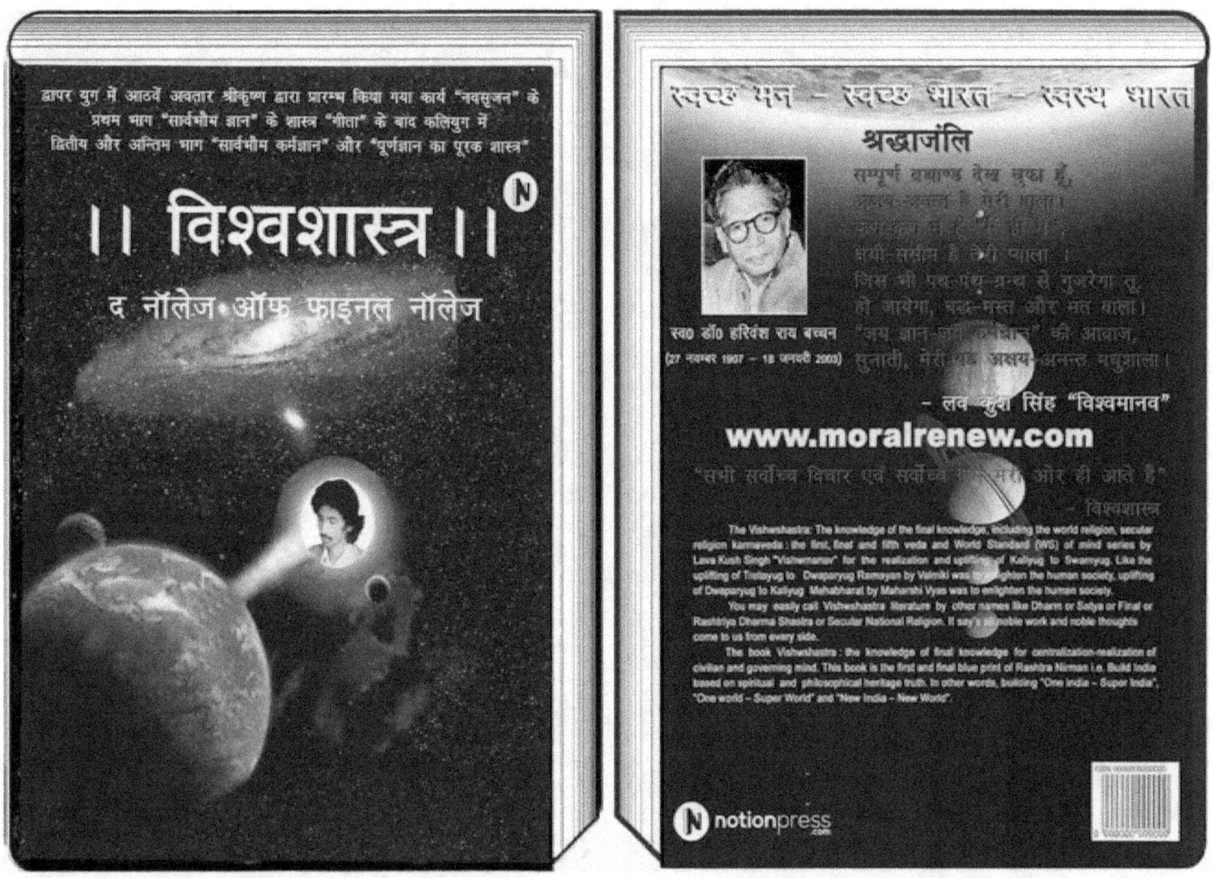

विश्व युद्ध के पहले
दिव्य दृष्टि
सत्यकाशी पीठ
पाँचवां और अन्तिम शंकराचार्य पीठ

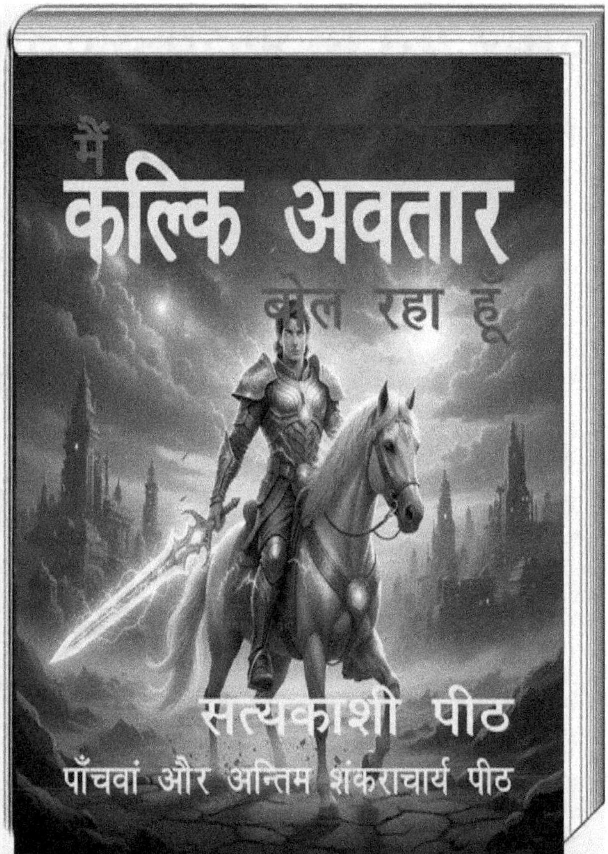
मैं
कल्कि अवतार
बोल रहा हूँ
सत्यकाशी पीठ
पाँचवां और अन्तिम शंकराचार्य पीठ

समष्टि गीता
यथार्थ प्रकाश
सत्यकाशी पीठ
पाँचवां और अन्तिम शंकराचार्य पीठ

फिल्म स्क्रीप्ट
राइटिंग
IDEAS
You are the writer of your life
Fresh Ideas
Writing is designing with words
Creative Thinking
Lights Camera Action
Short Films.
लव कुश सिंह “विश्वमानव”

प्रारम्भिक सत्य
अन्तिम
दृष्टि
सत्यकाशी पीठ
पाँचवां और अन्तिम शंकराचार्य पीठ

सत्य धर्म
युग परिवर्तक
दृष्टि
सत्यकाशी पीठ
पाँचवां और अन्तिम शंकराचार्य पीठ

सत्य दार्शनिक-दर्शन
और
कर्म वेदान्त-विकास
दर्शन
सत्यकाशी पीठ
पाँचवां और अन्तिम शंकराचार्य पीठ

सत्य शास्त्र
एवं
पुराण रहस्य
महर्षि व्यास
कला
सत्यकाशी पीठ
पाँचवां और अन्तिम शंकराचार्य पीठ

संत एवं गुरु
और
विश्व संत एवं गुरु
सत्यकाशी पीठ
पाँचवां और अन्तिम शंकराचार्य पीठ

समाज और
ईश्वरीय समाज
सत्यकाशी पीठ
पाँचवां और अन्तिम शंकराचार्य पीठ

सत्य शास्त्र और
विश्वशास्त्र
सत्यकाशी पीठ
पाँचवां और अन्तिम शंकराचार्य पीठ

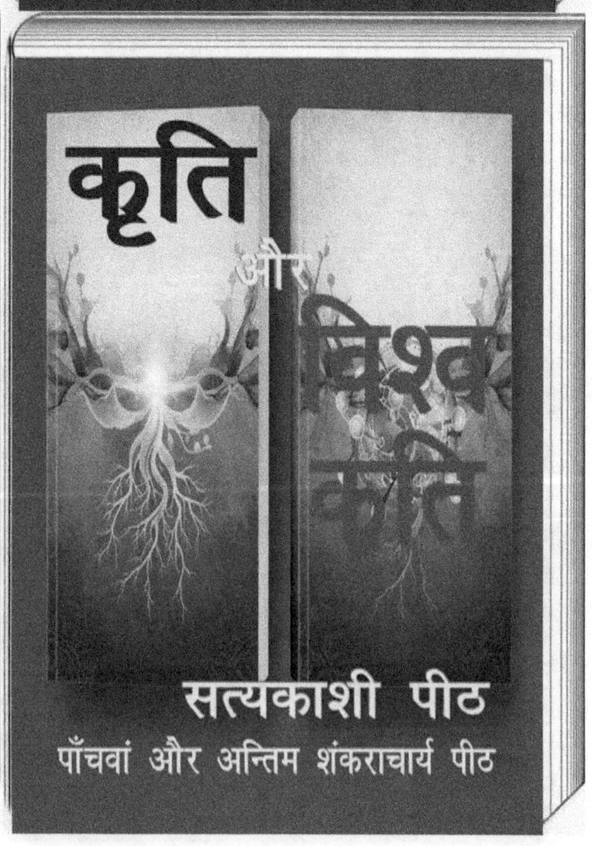
कृति
और
विश्व कृति
सत्यकाशी पीठ
पाँचवां और अन्तिम शंकराचार्य पीठ

भारत माता मन्दिर
और
विश्वधर्म मन्दिर
सत्यकाशी पीठ
पाँचवां और अन्तिम शंकराचार्य पीठ

महाभारत
और
विश्वभारत
सत्यकाशी पीठ
पाँचवां और अन्तिम शंकराचार्य पीठ

संविधान और
विश्व संविधान
सत्यकाशी पीठ
पांचवां और अन्तिम शंकराचार्य पीठ

शिक्षा और
पूर्ण शिक्षा
सत्यकाशी पीठ
पांचवां और अन्तिम शंकराचार्य पीठ

देवता और सार्वभौम देवता
कल्कि
सत्यकाशी पीठ

माँ कल्कि

द्वादस ज्योतिर्लिंग और
१३वां अन्तिम ज्योतिर्लिंग
?
सत्यकाशी पीठ
पाँचवां और अन्तिम शंकराचार्य पीठ

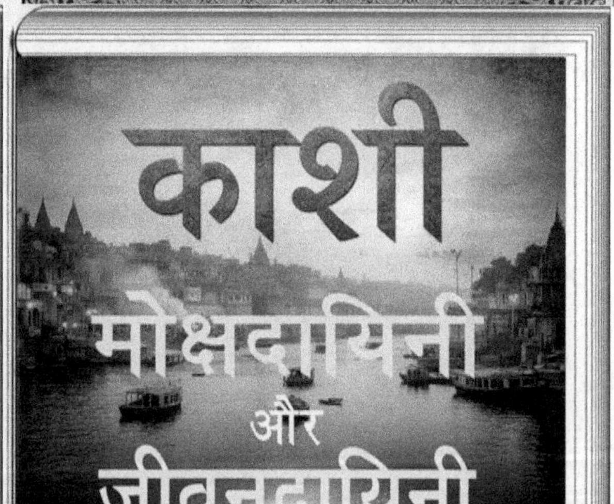
काशी
मोक्षदायिनी
और
जीवनदायिनी

सत्यकाशी
स्वर्णयुग
का
तीर्थ

काशी
रहस्योद्घाटन
सत्यकाशी पीठ
पांचवां और अन्तिम शंकराचार्य पीठ

2020
मन का नवीनीकरण
सत्यकाशी पीठ
पाँचवां और अन्तिम शंकराचार्य पीठ

ईश्वर
का
संक्षिप्त इतिहास
सत्यकाशी पीठ
पाँचवां और अन्तिम शंकराचार्य पीठ

अवतार
अन्तिम सत्य दृष्टि
सत्यकाशी पीठ
पाँचवां और अन्तिम शंकराचार्य पीठ

भविष्यवाणियाँ
और
कल्कि अवतार
सत्यकाशी पीठ
पाँचवां और अन्तिम शंकराचार्य पीठ

स्वामी विवेकानन्द
और
कल्कि अवतार
सत्यकाशी पीठ
पाँचवां और अन्तिम शंकराचार्य पीठ

मनु, मनवन्तर
और
कल्कि अवतार
सत्यकाशी पीठ
पाँचवां और अन्तिम शंकराचार्य पीठ

व्यास, शास्त्र
और
कल्कि अवतार
सत्यकाशी पीठ
पाँचवां और अन्तिम शंकराचार्य पीठ

ऋषि, ऋषि परम्परा
और
कल्कि अवतार
सत्यकाशी पीठ
पाँचवां और अन्तिम शंकराचार्य पीठ

दूसरा आगमन
या
अन्तिम आगमन
सत्यकाशी पीठ
पाँचवां और अन्तिम शंकराचार्य पीठ

परिवर्तन
काल, मनु, युग,
व्यास और शास्त्र
सत्यकाशी पीठ
पाँचवां और अन्तिम शंकराचार्य पीठ

राम, रावण
और
सार्वभौम एकात्म
सत्यकाशी पीठ
पाँचवां और अन्तिम शंकराचार्य पीठ

मैं
व्यक्तिगत या सार्वभौम
सत्यकाशी पीठ
पाँचवां और अन्तिम शंकराचार्य पीठ

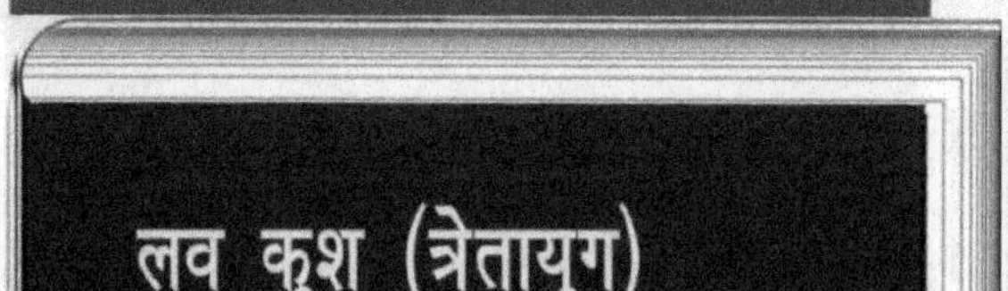
लव कुश (त्रेतायुग)
और
लवकुश (कलियुग)
सत्यकाशी पीठ
पाँचवां और अन्तिम शंकराचार्य पीठ

कल्कि महावतार
आ चुके हैं
(ACTION PLAN)
सत्यकाशी पीठ
पाँचवां और अन्तिम शंकराचार्य पीठ

लव कुश सिंह
(कल्कि महावतार)
जीवन, ज्ञान, कर्म और विश्वरूप
सत्यकाशी पीठ
पाँचवां और अन्तिम शंकराचार्य पीठ

वैश्विक बुद्ध
बुद्ध का
भाग-दो
और अन्तिम
सत्यकाशी पीठ
पाँचवां और अन्तिम शंकराचार्य पीठ

बुड्ढ़ा कृष्ण
कृष्ण का
भाग-दो
और अन्तिम
सत्यकाशी पीठ
पाँचवां और अन्तिम शंकराचार्य पीठ

सम्पूर्ण क्रान्ति
अन्तिम कार्य योजना
64
सत्यकाशी पीठ
पांचवां और अन्तिम शंकराचार्य पीठ

सम्पूर्ण क्रान्ति
वेबसाइट मार्गदर्शन
विवरणिका
www.64inch.com
सत्यकाशी पीठ
पाँचवां और अन्तिम शंकराचार्य पीठ

पुनर्निर्माण
(RENEW)
समस्या, समाधान
और
राष्ट्र निर्माण की योजना
सत्यकाशी पीठ
पाँचवां और अन्तिम शंकराचार्य पीठ

पुनर्निर्माण
(RENEW)
ग्राम एवं नगर वार्ड
प्रेरक
सत्यकाशी पीठ
पाँचवां और अन्तिम शंकराचार्य पीठ

द्वापर युग में आठवें अवतार श्रीकृष्ण द्वारा प्रारम्भ किया गया कार्य "नवसृजन" के
प्रथम भाग "सार्वभौम ज्ञान" के शास्त्र "गीता" के बाद कलियुग में
द्वितीय और अन्तिम भाग "सार्वभौम कर्मज्ञान" और "पूर्णज्ञान का पूरक शास्त्र"
।। विश्वशास्त्र ।।
द नॉलेज ऑफ फाइनल नॉलेज
परिचय
- लव कुश सिंह "विश्वमानव"

एन्टायर पालिटिक्स
पूर्ण पाठ्यक्रम
सत्यकाशी पीठ
पाँचवां और अन्तिम शंकराचार्य पीठ

वसुधैव
कुटुम्बकम्
सत्यकाशी पीठ
पाँचवां और अन्तिम शंकराचार्य पीठ

||कर्मवेद||
प्रथम, अन्तिम तथा पंचम
सत्यकाशी पीठ
पांचवां और अन्तिम शंकराचार्य पीठ

आठवें अवतार
श्रीकृष्ण
सत्यकाशी पीठ
पांचवां और अन्तिम शंकराचार्य पीठ

अयोध्या नहीं,
मुंगेर है
राम जन्मभूमि
सत्यकाशी पीठ
पाँचवां और अन्तिम शंकराचार्य पीठ

विश्वमानव
भूतपूर्व नेतृत्वकर्ताओं
का
स्पष्टिकरण
सत्यकाशी पीठ
पाँचवां और अन्तिम शंकराचार्य पीठ

विश्वमानव
वर्तमान नेतृत्वकर्ताओं
का
स्पष्टिकरण
सत्यकाशी पीठ
पाँचवां और अन्तिम शंकराचार्य पीठ

विश्वमानव
वार्ता, वक्तव्य
एवं
वाणीयाँ
सत्यकाशी पीठ
पाँचवां और अन्तिम शंकराचार्य पीठ

विश्वमानव
पत्रावली, प्रसारण
और
अन्तिम पत्र
सत्यकाशी पीठ
पाँचवां और अन्तिम शंकराचार्य पीठ

सत्य जनहित
आह्वान
सत्यकाशी पीठ
पाँचवां और अन्तिम शंकराचार्य पीठ

विश्व शान्ति
अन्तिम सत्य दृष्टि
सत्यकाशी पीठ
पाँचवां और अन्तिम शंकराचार्य पीठ

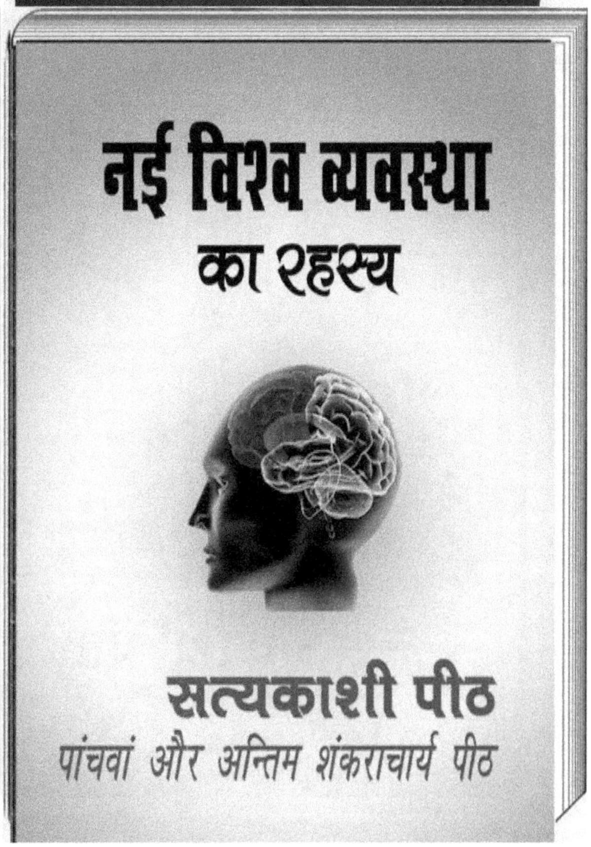
नई विश्व व्यवस्था
का रहस्य
सत्यकाशी पीठ
पांचवां और अन्तिम शंकराचार्य पीठ

समाजवाद
ब्रह्माण्डीय विकास का अवतारी मार्ग
सत्यकाशी पीठ
पांचवां और अन्तिम शंकराचार्य पीठ

भारतवाद
राष्ट्रवाद की मुख्यधारा
सत्यकाशी पीठ
पांचवां और अन्तिम शंकराचार्य पीठ

100 वर्षीय संयुक्त राष्ट्र
को अग्रिम सन्देश
सत्यकाशी पीठ
पांचवां और अन्तिम शंकराचार्य पीठ

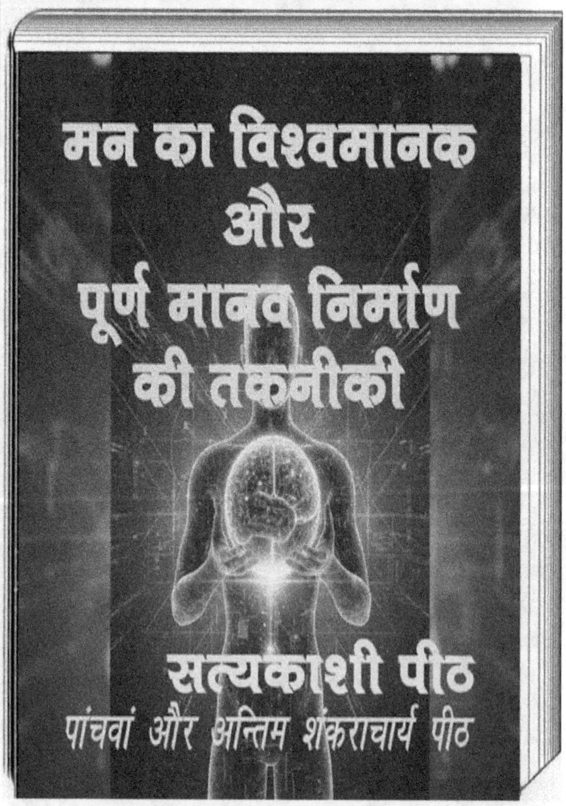
मन का विश्वमानक
और
पूर्ण मानव निर्माण
की तकनीकी
सत्यकाशी पीठ
पांचवां और अन्तिम शंकराचार्य पीठ

गणराज्य, संघ,
मानकीकरण संगठन
और
सम्पूर्ण मानक
सत्यकाशी पीठ
पाँचवां और अन्तिम शंकराचार्य पीठ

व्यापार केन्द्र
दृश्य सत्य
सत्यकाशी पीठ
पाँचवां और अन्तिम शंकराचार्य पीठ

सार्वभौम एकात्म
नव विश्व निर्माण
सत्यकाशी पीठ
पांचवां और अन्तिम शंकराचार्य पीठ

मानक विपणन
प्रणाली
सत्यकाशी पीठ
पाँचवां और अन्तिम शंकराचार्य पीठ

स्वर्णयुग का मानक
आदर्श नागरिक
दिशा निर्देश
सत्यकाशी पीठ
पांचवां और अन्तिम शंकराचार्य पीठ

स्वर्णयुग का
विश्वधर्म
परिचय
सत्यकाशी पीठ
पांचवां और अन्तिम शंकराचार्य पीठ

मैत्रेय बुद्ध
की ओर
सत्यकाशी पीठ
पांचवां और अन्तिम शंकराचार्य पीठ

विशाल ज्ञान विज्ञान
सबका समाधान
सूर्योदय
जय जनता जय कानून
हम सब एक दूसरे से हैं और एक दूसरे के लिए हैं
सौजन्य से : सारे गैर सरकारी प्राणी : सरकारी प्राणी : इज्जतदार नेता और सबका भविष्य विद्यार्थीगणों.........के लिए।

सार्वभौम सत्य-सिद्धान्त आधारित "युग परिवर्तक" श्रृंखला
कल्कि धाम
और
कल्कि परिचय
- लव कुश सिंह "विश्वमानव"

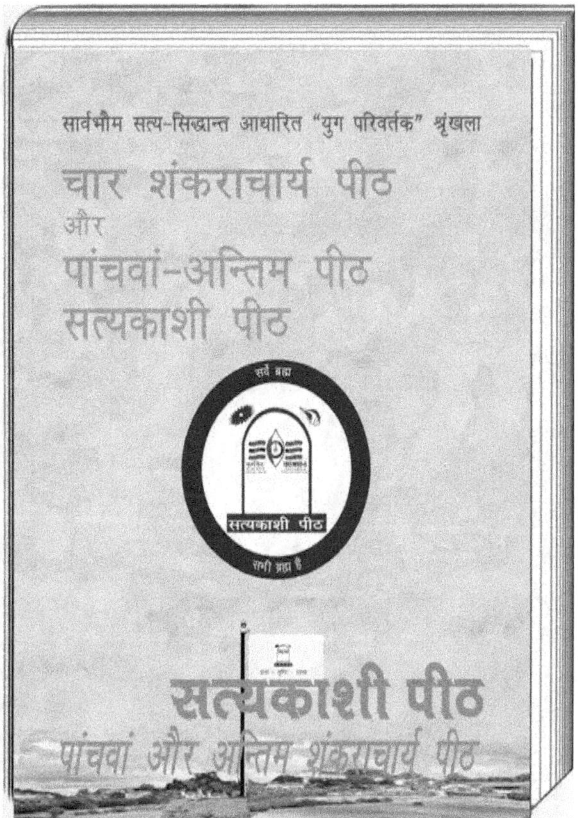
सार्वभौम सत्य-सिद्धान्त आधारित "युग परिवर्तक" श्रृंखला
चार शंकराचार्य पीठ
और
पांचवां-अन्तिम पीठ
सत्यकाशी पीठ
सत्यकाशी पीठ
सत्यकाशी पीठ
पांचवां और अन्तिम शंकराचार्य पीठ

कल्कि अमृत
महाकुम्भ
2025
FINAL KNOWLEDGE BOMB BLAST
सत्यकाशी पीठ
पांचवां और अन्तिम शंकराचार्य पीठ

ज्योति
युग परिवर्तन की
TRANSACTION
TRADE
DEVELOPMENT
RURAL
GD
EDUCATION
ADVANCEMENT
NATURAL TRUTH
सत्यकाशी पीठ
पांचवां और अन्तिम शंकराचार्य पीठ

युग परिवर्तन
के
शब्द
सत्यकाशी पीठ
पांचवां और अन्तिम शंकराचार्य पीठ

विचारों का अंत
2025
सत्यकाशी पीठ
पांचवां और अन्तिम शंकराचार्य पीठ

विश्व सत्य घोषणा-पत्र
2025–मानव जाति तक
RSS
Rational Service
Society
सत्यकाशी पीठ
पांचवां और अन्तिम शंकराचार्यपीठ

वैश्विक युग परिवर्तन के लिए
विश्व राजनीतिक पार्टी
संघ
RSS
Rational Service
Society
सत्यकाशी पीठ
पांचवां और अन्तिम शंकराचार्यपीठ

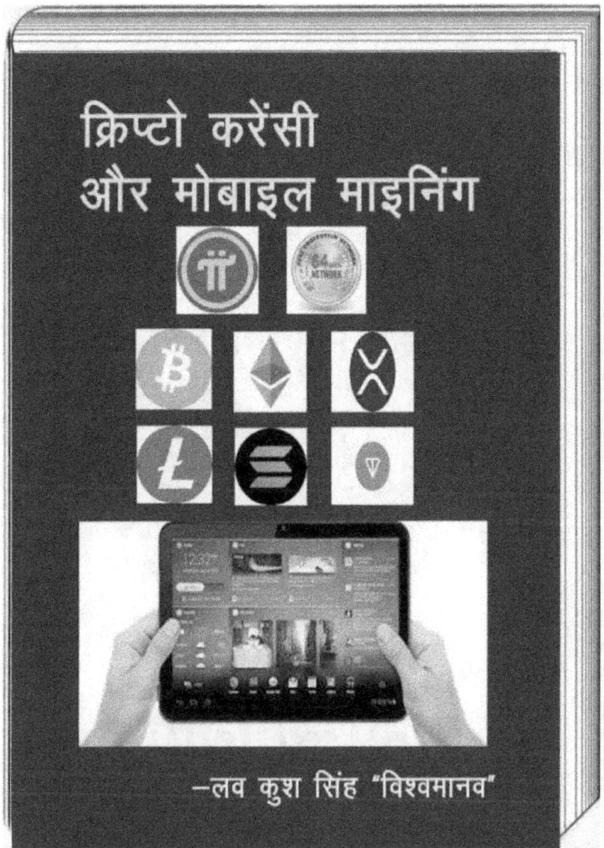
क्रिप्टो करेंसी
और मोबाइल माइनिंग
—लव कुश सिंह "विश्वमानव"

पीढ़ी
मानवीय और ईश्वरीय
वात्सल्य त्रिपाठी

बुढ़ा कृष्ण
अन्तिम मिलन
वात्सल्य त्रिपाठी

अन्तिम लक्ष्य
वात्सल्य त्रिपाठी

पाँचवां-अन्तिम पीठ
सत्यकाशी पीठ
परिचय
वात्सल्य त्रिपाठी
पाँचवां और अंतिम शंकराचार्य पीठ

कबीर और
जेन-जी
नई चेतना, नया मानव
चेतना और नवयुग की संवाद यात्रा
वात्सल्य त्रिपाठी

कल्कि की
ज्योति
बिहार से
ज्योति राठौड़

एक बिहारी
धरती पर भारी
ज्योति राठौड़

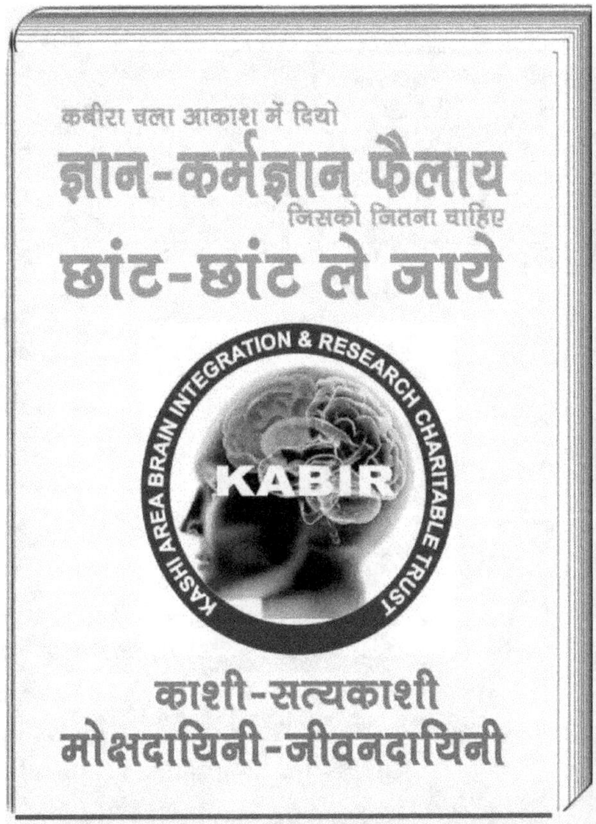
कबीरा चला आकाश में दियो
ज्ञान-कर्मज्ञान फैलाय
जिसको जितना चाहिए
छांट-छांट ले जाये
KASHI AREA BRAIN INTEGRATION & RESEARCH CHARITABLE TRUST
KABIR
काशी-सत्यकाशी
मोक्षदायिनी-जीवनदायिनी

कुर्म वंश
और
चरणाद्रिगढ़
स्वामी रमेशानन्द

आर.एस.एस
नवयुग के लिए
वैश्विक व्यक्तिगत पुस्तकालय
RATIONAL SERVICE SOCIETY (RSS)
WORLD PERSONAL LIBRARY FOR NEW AGE
A GUIDE TO GLOBAL WISDOM & FUTURE THOUGHT
स्वामी रमेशानन्द

झोला उठने के बाद
सोशल मीडिया
के लिए
कन्टेन्ट बैंक
विस्तृत गाइड: विचार, रणनीतियाँ, और संसाधन
www.64inch.com
सत्यकाशी पीठ
पांचवां और अन्तिम शंकराचार्य पीठ

झोला उठने के बाद
कल्कि
के तीन चरण
सत्यकाशी पीठ
पांचवां और अन्तिम शंकराचार्य पीठ

युग परिवर्तन के लिए:
विश्व पुस्तकालय बनाम कल्कि पुस्तकालय
www.64inch.com
बनाम
कल्कि पुस्तकालय
ज्ञान का महासंग्राम - भविष्य का निर्माण
सत्यकाशी पीठ
पांचवां और अन्तिम शंकराचार्य पीठ

व्हाट्सएप्प यूनिवर्सिटी
और
सु-इसु यूनिवर्सिटी
सत्यकाशी पीठ
पांचवां और अन्तिम शंकराचार्य पीठ

इंडिया
भारत का विश्वरूप
सत्यकाशी पीठ
पांचवां और अन्तिम शंकराचार्य पीठ

अधूरे सपनों का अन्तिम मार्ग
सत्यकाशी पीठ
पांचवां और अन्तिम शंकराचार्य पीठ

मानक संविधान और बहुजन
सत्यकाशी पीठ
पांचवां और अन्तिम शंकराचार्य पीठ

विकसित भारत अन्तिम मुद्दे
-ईश्वरीय/मानवीय पीढ़ी-10 (GEN-10)
-व्यक्तिगत
-पारिवारीक
-सामाजिक
-धार्मिक
-राष्ट्रीय
-वैश्विक
सत्यकाशी पीठ
पांचवां और अन्तिम शंकराचार्य पीठ

एक नया विकल्प
THREADS
सत्यकाशी पीठ
पांचवां और अन्तिम शंकराचार्य पीठ

विकसित भारत
शिक्षितों का अन्तिम ईश्वरीय मॉडल
सत्यकाशी पीठ
पांचवां और अन्तिम शंकराचार्य पीठ

विकास मॉडल
आसुरी
और
ईश्वरीय
सत्यकाशी पीठ
पांचवां और अन्तिम शंकराचार्य पीठ

युग परिवर्तन और 1000 वर्षों के लिए
सत्यकाशी पीठ
का सम्पूर्ण कार्य
कौन, क्यों, कैसे कल्कि?
सत्यकाशी पीठ
पांचवां और अन्तिम शंकराचार्य पीठ

बैल बुद्धि
और
विकसित
भारत
सत्यकाशी पीठ
पांचवां और अन्तिम शंकराचार्य पीठ

सत्यकाशी पीठ
पांचवां और अन्तिम शंकराचार्य पीठ

एक्सट्रा
टु ए बी
समान नागरिक व्यापार ज्ञान संहिता (CCTKC)
सत्यकाशी पीठ
पांचवां और अन्तिम शंकराचार्य पीठ

एक्सट्रा
टु ए बी
समान नागरिक आर्थिक संहिता (UCEC)
सत्यकाशी पीठ
पांचवां और अन्तिम शंकराचार्य पीठ

अंध भक्ति
से मुक्ति की ओर
मुक्ति मंत्र
"जिसने अंधभक्ति दिया
वही मुक्ति देगा"
सत्यकाशी पीठ
पांचवां और अन्तिम शंकराचार्य पीठ

VISHVABHARAT
न मो
नारायण
सत्यकाशी पीठ
पांचवां और अन्तिम शंकराचार्य पीठ

अगला स्तर
फिल्म और राजनीति पर
विचारों का संग्रह
सत्यकाशी पीठ
पांचवां और अन्तिम शंकराचार्य पीठ

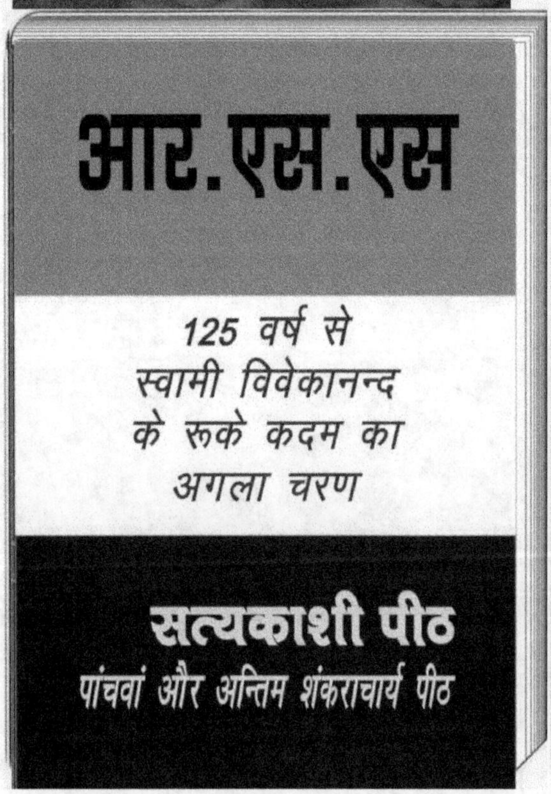
आर.एस.एस
125 वर्ष से
स्वामी विवेकानन्द
के रूके कदम का
अगला चरण
सत्यकाशी पीठ
पांचवां और अन्तिम शंकराचार्य पीठ

आर.एस.एस
रहस्योद्घाटन
सत्यकाशी पीठ
पांचवां और अन्तिम शंकराचार्य पीठ

125 वर्ष बाद
स्वामी विवेकानन्द
का अगला चरण

सत्येश्वर नरेन्द्र
सत्यकाशी पीठ
पांचवां और अन्तिम शंकराचार्य पीठ

आत्मकथा
लेखन कला
का विश्वमानक
सत्यकाशी पीठ
पांचवां और अन्तिम शंकराचार्य पीठ

लुच्चा
पुराण
पौराणिक कथाओं
और पात्रों के
सत्य समझ की व्यास दृष्टि
सत्यकाशी पीठ
पांचवां और अन्तिम शंकराचार्य पीठ

आठवां
सावर्णि मनु स्मृति
सत्यकाशी पीठ
पांचवां और अन्तिम शंकराचार्य पीठ

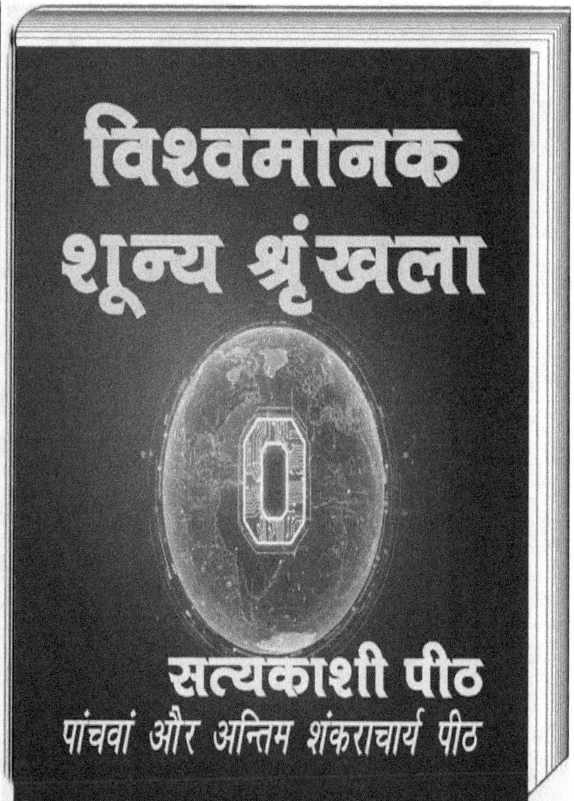
विश्वमानक
शून्य श्रृंखला
0
सत्यकाशी पीठ
पांचवां और अन्तिम शंकराचार्य पीठ

सर्वजीत साधना
भवन
एक आध्यात्मिक अनुभव
सत्यकाशी पीठ
पांचवां और अन्तिम शंकराचार्य पीठ

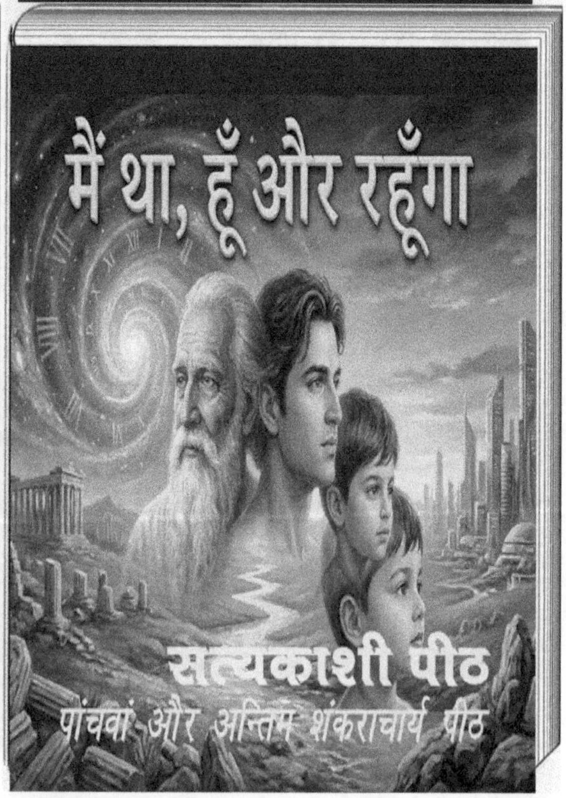
मैं था, हूँ और रहूँगा
सत्यकाशी पीठ
पांचवां और अन्तिम शंकराचार्य पीठ

लव
सत्यकाशी पीठ
पांचवां और अन्तिम शंकराचार्य पीठ

परब्रह्म,
प्रकृति,
अवतार
और वानर
सत्यकाशी पीठ
पांचवां और अन्तिम शंकराचार्य पीठ

संसार
दृश्य
और
अदृश्य
सत्यकाशी पीठ
पांचवां और अन्तिम शंकराचार्य पीठ

कर्मोपनिषद्
सत्यकाशी पीठ
पांचवां और अन्तिम शंकराचार्य पीठ

विश्वभारत
पुराण
ॐ
सत्यकाशी पीठ
पांचवां और अन्तिम शंकराचार्य पीठ

एकात्म विज्ञान
सत्यकाशी पीठ
पांचवां और अन्तिम शंकराचार्य पीठ

मानक विज्ञान
सत्यकाशी पीठ
पांचवां और अन्तिम शंकराचार्य पीठ

ईश्वर शास्त्र
सत्यकाशी पीठ
पांचवां और अन्तिम शंकराचार्य पीठ

युगावतारों के प्रकटीकरण की कार्यविधिः
राम-कृष्ण-लवकुश
सत्यकाशी पीठ
पांचवां और अन्तिम शंकराचार्य पीठ

पुस्तक को देखो, लेखक को नहीं
आविष्कार को देखो, आविष्कारक को नहीं
शास्त्र को देखो, शास्त्राकार को नहीं
सत्यकाशी पीठ
पांचवां और अन्तिम शंकराचार्य पीठ

56 से 64
की ओर
सत्यकाशी पीठ
पांचवां और अन्तिम शंकराचार्य पीठ

मैं सत्यकाशी हूँ
कविता
सत्यकाशी पीठ
पांचवां और अन्तिम शंकराचार्य पीठ

पटेल
भारत के शारीरिक एकीकरण के बाद
मन का एकीकरण लक्ष्य
सत्यकाशी पीठ
पांचवां और अन्तिम शंकराचार्य पीठ

मन से
आत्मा तक
3 6 9 और 7
सत्यकाशी पीठ
पांचवां और अन्तिम शंकराचार्य पीठ

भारत
400 पार मुद्दा किसका
?
सत्यकाशी पीठ
पांचवां और अन्तिम शंकराचार्य पीठ

आर. एस. एस - पुस्तकालय
पढ़ो और कमाओ
शिक्षित समाज, समर्थ राष्ट्र
सत्यकाशी पीठ
पांचवां और अन्तिम शंकराचार्य पीठ

विश्वयुद्ध के पहले
विश्वगुरु
भारत
का विश्व शान्ति और
पुनर्निर्माण का अन्तिम सन्देश
सत्यकाशी पीठ
पांचवां और अन्तिम शंकराचार्य पीठ

चुटिया पण्डित
वृन्दावन की सत्य घटना
स्वामी नन्दनानंद

कल्कि का
चुनार और वृन्दावन
से उठता प्रेम
स्वामी नन्दनानंद

कल्कि का
बेगुसराय और मीरजापुर
जन्म और कर्म क्षेत्र
स्वामी नन्दनानंद

सत्येश्वरोपनिषद्
सत्येश्वर
और
झूठेश्वर
वात्सल्य त्रिपाठी

अन्तिम अवतार
कल्कि
के लिए शेष कर्म
वात्सल्य त्रिपाठी

कल्कि अवतार
का मानव-10
विकसित भारत का प्रवेश द्वार
वात्सल्य त्रिपाठी

पप्पू-गप्पू
और
नागरिक झुलेलाल
वात्सल्य त्रिपाठी

DATA
ओपेन गेम
कभी-कभी नहीं,
अब कन्फर्म है
अपुन ही
भगवान है
(वेब सीरीज)
वात्सल्य त्रिपाठी

SATYAKASHI
THE END OF MIRZAPUR
सत्यकाशी पीठ
पांचवां और अन्तिम शंकराचार्य पीठ

अण्डरवर्ल्ड
सनातन से पुरुषों से छुपी महिलाओं की कहानी
(फिल्म स्क्रीनप्ले-रेडी टू शूट)
वात्सल्य त्रिपाठी

सोना और सोना
एवं
नारी सशक्तिकरण
वैदिक काल से वर्तमान तक
सत्यकाशी पीठ
पांचवां और अन्तिम शंकराचार्य पीठ

डॉग
गॉड
फिल्म स्क्रीनप्ले-रेडी टू शूट

उत्तर प्रदेश
का
उत्तर
वात्सल्य त्रिपाठी

अन्तिम समन्वयाचार्य
कल्कि
वात्सल्य त्रिपाठी

2026
2+0+2+6=10
पांचवां और अन्तिम शंकराचार्य पीठ

राम न आयेंगे
लवकुश आ रहें हैं
www.64inch.com
पांचवां और अन्तिम शंकराचार्य पीठ

युग परिवर्तन के
150 पुस्तकें-परिचय
ज्ञान, प्रेरणा और भविष्य की ओर एक कदम
150
सत्यकाशी पीठ
पांचवां और अन्तिम शंकराचार्य पीठ
"एक नई शुरुआत के लिए ज्ञान की खोज"

जैसी तुम्हारी इच्छा वैसा करो

डॉ0 सर्वपल्ली राधाकृष्णन का जन्म 5 सितम्बर, 1888 को दक्षिण भारत के तिरूतनि स्थान पर हुआ था जो चेन्नई से 64 किमी उत्तर–पूर्व में है। डॉ0 सर्वपल्ली राधाकृष्णन भारत के उपराष्ट्रपति और दूसरे राष्ट्रपति सन् 1952 से 1962 तक में रहे। डॉ0 सर्वपल्ली राधाकृष्णन भारतीय समाजिक संस्कृति से ओत–प्रोत एक महान शिक्षाविद् महान दार्शनिक, महान वक्ता और आस्थावान हिन्दू विचारक थे। डॉ0 सर्वपल्ली राधाकृष्णन ने अपने जीवन के महत्वपूर्ण 40 वर्ष शिक्षक के रूप में व्यतीत किये। उनमें एक आदर्श शिक्षक के सारे गुण मौजूद थे। डॉ0 सर्वपल्ली राधाकृष्णन समस्त विश्व को एक शिक्षालय मानते थे। उनकी मान्यता थी कि शिक्षा के द्वारा ही मानव दिमाग का सद्उपयोग किया जाना सम्भव है इसलिए समस्त विश्व को एक इकाई समझकर ही शिक्षा का प्रबन्धन किया जाना चाहिए। उनके जन्मदिन को "शिक्षक दिवस" के रूप में मनाया जाता है।

इति ते ज्ञानमाख्यातं गुह्यादगुह्यतरं मया।
विमृश्यैतदशेषेण यथेच्छसि तथा कुरू।।

(श्रीमद्भगवद्गीता, अध्याय–18, श्लोक–63)

अर्थात् – मैंने तुम्हें जो बताया, वह सब से बड़ा रहस्य है। इस पर भलीभाँति विचार कर तुम्हारी जैसी इच्छा वैसा करो।

"परमात्मा देखने में तटस्थ या निरपेक्ष दिखाई देता है, क्योंकि उसने चुनने का निर्णय अर्जुन के हाथ में छोड़ दिया है। उसकी यह निरपेक्षता ही अर्जुन के चिन्ता का कारण है। वह किसी पर भी दबाव नहीं डालता क्योंकि स्वतःस्फूर्त स्वतन्त्रता बहुत मूल्यवान होती है। भगवान अपना आदेश ऊपर से नहीं थोपता। वह स्वतन्त्र छोड़ देता है। परमात्मा की पुकार को स्वीकार करने या अस्वीकार कर देने के लिए हम हर समय स्वतन्त्र हैं। हम लड़खड़ाने लगें तो वह सहायता देने के लिए तैयार रहता है और प्रतीक्षा करने को तैयार है जब तक हम उसकी ओर उन्मुख न हों।

सब कुछ पहले से निर्धारित मानने वाले सिद्धान्त में टकराव के कारण यूरोप और भारत में काफी वाद–विवाद हुआ है। यूरोप का प्रमुख सिद्धान्त है कि संकल्प शक्ति और मानवीय प्रयत्न की स्वतन्त्रता का मनुष्य के उद्धार में बहुत बड़ा हाथ होता है। यद्यपि स्वयं संकल्प शक्ति को भी परमात्मा की कृपा के समर्थन की आवश्यकता पड़ सकती है। पहले से सब कुछ तय मानने वालों को अच्छे कार्यों और प्रार्थना के लिए यत्न करना होता है, क्योंकि वहाँ भी मानते हैं कि ये उपाय नियति को आगे बढ़ाने में सहायक तो हो सकते हैं लेकिन वे उसे रोक नहीं सकते। मनुष्य इस बात के लिए स्वतन्त्र है कि परमात्मा उन मनुष्यों पर कृपा करना चाहता है जो अपने आचरण से उस कृपा को ग्रहण करने के लिए तैयार करते हैं।

आध्यात्मिक नेता हम पर शारीरिक हिंसा, चमत्कार, प्रदर्शन के जरिये प्रभाव नहीं डालते। यदि सच्चा शिष्य कोई गलती कर भी बैठे, तो वह उसे केवल सलाह देगा। यदि शिष्य को चुनाव करने की स्वतन्त्रता पर आँच आती हो, तो वह उसे गलत रास्ते से भी वापस लौट आने के लिए विवश नहीं करेगा। गलती भी विकास की एक दिशा है।

कृष्ण केवल सारथी हैं। वह अर्जुन के आदेश का पालन करेगा। उसने कोई शस्त्र धारण नहीं किया हुआ है। यदि वह अर्जुन पर कोई प्रभाव डालता है तो वह उसे अपने उस सर्वजयी प्रेम के जरिए डालता है। जो कभी समाप्त नहीं होता।

अर्जुन को अपने लिए स्वयं विचार करना चाहिए और अपने लिए स्वयं ही मार्ग खोज करना चाहिए। अस्पष्ट मान्यताओं को अनिवार्य रूप से और भावुकतापूर्वक अपना लिए जाने के कारण फलस्वरूप कट्टर धर्मान्धता उत्पन्न हुई है और उनके कारण मनुष्यों को अकथनीय कष्ट उठाना पड़ा है। इसलिए यह आवश्यक है कि मन और विश्वासों के लिए कोई तर्क संगत और अनुभावात्मक औचित्य ढूंढ़े।

अर्जुन को एक वास्तविक अखण्डता की अनुभूति प्राप्त करनी होगी लेकिन उसके विचार अपने हैं। और गुरू के जरिये उस पर थोपे नहीं गये हैं। दूसरों पर अपने विचार थोपना शिक्षण नहीं हैं।"

– भगवद्गीता के आखिरी उपदेश पर भारतीय दर्शन के व्याख्याकार और दूसरे राष्ट्रपति डॉ0 राधाकृष्णनन का विवेचन

"यह विश्वशास्त्र, मनुष्यों पर थोपा नहीं जा रहा बल्कि वह मनुष्यों को, मनुष्यो के इस संसार मे जो वर्तमान है उसे और उसके आगे अनन्त मार्ग दिखा रहा है और सभी मार्गों के एकीकरण द्वारा, उस मार्ग को भी दिखा रहा है जो विश्व को सत्य–सुन्दर–शिव बना सकता है। फिर भी हे मनुष्यों जैसी तुम्हारी इच्छा वैसा करो। वर्तमान से योग कराने के लिए ही मैं व्यक्त होता हूँ।"

– लव कुश सिंह "विश्वमानव"

सत्य मानक शिक्षा
(Real Standard Education)
64 inch-BOOK
NOTICE - Software का Testing
Login?
Register now?
एक राष्ट्र
एक शास्त्र
विश्वशास्त्र
डिग्री और नौकरी
की शिक्षा
सरकार से
जीवन की “समझ और बुद्धि”की शिक्षा
रू0 1/– प्रतिदिन में यहाँ से
App-64inch-BOOK
सत्य मानक शिक्षा
App-64inch-BOOK

"सत्य मानक शिक्षा" का व्यापार-एक अन्तहीन व्यापार

एक नदी पर पुल था जिसे कोई व्यक्ति पैदल दो घण्टे में पार करता था। यह पुल पैदल यात्रीयों के लिए रोक दिया गया था जिसके लिए पुल के ठीक मध्य (एक घण्टे की यात्रा) पर एक गार्ड नियुक्त था। गार्ड एक घण्टे सोता था और एक घण्टे जागता था। एक चालाक व्यक्ति को पुल से नदी पार करना अतिआवश्यक था। इसलिए गार्ड जब सोया तब वह यात्रा प्रारम्भ किया जैसे ही गार्ड के जागने का समय आया, वह वापस लौटने लगा। गार्ड समझा कि वह दूसरे किनारे से आ रहा है इसलिए उसने उस यात्री को पकड़ा और दूसरी ओर भेज दिया। इस प्रकार यात्री नदी पार हो गया।

यदि हम में से किसी को तैरकर नदी पार करना हो और आधे से पहले ही हमारा हिम्मत टूटने लगे तो हम वापस ही आना चाहेंगे। यदि आधे से अधिक तैरने के बाद हिम्मत टूटने लगेगा तो हौसला बढ़ाकर आगे ही बढकर पार करना चाहेंगे।

इसी प्रकार मनुष्य के विकास क्रम में हम सब अदृश्य विज्ञान (आध्यात्म) से दृश्य विज्ञान (भौतिक) की ओर बढ़ गये हैं। नदी या पुल का एक किनारा अदृश्य विज्ञान है तो दूसरा किनारा दृश्य विज्ञान। वर्तमान का हमारा अधिकतम जीवन नदी के दूसरे किनारे दृश्य विज्ञान की ओर है, हर पल। जन्म से ही हम अधिकतम वे सब वस्तुएँ प्रयोग कर रहे हैं जिसका कच्चा माल भले ही ईश्वरकृत हो परन्तु उपयोग का रूप मनुष्यकृत है और विज्ञान द्वारा निर्मित है। इस प्रकार मनुष्य निर्माता के रूप में अपना रूप व्यक्त कर ईश्वर की ओर ही बढ़ रहा है।

नदी के पुल पर बैठे उस गार्ड का काम और तैरने वाले का निर्णय "सत्य शिक्षा" है। वर्तमान में मनुष्य समाज अदृश्य काल से चलकर दृश्य काल में आ चुका है। आधे से वापस किनारे जाना "सत्य" को पाना है। और आधे से दूसरे किनारे पार हो जाना "सिद्धान्त" को पाना है। इन्हीं सिद्धान्त को पाने के बाद संविधान-नियम-कानून का जन्म होता है जिससे आज हम सभी संचालित व प्रभावित है। इस "सत्य-सिद्धान्त" की शिक्षा ही "सत्य मानक शिक्षा" है।

वर्तमान में जीने का अर्थ होता है-विश्व ज्ञान जहाँ तक बढ़ चुका है वहाँ तक के ज्ञान से अपने मस्तिष्क को युक्त करना। तभी डेढ़ हजार वर्ष पुराने हमारे मस्तिष्क का आधुनिकीकरण हो पायेगा। सिर्फ वर्तमान में तो पशु रहकर कर्म करते हैं। "सत्य मानक शिक्षा" मनुष्य के मस्तिष्क के आधुनिकीकरण की शिक्षा है या विज्ञान की भाषा में कहें तो मस्तिष्क के आधुनिकीकरण का साफ्टवेयर या माइक्रोचिप्स (Integrated Circuit-I.C) है। वर्तमान की अब नवीनतम परिभाषा है-"पूर्ण ज्ञान से युक्त होना" और कार्यशैली की परिभाषा है-"भूतकाल का अनुभव, भविष्य की आवश्यकतानुसार पूर्णज्ञान और परिणाम ज्ञान से युक्त होकर वर्तमान समय में कार्य करना।"

ज्ञान के इस युग में शिक्षा-विद्या-कला का व्यापार मनुष्य के धरती पर रहने तक रहेगा। ऐसी स्थिति में "सत्य मानक शिक्षा"का व्यापार भी उस समय तक के लिए स्थायित्व में है। शिक्षा-विद्या-कला कोई प्रापर्टी नहीं है कि पिता जी ग्रहण कर चुके हैं तो पुत्र को हिस्सा प्राप्त हो जायेगा। पुत्र को भी वहीं से अर्थात् अक्षर ज्ञान से शुरू होना पड़ेगा जहाँ से पिता ने शुरू किया था। इस प्रकार "सत्य मानक शिक्षा"का व्यापार एक अन्तहीन व्यापार है जो मनुष्य के पृथ्वी पर रहने तक चलता रहेगा।

स्कूल-कालेजों के जाल से शिक्षा के व्यापार का विकास होता है न कि शिक्षा का। शिक्षा का विकास तो शिक्षा पाठ्यक्रम पर निर्भर होता है जिससे शिक्षक और शिक्षार्थी दोनों निर्मित होते हैं। जब तक पूर्ण शिक्षा पाठ्यक्रम का निर्माण नहीं होता, शिक्षा का विकास नहीं हो सकता लेकिन शिक्षा के व्यापार का विकास होता रहेगा।

आध्यात्म और विज्ञान ने मानव सभ्यता के विकास में अब कम से इतना विकास तो कर ही चुका है कि अब हमें मन के एकीकरण के लिए कार्य करना चाहिए। और उस मन पर कार्य करने का ही परिणाम है-

सम्पूर्ण ब्रह्माण्ड में व्याप्त एक ही सत्य-सिद्धान्त द्वारा व्यक्तिगत व संयुक्त मन को एकमुखी कर सर्वोच्च, मूल और अन्तिम स्तर पर स्थापित करने के लिए शून्य पर अन्तिम आविष्कार WS-0 श्रृंखला की निम्नलिखित पाँच शाखाएँ है।

1. डब्ल्यू.एस. (WS)-0: विचार एवम् साहित्य का विश्वमानक
2. डब्ल्यू.एस. (WS)-00: विषय एवम् विशेषज्ञों की परिभाषा का विश्वमानक
3. डब्ल्यू.एस. (WS)-000: ब्रह्माण्ड (सूक्ष्म एवम् स्थूल) के प्रबन्ध और क्रियाकलाप का विश्वमानक
4. डब्ल्यू.एस. (WS)-0000: मानव (सूक्ष्म तथा स्थूल) के प्रबन्ध और क्रियाकलाप का विश्वमानक
5. डब्ल्यू.एस. (WS)-00000: उपासना और उपासना स्थल का विश्वमानक

और पूर्णमानव निर्माण की तकनीकी WCM-TLM-SHYAM.C (World Class Manufacturing – Total Life Maintenance – Satya-Heart-Yog-Ashram-Meditaion.Conciousness) है।

जो शिक्षा का नया माडल है। गरीबों की समस्या सुलझानें का नैतिक दायित्व है। देश में 25 वर्ष से कम उम्र के 55 करोड़ लोगों के लिए पुननिर्माण जैसी योजना हैं। उन्हें नौकरी और प्रशिक्षण की व्यवस्था है। रचनात्मकता, समन्वय, लीडरशिप, ग्लोबल तथा प्रोफेशनल विषयों को पढ़ने तथा सूचना तकनीक के जरिए पढ़ाई पर ध्यान केन्द्रित करने से युक्त है। हमारे देश में जो अध्यापक हैं, वे शोध नहीं करते और जो शोध करते हैं वे पढ़ाते नहीं, इसलिए शिक्षार्थी को ही शोध पत्र (विश्वशास्त्र) पढ़ाया जाय क्योंकि शिक्षक पढ़ने से तो रहे क्योंकि समान्यतः धन के आने की सुनिश्चितता के बाद लोग पढ़ना छोड़ देते हैं, यही नहीं कोशिश तो यह भी रहती है कि पढ़ाना भी न पड़े और उन्हें सेवा से हटाया भी नहीं जा सकता।

स्वामी विवेकान्द जी ने कहा था – "सुधारकों से मैं कहूंगा कि मैं स्वयं उनसे कहीं बढ़कर सुधारक हूँ। वे लोग इधर-उधर थोड़ा सुधार करना चाहते हैं- और मैं चाहता हूँ आमूल सुधार। हम लोगों का मतभेद है केवल सुधार की प्रणाली में। उनकी प्रणाली विनाशात्मक है और मेरी संघटनात्मक। मैं सुधार में विश्वास नहीं करता, मैं विश्वास करता हूँ स्वाभाविक उन्नति में।"

स्वाभाविक उन्नति तभी होती है जब संसाधन उपलब्ध हो। कार-मोटरसाइकिल घर में पहले से रहता है तो स्वाभाविक रूप से कम उम्र में ही घर के लोग चलाना सिख जाते हैं

जो व्यक्ति या देश केवल आर्थिक उन्नति को ही सर्वस्व मानता है वह व्यक्ति या देश एक पशुवत् जीवन निर्वाह के मार्ग पर है-जीना और पीढ़ी बढ़ाना। दूसरे रूप में इसे ऐसे समझा जा सकता है कि ऐसे व्यक्ति जिनका लक्ष्य धन रहा था वे अपने धन के बल पर अपनी मूर्ति अपने घर पर ही लगा सकते हैं परन्तु जिनका लक्ष्य धन नहीं था, उनका समाज ने उन्हें, उनके रहते या उनके जाने के बाद अनेकों प्रकार से सम्मान दिया है और ये सार्वजनिक रूप से सभी के सामने प्रमाणित है। पूर्णत्व की प्राप्ति का मार्ग शारीरिक-आर्थिक उत्थान के साथ-साथ मानसिक-बौद्धिक उत्थान होना चाहिए और यही है ही। इस प्रकार भारत यदि पूर्णता व विश्व गुरूता की ओर बढ़ना चाहता है तब उसे मात्र कौशल विकास ही नहीं बल्कि राष्ट्रीय बौद्धिक विकास की ओर भी बढ़ना होगा। बौद्धिक विकास, व्यक्ति व राष्ट्र का इस ब्रह्माण्ड के प्रति दायित्व है और उसका लक्ष्य है।

राष्ट्र के पूर्णत्व के लिए पूर्ण शिक्षा निम्नलिखित शिक्षा का संयुक्त रूप है-

अ-सामान्यीकरण (Generalisation) शिक्षा

ज्ञान के लिए- यह शिक्षा व्यक्ति और राष्ट्र का बौद्धिक विकास कराती है जिससे व्यक्ति व राष्ट्रीय सुख में वृद्धि होती है।

ब-विशेषीकरण (Specialisation) शिक्षा

कौशल के लिए- यह शिक्षा व्यक्ति और राष्ट्र का कौशल विकास कराती है जिससे व्यक्ति व राष्ट्रीय उत्पादकता में वृद्धि होती है।

स-सत्य नेटवर्क (REAL NETWORK)

समाज में प्रकाशित होने के लिए-क्योंकि कोई भी क्यों न हो उसे स्वयं अपना परिचय (BIO-DATA) देना पड़ता है तभी उसके अनुसार समाज उसका उपयोग करता है।

वर्तमान समय में विशेषीकरण की शिक्षा, भारत में चल ही रहा है और वह कोई बहुत बड़ी समस्या भी नहीं है। समस्या है सामान्यीकरण शिक्षा की। व्यक्तियों के विचार से सदैव व्यक्त होता रहा है कि-मैकाले शिक्षा पद्धति बदलनी चाहिए, राष्ट्रीय शिक्षा नीति व पाठ्यक्रम बनना चाहिए। ये तो विचार हैं। पाठ्यक्रम बनेगा कैसे?, कौन बनायेगा? पाठ्यक्रम में पढ़ायेंगे क्या?

एक पूर्ण मानव निर्माण प्रक्रिया में शिक्षा पाठ्यक्रम के स्वरूप का विश्वमानक निम्नवत् है। जो किसी विशेष देश-काल-पात्र पर निर्भर नही करता अर्थात् यह प्रत्येक देशों और व्यक्तियों के लिए शिक्षा का स्वरूप है। जिससे ब्रह्माण्डीय, वैश्विक और व्यक्तिगत संतुलन, स्थिरता, एकता, प्रबन्ध, विकास, शान्ति और सुरक्षा निर्धारित होती है।

1. प्राइमरी शिक्षा (कक्षा-5 तक)-भाषा ज्ञान आधारित:- क्षेत्रीय, देश, विश्व और विज्ञान की भाषा का ज्ञान, सामान्य विज्ञान, सामान्य ज्ञान, चित्र कला।

2. जूनियर हाई स्कूल (कक्षा-6 से 8 तक)-समाज ज्ञान आधारित:- क्षेत्रीय, देश, विश्व और विज्ञान की भाषा का ज्ञान, सामान्य विज्ञान, सामान्य ज्ञान, चित्र कला का विस्तार, खेल, संगीत, कृषि, समाज विज्ञान।

3. हाई स्कूल (कक्षा-9 से 10 तक)-सामान्यीकृत ज्ञान आधारित:- ज्ञान-कर्मज्ञान समाहित WCM-TLM-SHYAM.C (World Class Manufacturing – Total Life Maintenance – Satya-Heart-Yog-Ashram-Meditaion.Conciousness) प्रणाली अर्थात शिक्षा पाठ्यक्रम का विश्व मानक, कालानुसार विज्ञान, तकनीकी, व्यापारीक व प्रबन्धकीय ज्ञान की शिक्षा।

4. इण्टरमीडिएट (कक्षा-11 से 12 तक)-विशेषीकृत ज्ञान आधारित:- कौशल विकास की शिक्षा।

5. उच्च शिक्षा-इच्छानुसार विशेष क्षेत्र आधारित

"किसी देश का संविधान, उस देश के स्वाभिमान का शास्त्र तब तक नहीं हो सकता जब तक उस देश की मूल भावना का शिक्षा पाठ्यक्रम उसका अंग न हो। इस प्रकार भारत देश का संविधान भारत देश का शास्त्र नहीं है। संविधान को भारत का शास्त्र बनाने के लिए भारत की मूल भावना के अनुरूप नागरिक निर्माण के शिक्षा पाठ्यक्रम को संविधान के अंग के रूप में शामिल करना होगा। जबकि राष्ट्रीय संविधान और राष्ट्रीय शास्त्र के लिए हमें विश्व के स्तर पर देखना होगा क्योंकि देश तो अनेक हैं राष्ट्र केवल एक विश्व है, यह धरती है, यह पृथ्वी है। भारत को विश्व गुरू बनने का अन्तिम रास्ता यह है कि वह अपने संविधान को वैश्विक स्तर पर विचार कर उसमें विश्व शिक्षा पाठ्यक्रम को शामिल करे। यह कार्य उसी दिशा की ओर एक पहल है, एक मार्ग है और उस उम्मीद का एक हल है। राष्ट्रीयता की परिभाषा व नागरिक कर्तव्य के निर्धारण का मार्ग है। जिस पर विचार करने का मार्ग खुला हुआ है।"

"भारत का प्रत्येक नागरिक अपने जीवकोपार्जन के मार्ग व संघर्ष में अपने विषय का जानकार व अनुभव तो प्राप्त कर रहा है परन्तु कुछ पाने के क्रम में कुछ छूट भी जाता है इसलिए प्रत्येक नागरिक को अपने अहंकार को भूलकर यह स्वीकार करना होगा कि वह अपने विषय से हटकर अन्य विषय के विषय में कम या नहीं जानता है।"

अतः एक "आदर्श नागरिक" बनने के क्रम में न्यूनतम ज्ञान सभी को एक समान रूप से चाहिए।

NEW WORLD ORDER

"न्यू इण्डिया" का एक्शन प्लान

www.64inch.com

The Knowledge Equalizer

"सार्वभौम सत्य–सिद्धान्त" एवं "आध्यात्मिक सत्य" पर आधारित जीवन शास्त्र –"विश्वशास्त्र" की

"युग परिवर्तन" श्रृंखला की पुस्तकें

मुख्य शास्त्र

01. *विश्वशास्त्र – द नॉलेज आफ फाइनल नॉलेज*

सारांश के अनुसार

02. मैं सत्यकाशी से कल्कि महावतार बोल रहा हूँ (समष्टि गीता – यथार्थ प्रकाश)

शीर्षक के अनुसार भाग

03. विश्वस्तरीय फिल्म लेखन कला
04. प्रारम्भिक सत्य – अन्तिम दृष्टि
05. सत्य धर्म – युग परिवर्तक दृष्टि
06. सत्य दार्शनिक–दर्शन और कर्म वेदान्त–विकास दर्शन
07. सत्य शास्त्र एवं पुराण रहस्य–महर्षि व्यास कला
08. संत एवं गुरू और विश्व संत एवं गुरू
09. समाज और ईश्वरीय समाज
10. सत्य शास्त्र और विश्वशास्त्र
11. कृति और विश्व कृति
12. भारत माता मन्दिर और विश्वधर्म मन्दिर
13. महाभारत और विश्वभारत
14. संविधान और विश्व संविधान
15. शिक्षा और पूर्ण शिक्षा
16. देवता और सार्वभौम देवता कल्कि
17. देवीयाँ और सार्वभौम देवी माँ कल्कि
18. द्वादश ज्योतिर्लिंग और 13वां अन्तिम ज्योतिर्लिंग
19. काशी – मोक्षदायिनी और जीवनदायिनी
20. सत्यकाशी – स्वर्णयुग का तीर्थ
21. काशी – रहस्योद्घाटन
22. 2020 – मन का नवीनीकरण
23. ईश्वर का संक्षिप्त इतिहास
24. अवतार – अन्तिम सत्य दृष्टि
25. भविष्यवाणियाँ और कल्कि अवतार
26. स्वामी विवेकानन्द और कल्कि अवतार
27. मनु, मनवन्तर और कल्कि महावतार
28. व्यास, शास्त्र और कल्कि महावतार
29 ऋषि, ऋषि परम्परा और कल्कि महावतार
30. दूसरा आगमन या अन्तिम आगमन
31. परिवर्तन–काल, मनु, युग, व्यास और शास्त्र
32. राम, रावण और सार्वभौम एकात्म
33. मैं, व्यक्तिगत या सार्वभौम
34. लव कुश (त्रेतायुग) और लवकुश (कलियुग)
35. कल्कि महावतार आ चुके हैं (ACTION PLAN)
36. लव कुश सिंह (कल्कि महाअवतार)–जीवन, ज्ञान, कर्म और विश्वरूप
37. वैश्विक बुद्ध – बुद्ध का भाग दो और अन्तिम
38. बुड्ढा कृष्ण – कृष्ण का भाग दो और अन्तिम
39. सम्पूर्ण क्रान्ति–अन्तिम कार्य योजना
40. पुनर्निर्माण (RENEW)–समस्या, समाधान और राष्ट्र निर्माण की योजना
41. पुनर्निमाण (RENEW)– ग्राम एवं नगर वार्ड प्रेरक
42. विश्वशास्त्र द नालेज आफ फाइनल नालेज–परिचय
43. एन्टायर पालिटिक्स – पूर्ण पाठ्यक्रम
44. वसुधैव–कुटुम्बकम्
45. कर्मवेद : प्रथम, अन्तिम तथा पंचम वेद
46. आठवें अवतार श्रीकृष्ण के अनकहे संदेश
47. अयोध्या नहीं, मुंगेर है राम जन्मभूमि
48. विश्वमानव–भूतपूर्व नेतृत्वकर्ताओं का स्पष्टिकरण
49. विश्वमानव–वर्तमान नेतृत्वकर्ताओं का स्पष्टिकरण
50. विश्वमानव–वार्ता, वक्तव्य एवं वाणियाँ
51. विश्वमानव–पत्रावली, प्रसारण और अन्तिम पत्र
52. सत्य जनहित आह्वान
53. विश्व शान्ति–अन्तिम सत्य दृष्टि
54. नई विश्व व्यवस्था का रहस्य
55. समाजवाद – ब्रह्माण्डीय विकास का अवतारी मार्ग
56. भारतवाद – राष्ट्रवाद की मुख्यधारा
57. 100 वर्षीय संयुक्त राष्ट्र को अग्रिम सन्देश
58. सार्वभौम एकात्म–नव विश्व निर्माण
59. गणराज्य, संघ, मानकीकरण संगठन और सम्पूर्ण मानक
60. व्यापार केन्द्र (TRADE CENTRE)–दृश्य सत्य
61. मन का विश्वमानक और पूर्ण मानव निर्माण की तकनीकी (WCM-TLM-SHYAM.C)
62. मानक विपणन प्रणाली (3F:FUEL-FIRE-FUEL)
63. स्वर्णयुग का मानक आदर्श नागरिक–दिशा निर्देश
64. विश्वधर्म : परिचय (स्वर्णयुग का धर्म)

व्यक्ति और विभागीय स्तर पर सफाई–सुधार का पहला प्रारूप की पुस्तक – डा0 रमेश कुमार द्वारा लिखित "विशाल ज्ञान विज्ञान सबका समाधान" है

दर्शन, विचार एवं संपादन

लव कुश सिंह "विश्वमानव"

Search on Google -> Lava Kush Singh "vishwmanav"

पुस्तक उपलब्ध

notionpress.com

Book Store

www.ingramcontent.com/pod-product-compliance
Lightning Source LLC
LaVergne TN
LVHW082340200926
848481LV00012B/3407